公共管理案例采编的理论与实践

— 孙守相　付中强　编著 —

吉林大学出版社
·长春·

图书在版编目(CIP)数据

公共管理案例采编的理论与实践 / 孙守相，付中强编著． — 长春：吉林大学出版社，2020.9
ISBN 978-7-5692-6956-7

Ⅰ．①公… Ⅱ．①孙… ②付… Ⅲ．①公共管理—案例—教学研究 Ⅳ．①D035

中国版本图书馆 CIP 数据核字 (2020) 第 161678 号

书　　名：公共管理案例采编的理论与实践
GONGGONG GUANLI ANLI CAIBIAN DE LILUN YU SHIJIAN

作　　者：孙守相　付中强　编著
策划编辑：邵宇彤
责任编辑：宋睿文
责任校对：刘守秀
装帧设计：优盛文化
出版发行：吉林大学出版社
社　　址：长春市人民大街 4059 号
邮政编码：130021
发行电话：0431-89580028/29/21
网　　址：http://www.jlup.com.cn
电子邮箱：jdcbs@jlu.edu.cn
印　　刷：定州启航印刷有限公司
成品尺寸：170mm×240mm　　16 开
印　　张：16.75
字　　数：300 千字
版　　次：2020 年 9 月第 1 版
印　　次：2020 年 9 月第 1 次
书　　号：ISBN 978-7-5692-6956-7
定　　价：65.00 元

版权所有　　翻印必究

前言 Preface

公共管理专业教育的目标是为政府部门、非政府机构以及企事业单位的人事和行政机构培养宽口径、复合型、应用型的公共管理高层次专门人才，这一培养目标决定了公共管理专业的教学方法应着重实际能力培养，理论与实践融会贯通，因此案例教学是非常重要的教学手段。

但是，案例教学在我国还处在探索和发展阶段，特别是在公共管理专业教学中，案例教学面临诸多困难：案例究竟怎么撰写、案例教学究竟怎么组织尚待探索；如何通过案例教学为学生提供参与平台还需研究；案例教学的步骤如何设计、过程如何驾驭等仍需不断创新。

2013年以来，全国公共管理专业学位研究生教育指导委员会（以下简称"公共管理教指委"）以加强案例教学为核心，在不断提高公共管理专业学位培养质量的道路上进行了有益的探索。为夯实案例教学的基础，公共管理教指委完善、修订了包括专业学位基本要求、指导性培养方案及说明、专项评估指标体系等在内的一系列规范性文件，突出了案例教学的重要地位。特别是在专项评估指标体系里，将案例教学设置为一个独立的一级指标，将培养单位编写的教学案例、开展的案例教学课堂数量等作为专项评估的重要指标，为加强案例教学提供监督和保障。为尽快建立起数量丰富、质量较高、便于使用的教学案例库，公共管理教指委还和教育部学位与研究生教育发展中心联合建立了中国公共管理专业学位教学案例库，目前已完成了1 066个教学案例的推荐、评审、入库工作，是中国专业学位教学案例库中数量最多的专业学位案例库之一。

在公共管理教指委的大力推动下，全国各培养单位高度重视案例采编、案例教学和案例库建设工作，取得了丰硕的成果。近年来，山东农业大学公共管理类相关专业的教师在案例教学方法创新和改革方面做了有益的尝试。在案例采编方面，纪新青、汪栋、陈国申、孙守相等老师撰写的6篇公共管理教学案例被中国专业学位教学案例中心公共管理专业学位教学案例库收录，在全国培养单位中位于前列。为了及时总结案例采编经验，激励广大教师采编公共管理案例的积极性，推进学校特色鲜明、时效性强的本土化案例库建设，编写组成员经过多次酝酿、讨论，在学校有关部门的大力支持下，决定编写本书。

本书经孙守相、付中强多次研讨、反复斟酌，确定了总体框架结构，然后由编写组成员分工编写完成。全书共分两个篇章：上篇为公共管理案例采编的理论部分，共九章，第一章的编写者为李秋仪，第二章的编写者为牟鹏，第三章、第四章的编写者为王亚力，第五章、第六章、第七章的编写者为孙守相，第八章、第九章的编写者为付中强；下篇为公共管理案例采编的实践部分，共收录了本书编写组成员孙守相、纪新青、陈国申、汪栋四位教授采编的 7 篇被中国专业学位教学案例中心案例库收录和参加评审的公共管理原创案例。

　　本书是集体智慧的结晶，凝聚着全体编写人员的心血，感谢大家在新冠疫情肆虐期间不辞辛苦，奋笔疾书，顺利完成书稿的编写。本书的编写还受到了多年来致力于案例采编和案例教学研究的同行研究成果的启发，得到了山东农业大学 MPA 教育中心、公共管理学院的关怀和支持，在此一并表示感谢！

编者

2020 年 5 月 16 日

目录 Contents

上篇　公共管理案例采编理论

第一章　绪　论 ………………………………………………………… 3

　　第一节　公共管理案例概述 ……………………………………… 3

　　第二节　公共管理案例库概述 …………………………………… 9

　　第三节　公共管理案例教学概述 ………………………………… 12

第二章　公共管理案例采编 …………………………………………… 18

　　第一节　公共管理案例采编概述 ………………………………… 18

　　第二节　公共管理案例采编团队的建立 ………………………… 23

　　第三节　公共管理案例采编计划的制订 ………………………… 26

第三章　公共管理案例选题 …………………………………………… 31

　　第一节　公共管理案例选题的意义 ……………………………… 31

　　第二节　公共管理案例选题的标准 ……………………………… 34

　　第三节　公共管理案例选题的途径和方法 ……………………… 36

第四章　公共管理案例资料收集 ……………………………………… 38

　　第一节　公共管理案例资料收集概述 …………………………… 38

第二节　公共管理案例资料收集的方法 …………………… 42

第五章　公共管理案例资料整理 ………………………………… 48

　　第一节　公共管理案例资料整理概述 …………………… 48

　　第二节　文字资料的整理 ………………………………… 51

　　第三节　数据资料的整理 ………………………………… 53

第六章　公共管理案例主体的编写 ……………………………… 56

　　第一节　公共管理案例主体编写概述 …………………… 56

　　第二节　公共管理案例标题的编写 ……………………… 59

　　第三节　公共管理案例摘要的编写 ……………………… 63

　　第四节　公共管理案例引言的编写 ……………………… 66

　　第五节　公共管理案例正文的编写 ……………………… 68

　　第六节　结束语及附录等的编写 ………………………… 74

第七章　公共管理案例使用说明的编写 ………………………… 77

　　第一节　公共管理案例使用说明概述 …………………… 77

　　第二节　公共管理案例说明的编写 ……………………… 80

第八章　公共管理案例采编伦理 ………………………………… 88

　　第一节　公共管理案例信息采集中的匿名与保密 ……… 88

　　第二节　公共管理案例编写的掩饰与许可 ……………… 90

　　第三节　公共管理案例采编中的学术规范 ……………… 93

第九章　公共管理案例评审和修订 ……………………………… 96

　　第一节　公共管理案例评审标准 ………………………… 96

　　第二节　公共管理案例评审的流程 ……………………… 100

第三节　公共管理案例教学评审的方法 …………………… 102

第四节　公共管理案例修订 …………………………………… 104

下篇　本书编者采编的公共管理教学案例

案例一　小城"的"事——公共决策过程中的利益表达与利益平衡 ……… 109

案例二　滕州弊案中的"塔西佗陷阱"——政府公信力缺失及其后果 …… 137

案例三　如此征地何时休——平度事件中的地方政府行为 ……………… 150

案例四　H铝业集团的西进之"殇"——邻避冲突的地方立法规制研究 … 167

案例五　消失的低保——以甘肃农妇杀子案反思精准扶贫的识别机制 …… 187

案例六　"平安协会"——非营利组织参与社会善治的一个范本 ………… 204

案例七　这里的拆迁静悄悄——村改社区治理中的乡贤理事会 …………… 222

参考文献 ……………………………………………………………… 253

公共管理案例编写的几点体会 ……………………………………… 255

上篇
公共管理案例采编理论

第一章 绪 论

21世纪以来，我国越来越多的高校在公共管理教学中采用案例教学方法，一些高校成立了公共管理案例中心，自主建设具有时效性、本土性和典型性的公共管理案例库，致力于公共管理案例的采编开发、案例教学方法的研讨等，取得了丰硕成果。然而，公共管理原创案例仍是案例教学中最薄弱的环节之一，无论数量还是质量都远远不能满足教学需求，还必须加强对案例采编、案例库建设的系统性研究。

第一节 公共管理案例概述

虽然早在战国时期，我国就已出现了案例的雏形，出现了大批反映古代军事家计谋策略的战例，也出现了一些记录下来的诊断和治疗方面的具体病历和医案，以供进一步推广或用于其他病例。但是，案例的提法最早来源于西方，美国哈佛大学创造性地将案例引入课堂教学并进行了系统规划。

一、公共管理案例的内涵

公共管理案例是管理案例的一种类型，因此我们研究公共管理案例的内涵，必须先弄清楚什么是管理案例。

（一）什么是管理案例

"案例"一词译自英文"case"，原词含有事例（instance）、情况（situation）、案件（law）、病例（medicine）等意思。汉语中，案例通常是指具有典型意义，可以用作例证的个案。不同学科背景下，案例所诠释的个案类型是不同的：医学中使用的个案被称为病例；战争学研究中经常会出现的个案被称为战例；管理学领域的个案被称为管理案例。

开启管理案例教学先河的哈佛商学院将案例视为"从现实经验培育独立思维的工具",因此十分强调案例要包含企业管理实践中的"管理观点",通过案例实现"知"与"行"的有效结合。查尔斯·I.格拉格(Charles I. Gragg)教授认为:"一个典型的案例是对一个工商管理人员曾经面对过的实务问题的记录,还包括该管理者做出决策必须依据的那些事实、观点和偏见。"[①]洛兰德·克里斯坦森(Roland Cristensen)和阿比·汉森(Abby Hansen)提出:"所谓案例就是对实际行动中的行政管理人员和管理者群体面临的情景所进行的部分的、历史的、诊断性的分析。这种分析以叙事形式出现,并鼓励学生参与进来,它提供对分析特定情景至关重要的——实质和过程的——数据,以此来设计替代行动方案,来实现认清现实世界的复杂性与模糊性的目的。"[②]

综合中外学者的研究成果,管理案例可以这样定义:运用语言和各种视听手段描述的特定管理情景,以便使阅读者能够身临其境,站在当事人的角度对相关管理问题进行分析和讨论,并提出相应的解决方案。[③]

从用途上细分,管理案例又可分为研究案例和教学案例。教学案例除了与研究案例一样,包含真实的管理问题之外,还必须具有明确的教学目的。林恩认为:"教学案例是一个描述或基于真实事件和情景而创作的故事,它有明确的教学目的,学习者经过认真的研究和分析后会从中有所收获。"[④]本书中的分析和研究主要针对教学案例。

(二)什么是公共管理案例

在管理教育领域,管理案例还可细分为工商管理案例与公共管理案例,两者的不同主要源于私营部门和公共部门、工商管理与公共管理的区别。正如林恩所言:"公共行政领域中的教学案例与商业教育中的案例是相似的,因为它们都是案例教师或案例作者的杰作。""说到两者的差异,那就是公共行政教

---

① Gragg I C. "Because Wisdom can't Be Told".The Case Method at the Harvard Business Schoo,ed. Malcolm P.McNair[M].NewYork:Mcgraw-Hill Book Company,1954.

② Christensen Roland, Hansen Abby. Teaching and the Case Method: Texts, Cases, and Readings. Boston:Harvard Business School, 1987:27.

③ 刘刚.哈佛商学院案例教学作用机制及其启示[J].中国高教研究,2008(5):89—91.

④ [美]小劳伦斯·E.林恩.公共管理案例教学指南[M].郏少健,等译.北京:中国人民大学出版社,2001:3.

师甚至不能求助赢利或财政绩效来作为绩效的原则。与政治和价值有关的问题没有清楚划分的'正确答案',似乎也没有本质上错误的答案。"[1]

综上所述,本书研究的公共管理教学案例是指为实现一定的公共管理教学或培训之目的,围绕若干公共管理实际问题,叙述公共部门及其工作人员在实际工作中面临的公共管理情境和决策环境而编写的一种教学材料。[2]

二、公共管理案例的类型

按照不同的分类标准,公共管理案例可以分为不同的类型。美国著名案例研究专家罗伯特·K.殷依据案例的复杂性程度,将案例划分为单个型案例和多重型案例;依据案例自身的性质,将其分为探索性案例、描述性案例和解释性案例三种。

较为权威的分类是芝加哥大学小劳伦斯·E.林恩教授依据案例教学功能的不同对公共管理案例类型进行的划分。依据该标准,他将公共管理案例划分为紧急决策型案例、政策制定型案例、确认问题型案例、概念运用型案例和说明型案例五类。[3]

(一)紧急决策型案例

紧急决策型案例是指在没有正确答案的情况下,给学习者以压力,让其充当决策者的角色,在类似现实生活的情境中做出艰难的决策。此类案例要求学生为那些反映了客观现实世界的案例进行认真准备,在案例所描述的情境中充当决策者的角色,做出决策。在紧急时刻,我们往往缺少力挽狂澜的气魄与机智的决策,与想要实现的目标背道而驰。因此,在平时的学习中,增加紧急决策型案例的学习,有助于锻炼公共管理专业学生在处理公共管理事件时的应急思维和决策能力。在"互联网+"和全媒体迅速发展的新形势下,民意的表达更为直接、热烈,极易在短期内形成网络舆情,公共管理者若是应对不当,如采取"躲""拖""封堵打压"等行为,则会导致舆情的进一步恶化。

---

[1] [美]小劳伦斯·E.林恩.公共管理案例教学指南[M].郗少健,等译.北京:中国人民大学出版社,2001:13.

[2] 如无特别说明,本书中所提到的公共管理案例均指公共管理教学案例。

[3] [美]小劳伦斯·E.林恩.公共管理案例教学指南[M].郗少健,等译.北京:中国人民大学出版社,2001:116-119.

（二）政策制定型案例

政策制定通常是指一个组织、一个政策领域或其他行为领域识别并选择目标、方向或运作规则的过程。政策制定型案例与政策制定的程序相关，要求学习者考虑各种问题和决策，以此建立一个能够解决许多特定问题的指导框架。政策制定型案例鼓励将理论化思想转化为具体行动，着重强调的是思考和政策分析，而不是所处形势下的具体事件。政策制定型案例通常要求学习者根据一系列复杂的信息去识别各种可能的行动目标或规则，并做出决策，选择一个政策、目标或是一套规则。政策制定的目标选择（如公平、效率、安全、自由、民主、正义、尊严等）、政策执行过程中的利益相关者分析以及政策工具的选择（强制还是自愿）都是学习者需要思考的地方。

（三）确认问题型案例

确认问题型案例是指针对某一具体情境提出的问题，要求学习者独立思考，提出解决问题的具体方案、对策和方法。此类案例一般会提供大量的相关数据等背景资料，情节较为混乱，环境复杂，问题较多却不十分明朗。这就需要学习者通过去粗取精、去伪存真、由此及彼、由表及里，分清主次矛盾和矛盾的主次方面，找到急需解决的问题，并提出对策与建议。因而，确认问题型案例重点锻炼和培养的是学习者的综合判断能力、大局意识、分析问题和解决问题的能力。确认问题型案例鼓励学习者去思考和回答这样一些问题："这种形势下的问题是什么？""大家都以同样的方式看待这个问题吗？如果不是，哪一种分析可以清晰地说明这种形势？""以这种方式而不是以其他方式来解释问题意味着什么？"确认问题型案例更多地关注研究和分析，特别是对复杂信息以及这些信息的重要程度所做假定的展示和评价，较少关心行动甚至思想。

（四）概念运用型案例

概念运用型案例主要通过再现某一公共管理的问题或情境，让学习者运用管理学中某一特定的概念、原则、理论或方法对事件进行系统分析，重在提高学习者对特定的理论性、分析性或者过程性概念的鉴赏力以及熟练运用这些概念的能力。在概念运用型案例中，运用的概念既可在案例中明确指出，也可以在学生的作业中提出来，还可以要求学生辨析某个恰当的概念或者分析案例时要用到的概念。

（五）说明型案例

说明型案例通过再现某一特定管理实践的完整过程，让学习者对案例中的人和组织的行为进行评审，指出其中的功过是非及其成因。说明型案例可以在分析、管理或做出决策等有关的教学中提供逼真的描述："这就是做得很好（或做得很糟糕）的情况。"说明型案例往往将所做的分析和结论包含在材料当中，在许多方面更像是一个讲座或是教科书中的一个章节，其特定的目的在于对学习者进行教导，灌输"正确"的观念和结论，因此学习者不需要运用自己的判断便可去评估案例中的材料及分析结论。说明型案例可具体细分为三种类型，即成功型案例、失败型案例和成败参合型案例三种。成功型案例，要求学习者分析公共决策取得成功的原因，从中学习公共管理者如何正确地分析问题、处理问题、制定和执行决策的成功经验。失败型案例，则通过再现失败的管理实践，让学习者去分析其失败的原因，并全面、深刻地总结今后应引以为戒的教训。成败参合型案例，在现实的管理实践中，大量的决策和行为都是成败参合、长短相伴的，很难说全对或全错，这就要求学习者坚持实事求是的原则，客观分析其中的成败得失，总结经验与教训，取长补短。

需要注意的是，公共管理的分类是相对的，不同类型的案例之间也会存在交叉的情况。比如，一个政策制定型案例本身也有可能是紧急决策型案例，一个确认问题型案例也有可能是政策制定型案例。

三、公共管理案例的构成要素

公共管理案例是对被选定的某一历史和现实的展示，是对有关该事件事实和环境的描述，但又不是对管理事件的简单描述，而是将公共管理概念或理论蕴含其中，为传授特定的理论知识服务。因此，任何一个公共管理案例的写作都应至少包括主题、事件或问题、时间与地点、背景、各方主体、主体间关系等基本要素。[①]

（一）主题

主题是任何一个案例都应具备的，是案例和理论结合的关键所在。公共管理教学案例的主题应在政府治理与领导、公共政策、管理科学与决策、公共安全与应急管理、土地利用与城乡发展、教育政策与管理、管理科学与决策、公共财政与税收管理、组织人力资源管理、社会保障等与公共管理密切相关领域范围之内。

---

① 段鑫星，刘蕾.公共管理案例教学的理论与实践[M].徐州：中国矿业大学出版社，2015：37-38.

（二）事件或问题

教学案例是以客观事实或社会存在的现实问题为基础加工而成的。当教学案例所要分析的对象是某个事件时，事件的产生、发展和终结，事件的处理方法、处理结果和造成的社会影响都应反映在案例当中。教学案例也可以由社会存在的现实问题引发思考，收集资料加工而成，如怎样解决城中村的拆迁与改造中的"钉子户"问题。

（三）时间与地点

"教学案例是对被选定的某一历史和现实事物的展示，是对有关该事物的事实和环境的描述。"[①]教学案例需要交代清楚事件或问题发生的特定时间与特定地点，这是完整描述一个故事的必备元素，也是用来理解故事情境、推测相关信息的重要条件之一。

（四）背景

任何事件的发生都有其特定的背景。背景材料在宏观层面通常涉及国内外的经济、政治、社会文化等时局或宏观政策等，在微观层面则需要提供事件发生的起因、导火索等，有时还需要提供相似事件的概况介绍。背景材料是帮助学习者更好地进入情境、理解情境、在情境中进行角色模拟的重要参考。因此，编写者在案例写作时需补充足够的背景材料。

（五）各方主体

公共管理实践活动的主体是多元的，多元主体在社会大背景下的一系列选择和行为共同构成了公共管理实践活动的内容。教学案例需要确定具体的公共管理实践活动中所涉及的多元主体，并确定核心主体和一般主体。对于公共管理而言，其教学案例中的主体主要包括政府（党政机关）、乡村街道办事处、非营利性公共组织机构、民众、企业等。最常见的是包括政府、民众和企业在内的三方主体。若就城中村的拆迁与改造而言，其主体至少还应包括开发商、物业等企业性质主体。

（六）主体间关系

公共管理教学案例经常涉及的主体间关系主要包括政民关系、政社关系、政企关系、企民关系等。

[①] 宁骚. 公共管理类学科的案例研究、案例教学与案例写作 [J]. 新视野，2006（1）：36.

（1）政府与民众的关系：公共权力是核心，主要表现为公共服务的提供，多见于有关政府部门的不作为、行政效率低、信访事件、恶性的群体性事件等案例。

（2）政府与社会的关系：可细分为大政府—小社会、大社会—小政府两种关系，多见于行政改革等较为宏观的案例。

（3）政府与企业的关系：主要表现为政府与企业双方各自在社会资源配置中所处的地位高低以及企业的相对独立性等方面，多见于与环境治理、节能减排、行政审批、土地管理、公共服务外包等案例。

（4）企业与民众的关系：随着市场经济的发展，企业的功能渗透到社会生活的各个方面，企业与民众的关系变得更加密切，多见于公共服务的外包、城中村的拆迁与改造、社区的物业管理等案例。需要注意的是，一篇公共管理教学案例往往包含多个主体间关系，编写案例时需分清主次，有所侧重。

（七）争议焦点

教学案例的议题一般需要具有复杂、冲突的元素，以及等待解决的问题，而且这些问题没有简单或单一的答案或解决方案。[①]各方主体因为所处的角色位置、价值观、分析的角度不同，对同一个问题产生争议，并说明其理由，这便是案例所要突出的争议焦点，也是需要学习者根据掌握的理论知识和实践经验进行批判性思考和充分的讨论甚至是争论的地方。

第二节　公共管理案例库概述

各教育结构在公共管理教学中对案例的选择非常重视，大都建立了大型的教学案例库，采编、搜集了大量公共管理案例。比如，哈佛大学肯尼迪学院有世界最大的公共管理案例库，其中有2 000个左右的案例，供学员在学习期间使用。每年还要新增20个左右的案例。在我国，实施案例教学，需要有大量符合我国公共管理基本国情的教学案例，但从目前来看，适合我国国情的公共管理案例比较缺乏，可供分享的案例库也比较少，建设不同类型、层次的公共管理案例库是一项非常迫切而艰巨的任务。

---

① 张民杰. 案例教学法——理论与实务 [M]. 北京：九州出版社，2006:67-68.

公共管理案例采编的理论与实践

一、公共管理案例库的概念

库最早见于战国文字，本义为收藏兵车及其他武器的处所，后来泛指收藏各种物品的处所。[①] 因此，案例库就可以理解为收藏案例的处所，公共管理案例库即是一个由众多数量、种类的公共管理案例汇集、整合而成的资源库或数据库。该资源库一般是由一个或几个管理教育机构根据一定的规划，采用一定的运作模式，围绕公共管理学科，收集、收购或整理、编写案例材料而形成的。

严格意义上，公共管理案例库可分为研究案例库、教学案例库和案例素材库等，或一个案例库包含研究案例库、教学案例库和案例素材库等多个子库。本书主要是指教学案例库。

二、我国主要公共管理案例库建设情况

我国公共管理案例库建设起步较晚，2001年起，中国人民大学在"985工程"中设立了"公共政策与公共管理案例库建设"项目；2004年，清华大学公共管理学院成立了"中国公共管理案例中心"，致力于公共管理教育领域的案例开发、案例写作和案例教学方法的研讨；2013年开始，全国公共管理专业学位研究生教育指导委员会和教育部学位与研究生教育发展中心联合建立了"中国公共管理专业学位教学案例库"，并向全国所有培养单位免费开放使用权。

（一）中国专业学位教学案例中心案例库

中国专业学位教学案例中心是由教育部学位与研究生教育发展中心设立，联合相关专业学位教育指导委员会共同建设的公益性、非营利性机构。该案例中心遵循"广泛征集，资源共享，公益为主，成本分担"的原则，致力于建设我国相关专业学位类别最全、特色明显、被广泛认可并具有一定国际知名度的国家级专业学位教学案例中心，有效支撑我国相关专业学位课程案例教学。[②]

该案例中心的建设工作是为适应我国专业学位教育发展的客观需求，进一步推动专业学位培养模式改革，提高专业学位研究生教育质量，在教育部和财政部的支持下正式启动的。案例中心建设工作由国务院学位委员会办公室和教育部指导，教育部学位与研究生教育发展中心牵头，各相关专业教育指导委员会(以下简称"教指委")共同参与。

---

① 李学勤. 字源 [M]. 天津：天津古籍出版社，2013：823.
② 案例中心网址：https://ccc.chinadegrees.com.cn.

公共管理专业学位案例库是较早启动建设的案例库，截至2020年5月，已完成了1 066个教学案例的推荐、评审、入库工作，是中国专业学位教学案例库中数量最多的专业学位案例库之一。

为了提高公共管理专业学位案例库的使用效率，充分发挥案例库的边际效应，全国公共管理专业学位研究生教育指导委员会采取了一系列的措施，大力推广案例库：通过制作案例库使用流程图等，降低使用案例库的心理门槛；通过多渠道发布案例使用方法，增加案例库的知名度；通过提高部分任课教师的使用兴趣和意愿，"倒逼"培养单位有关教师关注、使用案例库。[1]

（二）清华大学中国公共管理案例库

中国公共管理案例库是清华大学公共管理学院中国公共管理案例中心精心研究自主开发的具有时效性、本土性和典型性的高品质教学案例库。[2]清华大学公共管理学院于2004年7月3日成立中国公共管理案例中心，作为教学、科研和培训的支撑机构，自主建设具有时效性、本土性和典型性的中国公共管理案例库。

该库中的每一篇案例均由清华大学公共管理学院教师指导，硕士和博士研究生等专业的案例写作人员基于实地调研和各类参考文献开发写成，具有真实性、典型性和冲突性特点，经过清华大学公共管理学院教师长期实践证明，课堂教学效果非常显著，能够培养MPA学生在公共管理理论框架下分析、解决问题的能力，实现了理论与实践的有效结合。

该案例库主要用于公共管理领域的教学、培训和研究，亦可作为政府部门和机构的智库，服务于中国公共管理教育事业的发展。覆盖公共政策、公共经济学、公共部门战略管理、公共危机管理与决策、非营利与公共事业管理、国际事务和战略管理、廉政建设、领导行为与艺术、区域发展与城市治理、政府组织与管理10大方向，根据孙志刚事件、瓮安事件、医疗改革、冰冻雨雪灾害等一系列深刻的现实事件而撰写的教学案例讲述着中国经济社会发展过程中面临的重大问题，同时选取新鲜生动的地方政府创新案例体现中国特色的发展道路，深入探索中国公共管理的最佳实践。

中国公共管理案例库已于2014年1月1日正式上线，通过数据库包库形

---

[1] 谢佳宏. 以加强案例教学推动MPA培养模式改革——从MPA教指委的角度出发[J]. 研究生教育，2016（1）：11-14.

[2] 访问地址：http://www.htcases.com.cn/kw/content/index.html?dbId=7.

式面向全国600多所高校提供便捷高效的案例教学服务，截至2019年12月，共收录10大方向近200个经典案例。

（三）中国社会科学案例中心案例库

中国社会科学案例中心是由中国人民大学学校直属的跨学科、跨院系的综合性科研机构，是国内第一家跨学科社会科学案例中心。中国社会科学案例中心以"建设国内第一、世界一流的综合性、跨学科案例开发与共享平台"为愿景，依托学校深厚的人文社会科学底蕴，推动以案例为基础的教学改革和科研创新，打造从实践到理论的桥梁。

中国社会科学案例中心案例库收录了包括工商管理、公共管理、经济学、哲学、文学历史等主要社会科学学科的单学科和跨学科案例。案例形式丰富，有传统文本案例，也有视频案例、仿真案例、粗案例和微案例等新型案例。[①]

中国社会科学案例中心的工作职责包括以下几方面：统一开展全校案例规划、征集、评审与入库工作；在全校范围内推动案例教学与案例研究，重点关注跨学科的案例教学和案例研究；建立健全学校案例开发、激励与使用机制；组织案例工作坊、案例培训班和案例论坛等；传播案例开发和案例教学知识，促进教师间的交流；开展案例开发和教学方法论的探索和研究。

其中，中国人民大学公共管理学院案例中心成立于2012年5月，是学院为推动案例库建设和案例教学工作的有效开展，根据学校整体工作部署，决定成立的重要的教学辅助机构，也是中国人民大学中国社会科学案例中心的组成部分。

此外，北京大学、复旦大学、厦门大学、暨南大学、华中师范大学等都在试建公共管理案例库。但是，目前各高校的公共管理案例库还没有形成规模，没有产生影响力，其建设水平仍远远落后于工商管理案例库。

第三节　公共管理案例教学概述

"案例教学"（case teaching）又称为"案例教学法"，是指根据一定的教学目的，以案例为基本教学材料，将学生引入实践情境，通过教师与学生之间、学生与

---

① 访问地址：http://case.ruc.edu.cn/.

学生之间的多向互动、深入讨论,以提高学生面对复杂实践情境时进行决策、解决问题的能力的一种教学方法或教学活动。哈佛大学案例教学研究中心主任、案例教学协会主席约翰·鲍赫尔(John Boehrer)教授认为:"案例教学是一种以学生为中心对现实问题和某一特定事实进行交互式探索的过程。目的在于锻炼学生在某些现实的约束条件下,如有限的时间、有限的信息和大量不确定性的条件下,运用智力和情感,面对复杂问题做出关键性决策的能力。"[1]

案例教学是理论与实践相结合的一种有效教学方法。案例教学可以将理论与实践结合起来,把抽象的理论阐述清楚,有助于开发学生的智力,提升学生的综合能力。

一、案例教学法的基础理论

虽然案例教学法已经受到教育界、企业界的高度重视,但是很多教师、学者、管理者还是只把案例教学法作为一种经验性的教学方法,对于其所代表的教育模式层面的内涵理解依然不够。因此,我们有必要从理论依据角度来探讨案例教学法所遵循的基础理论。[2]

(一)迁移理论

迁移理论是案例教学法的理论基础之一。莱文的迁移假设理论认为,一个人在解决问题的过程中会提出和检验一系列的假设,形成一套解决问题的思考顺序和假设范围。这种通过假设形成的思考顺序和假设范围会影响以后类似问题的解决,迁移到以后的问题解决活动中去。在案例教学中,教师布置案例材料后,一般都附有相关的问题,询问学生如果作为"当事人"该如何处理案例中所面临的问题。学生通过自学案例、分析案例、小组讨论寻求解决问题的方法,这一过程就是运用原有的原理、方法等理论知识,形成对案例中问题的解决办法的假设的过程,在这一过程中,学生将理论知识与实际问题结合而形成自己的经验,同时在案例教学中逐步了解与掌握解决问题的一般步骤。这些经验使学生头脑中孤立的、分离的知识转化为一套解决类似问题的思考策略与顺序。案例教学具备了迁移假设理论的条件,从而有效地促进了问题的解决。

---

[1] 徐拥军,宋扬.案例教学法在本科管理类课程中的应用 [J]. 东北农业大学学报(社会科学版),2017(6):29-33.
[2] 付永刚,王淑娟.管理教育中的案例教学法 [M].大连:大连理工大学出版社,2014:23-24.

由以上分析可以看出，案例教学法促使学生逐步形成对问题解决的假设与顺序，并以案例的形式创设了与日后运用所学内容的情况极其相似的情境，有效地促进迁移的发生。

（二）信息加工理论

信息加工理论认为，个体的知识分为陈述性知识和程序性知识两种。程序性知识以产生式系统表征。产生式系统是认知表征中一种比较典型的程序表征系统，其基本原理是一个条件能产生一个活动，即每当某个"条件"出现时就会产生某个"活动"。产生式系统由多个产生式组成，这些产生式系统经过练习后储存在人脑中，保存为解决问题的技能。陈述性知识最初以命题网络的形式组成，在多种练习下，再转化为以产生式的方式表征，最后形成产生式系统。

在案例教学中，案例作为活生生的现实情境，能够激发探索问题的兴趣，同时案例是涉及各方面知识的一个综合体，需要学生充分调动其原有的各方面知识，在基于案例的情境中练习与运用，获得由产生式系统转化的解决问题的技能。而以命题形式保存在学生头脑中的原理、原则等知识可以通过案例学习转化为解决问题的技能，即形成保存在学生头脑中的产生式系统。案例教学法突出形成学生的程序性知识和产生式系统，在面对案例情境时要求学生调动原有的知识结构。案例教学法是帮助学生将陈述性知识与程序性知识转化为产生式系统的有效方法。因此，信息加工理论成为案例教学法的理论基础。

（三）教学交往理论

教学交往理论认为，学生在学习过程中通过与同学、教师以及周围其他环境的交往构建着自己的知识结构，发展着自身的道德品质。交往是一切有效教学必需的要素。交往在教学中发挥着经验共享的作用，能使学生学会合作、发现自我，达成共识。教学交往理论认为，交往的主体就是平等的、相互尊重的，在教学过程中，师生之间应是平等交往的主体关系，而不是教师作为主体、学生作为客体的主客体关系。学生的和谐全面发展只有通过这种平等的交往才能实现。因此，教学中的交往应是一种合作式的交往，交往的双方应创造条件，使不带支配性质的交往行为成为可能，放弃权威地位，持相互平等的态度。同时，由于交往者实际地位不是同等的，必须使他们相互取长补短，形成理智相处的态度。

（四）顿悟学习理论

格式塔心理学家认为，学习是认知重组，是对事物之间关系的顿悟。顿悟式学习不易遗忘，不仅可以避免多余的失误，而且顿悟学习本身具有奖励的性质，能使学生产生积极的愉快体验。因此，概念化、思考及对技能的领悟性学习优于根据重复练习原则对技能、习惯和记忆关系的学习。讨论则是促进思考和领悟的最有效途径。通过讨论可以改变人们的思想，增强人们的灵活性。个体在讨论中积极探究问题，得出某种结论，更容易在概念和行动上形成永久性变化。[①] 格式塔心理学家认为，讨论在思维形式变化中发挥着重要的作用，个体思维形成于分析现有信息和用新观点综合这些信息之间轮回交错的过程，个体在这一过程中获得思想的改变，而讨论是完成这一过程的主要方式之一。

案例教学充分重视讨论，在教学过程中常运用小组讨论和班级讨论。教师运用案例中富有启发性的问题，激发学生讨论，减轻了学生的学习被动性以及对记忆的过分依赖，促进了学生积极思考，进行推理，确定各事物间的关系，寻找问题的答案。在小组讨论中，个人可以在发表自己的观点和倾听他人的观点过程中取长补短，从较全面的角度认知问题情境。在班级讨论中，更多的观点融汇和教师点拨可以超越小组讨论中认识的水平，从更深的程度和更高的水平对问题情境进行理解和认知，找到更好的解决问题的办法。因此，顿悟学习理论尤其是关于讨论的理论是案例教学法的理论基础。

二、案例教学法的特点

公共管理中的案例教学法是由教师提供一个比较典型的管理问题和政策问题，然后为学习者提供政策问题或管理问题发生的背景，并给学习者指出该问题所面临的困境以及可能的解决方案，让学习者经过自己的思考和分析进行抉择，从而通过对具体案例的分析和抉择，提高学习者分析问题和解决问题的能力。

案例教学法与传统教学模式相比，具有如下特点：

第一，情景性。案例教学法是对实际行动中行政管理人员和管理者群体面临的情景所进行的部分的、历史的、诊断性的分析。这种分析以叙事形式出现，并鼓励学生参与进来，它提供对分析特定情景至关重要的——实质的和过程的——数据，以此来设计替代行动方案，从而达到认清现实世界复杂性和模糊性的目的。通过案例这种方式将真实生活引入教学过程和学习过程当中。有学者认为，"案例就是经验学习中的控制的练习""是对引起决策问题的陈述"。

---

① 高文. 现代教学的模式化的研究 [M]. 济南：山东教育出版社，2000: 460.

公共管理案例采编的理论与实践

第二，自主性。在案例教学中，学生是关注的中心，在论题选择和讨论方式上与教师共享控制权，而且教师经常作为辅助人员或者资源提供者居于次要的地位。教师比学生知道得多，但教师的知识并不是权威性的。知识和思想在教师与学生之间双向流动，并在学生中互相交流。通过这种方式，学习者已然由消极被动状态转变为积极主动状态，学习热情被激发，求知欲望也变得越来越强烈。

第三，目的性。案例教学法总的目标是提高学生对理论知识的理解及应用，培养和提高学生的评论性、分析性、推理性的思维和概括能力、辩论能力以及说服能力，使参与者认知经验、共享经验，使学生扩大社会认知面，形成解决社会问题的愿望和能力。毫无疑问，案例教学能够发展学生的自学能力和自主性思维，为进入社会建构理想的、富有操作性的职业角色。[1]

三、公共管理案例教学法的起源及其在中国的发展

公共管理案例教学起源于美国哈佛商学院的案例教学法。19世纪90年代，哈佛大学法学院率先使用案例对学生进行职业训练。其后，哈佛大学医学院也开始使用案例教学法。

案例教学法在法律和医学教育领域中的明显成功激励了管理教育领域。1908年哈佛大学商学院成立时，院长盖伊（Gay）提出在传统授课之外采用学生讨论的教学方式，这是管理领域案例教学法的早期思想萌芽。在其后的十年间，哈佛商学院鼓励企业管理者带着企业实践中的问题走进课堂，与学生一起分享企业面临的决策与难题，从而促进教学目标的实现。1921年，科普兰博士（Dr.Copeland）在新院长华莱士·多纳姆（Wallance B.Donham）的支持下，出版了第一本案例写作书籍，这标志着案例教学法被正式引入管理教育领域。[2]

由于案例教学有助于实现教学相长，能够充分调动学习者的主动性和积极性，教学过程生动具体、直观易懂且能够集思广益，所以现在成了管理学、法学、军事学和教育学等学科领域课程教学中最受推崇的教学方法之一。类似的方法后来在公共管理教学中出现过，教授搜集整理包含不同背景、问题、选项、相关意见和选择过程的公共管理和决策记录，形成公共管理案例并用之于教学中，以培养学生的决策推理能力。因此，公共管理案例实际上是借鉴其他领域案例的一种具体应用，它和医学案例、法学案例、工商管理案例一样，目的都是通过将实际事件的典型过程再现出来以培养学生的推理能力。

---

[1] 金太军．公共管理案例分析[M]．上海：华东师范大学出版社，2006：1-2．
[2] 朱方伟，孙秀霞，宋昊阳．管理案例采编[M]．北京：科学出版社，2014：2．

公共管理案例教学在我国起步较晚,大约从20世纪80年代中期开始,学术界才在介绍国外同类专业教学经验的过程中关注并探讨这一问题。随着中国MPA专业学位教学的建立与发展,案例教学法才真正成为公共管理专业理论研究和教学实践研究的内容之一,并得到广泛应用。21世纪以来,我国越来越多的高校在公共管理教学中采用案例教学法,并取得了丰硕的成果。一些高校还相继成立了公共管理案例中心,自主建设具有时效性、本土性和典型性的公共管理案例库,致力于公共管理案例开发、案例写作和案例教学方法研讨。[1]

总之,在有关高校、机构的共同推动下,在广大公共管理教学、研究人员的积极参与下,案例教学在我国公共管理教育领域得到了快速的普及。但总体来看,案例和案例教学对于国内大多数公共管理教师和学生而言,依然是一个新生事物,对其认识是一个逐步深入的过程,在理论和实践方面也有诸多深入研究的必要。

---

[1] 王名,张智勇,仝志辉.中国公共管理案例(第一辑)[M].北京:清华大学出版社,2005.

第二章 公共管理案例采编

充足而高质量的案例是进行公共管理案例教学的前提和保障。由于公共管理案例教学在我国起步较晚，虽然相关高等院校、科研机构在推广案例教学方面已经做了很大努力，也编写了一些能反映政府及公共部门管理的案例，建立了案例资源库，但在开发高质量的公共管理教学案例方面还需进一步探索。

第一节 公共管理案例采编概述

目前，案例在教学领域得到越来越多的关注和使用，也正是由于广大教师对案例教学重视程度的不断提高，优秀案例的采编逐渐成为案例教学的关键。

一、公共管理案例采编的概念

通常情况下，我们所说的采编主要是电视的采编和报纸、杂志、网络新闻的采编。采编顾名思义就是将新闻素材通过采访进行编辑整理，包括采集信息及编辑信息的工作。

同样，公共管理案例的采编也是由案例信息采集和案例编写组成的活动。是在既定的公共管理理论教学目标的指导下，对案例的相关信息和资料进行采集、整理，并最终编写出符合教学目标要求的案例正文和案例使用说明的活动。

公共管理案例的采编主要包括案例信息的采集和案例编写两个环节。

案例信息采集环节是指案例信息和资料的采集过程。案例信息和资料主要通过对已有文献资料进行检索、实地调查来采集。这里的"采集"主要是指案例信息和资料的实地调查采集。在案例采集之前必须明确采集的案例可能适用的课程、主题、教学目的等，并初步拟订案例采编计划。采编计划应是一个富有弹性的计划，具体内容包括采编的案例发生方及其访谈对象、案例类型、采编的内容是一个公共管理故事还是一个公共管理情境，是一个公共管理实践活动还是有待决策的问题，案例涉及的是理论还是规则，等等。然后根据采编计划，深入公共管理实践中，通过文献、观察、访谈、问卷等调查方法，全面搜集案例资料。

案例编写环节是指案例信息和资料的编写过程，即案例文本的写作过程。Hansen认为，编写案例就像制作面包一样，为了制作美味的面包，你需要优质的谷物、发酵剂和水，你可以将这些原料按不同的数量和次序加进去，制作任何你想要的面包。[1]对于案例采编者来说，要按照不同的写作方法和写作风格将所收集到的资料进行整合和编写，这样才能写出高质量的教学案例，以满足特定的教学目标。[2]

二、公共管理案例采编的原则

公共教学案例的选择与编写直接影响着案例教学活动的成效。案例选择不当，便不足以充分调动学生的积极性，难以形成有效互动，影响案例教学的质量。[3]

（一）为教学目标而服务

公共管理案例教学作为公共管理类课程的教学手段，应当是为公共管理课程教学目标的实现而存在的，完全脱离公共管理课程教学目标、独立存在的案例的教学意义是极其有限的。因此，公共管理教学案例的采编应先考虑到公共管理课程总的教学目标和不同章节的具体教学目标，并围绕教学目标进行主题的遴选和内容编排。公共管理课程旨在使学生掌握公共管理的基本理论和基本方法，并能够运用这些理论、概念和方法去分析与解决公共管理中的实际问题，力图培育公共管理专业学生在处理公共事务过程中"以公共利益为最高原则"的价值观，以及在处理公共事务过程中应该表现出来的良好的解决问题能力、

---

[1] HANSEN A. Writing cases for teaching:Observation of a practitioner[J].Phi Delta Kappan, 1997, 78(5): 398.
[2] 郭文臣, 王楠楠, 李婷婷, 等. 描述型案例和决策型案例的采编 [J]. 管理案例研究与评论, 2014（10）: 432-433.
[3] 段鑫星, 刘蕾. 公共管理案例教学的理论与实践 [M]. 徐州：中国矿业大学出版社, 2015: 29-32.

创造能力、沟通能力和领导能力。[①] 与之相应，公共管理教学案例的编写需要为以上教学目标而服务。

（二）具有社会层面的研讨价值

社会性与公共性是公共管理教学案例区别于其他课程教学案例的重要特征，因而公共管理教学案例的采编不仅要反映公共管理实践活动中切实存在的重要问题，包括但不限于人、事、权、领导、决策、组织、协调、执行、监督及效率等方面，还应具备社会层面的研讨价值。对于公共管理课程而言，只有具备社会层面价值的教学案例，才更具讨论的价值空间，从而起到锻炼学习者多角度分析问题和解决问题的思维和能力。这是因为具备社会层面研讨价值的教学案例的内涵更为丰富，涉及的社会主体更为广泛，主体间的立场与观点分歧明显却又难说对错，学习者可从多个立场和角度进行理解和分析，不至于单调和乏味，陷入片面理解的误区。此类案例素材多反映的是现实生活中的热点、难点和焦点问题，其素材可从新闻、课题、培训、期刊文献、研究生论文、日常交流等线索中进行遴选，其研究合作者包括学生、同学、校友、学生家长或对此感兴趣的其他人。

（三）具有丰富的理论内涵

案例教学是为实现教学目标而服务的，不能简单地就事论事，而是要以案说理。这就要求教学案例本身应具备丰富的理论内涵，有一定的思想深度，避免浅薄和流于表面，既有利于教师带着教学问题深入地学习有关的教学理论，内化自身的教学理论知识和方法体系，避免空洞的、抽象的说教，取得事半功倍的效果，也有利于学习者更好地理解所学知识，将理论与实践相结合，提升自我的理论素养和实践能力。

对于公共管理课程而言，教学案例具备丰富的理论内涵，主要表现为：案例本身蕴含或违反了某个或某些公共管理精神、原则、价值观；能够为与之相契合的公共管理相关理论提供有益的参考。像南京老城南拆迁与保护政策演变发展这类案例，对了解和认识我国地方政府的公共决策机制，特别是地方政府与上级政府、居民、专家学者、新闻媒体等多元主体的立场与博弈、资源及其策略，认识现代化进程中文化城市的改造与更新问题，分析地方政府公共决策的价值导向与我国地方公民社会的自主性的发育程度及特征，提高公共决策的质量等方面具有重要的理论意义。

[①] 全国公共管理专业学位研究生教育指导委员会. 全国公共管理硕士（MPA）核心课程教学指导纲要 [M]. 北京：中国人民大学出版社，2014：3-4.

（四）反映时代的特色和要求

不同时代背景下的公共管理实践活动的主体、对象、原则、制度安排等存在明显的差异。时过境迁时，再采编、照搬和使用陈旧的教学案例是不合时宜的。一方面，很难为当下的公共管理实践活动提供针对性的参照；另一方面，因为缺少新颖性和认知度而使学习者难以兴趣盎然地读下去，更不要说弄清事情的来龙去脉了。因而，用于公共管理教学的案例应坚持与时俱进，反映时代的特色和要求。

当然，也有一些教学案例因丰富的理论内涵和实践价值成为经典而经久不衰。但即使是这样的案例，选择和运用时，也需要不断赋予其新的内涵，使案例体现出时代特色与要求。[1]

三、公共管理案例采编的流程

公共管理案例采编是一项系统工作，各个工作环节遵循一定的内在逻辑，并按照这一逻辑，统筹安排、充分准备，有计划、有步骤地展开。

在现实生活中，并没有一个案例采编的最佳模式，每个案例作者都有自己独特的风格，采编的流程都会带有自己的印迹。朱方伟等将案例采编的流程分为案例采编启动、案例素材采集、案例编写和案例使用四个阶段，[2]虽然该流程的划分主要是针对工商管理案例的采编，但对于公共管理案例而言，也是同样适用的。

（一）采编启动

案例采编启动阶段是确定案例采编的需求，选择案例来源（包括公共管理事件、公共管理政策、公共管理组织等），并在组建采编团队后编制采编计划的过程。具体体现如下：首先，依据难度理论和需求识别理论，根据课程规划来界定案例采编的需求；其次，明确需求后，寻找和确定案例来源；再次，组建案例采编团队，按照案例采编能力要求对参与人员进行技能评价和分工；最后，在组建好采编团队后，对总体工作目标、团队分工协作等进行统一规划，在全面了解案例采编工作内容范围的基础上，制订初步的案例采编计划。

---

[1] 刘红霞.案例教学中选择案例存在的问题和对策[J].教育与职业，2008（29）：118.
[2] 朱方伟，孙秀霞，宋昊阳.管理案例采编[M].北京：科学出版社，2014：20-22.

（二）素材采集

案例素材采集阶段是对案例目标组织和个人进行调研与访谈，获取案例编写需要的基础资料和信息的过程。这一过程包括调研准备、调研实施和调研收尾三个环节。调研准备期的主要工作是确定调研目标组织联系人和获得目标组织的许可，并为下一步调研工作储备知识和起草调研提纲；调研实施过程是在做好调研准备的基础上，确定受访对象、调研时间和地点，进行正式调研访谈，通过记录访谈内容和现场观察等方式收集案例相关资料；调研收尾则是对调研所获得的信息、资料进行筛选、整理和文档化，并在整理调研资料的基础上对访谈信息进行甄别和补充，如果所掌握的信息仍不能满足案例编写需要，则可与调查对象沟通进行补充调研。这一阶段表面上是通过调研与访谈获得案例编写素材的过程，实则是以知识线为指导，为情节线的设计和实现进行信息搜集的过程。

（三）案例编写

案例编写阶段是在对调研信息、资料进行分析整理的基础上，撰写案例正文和案例使用说明的过程。这一阶段是整个案例采编工作的核心环节。案例正文的撰写是结合新闻、小说、教材的写作方法，按照一定的写作规范，将案例教学目标中的知识点通过案例故事展现出来的过程。而案例使用说明的撰写是对案例故事中所蕴含的知识点进行梳理和分析的过程，它为案例教学教师进一步明确案例教学目的、案例分析思路和理论依据以及制订课堂教学计划提供有益的建议。案例编写阶段是实现将知识线与情节线融为一体的关键阶段。其中，案例正文编写在将收集的信息加工编辑为富有情节的故事同时，将案例教学所规定的知识点蕴含其中，而案例使用说明的编写作为案例教学的指导材料，又将知识线与情节线的结合梳理开来，清晰展现并引导教师在教学过程中对案例的分析和知识的传授。

（四）案例使用

严格来讲，案例编写完成并不意味着案例采编工作的终结，案例的遴选入库及使用过程中对案例进行的修改、补充和完善是案例采编工作的延续。

案例使用阶段是对完成的案例正文和案例使用说明进行应用与检验的过程。案例采编过程是一个系统工程，其中诸多环节都会因为主、客观因素的限制而影响案例本身的质量，甚至会出现瑕疵和谬误之处，特别是对案例本身与解释的公共管理理论之间的契合程度、能否实现预定的教学目标等，都需要在案例使用的过程中进行检测。因此，完成的案例正文和案例使用说明在遴选入库及教学应用的过程中，会通过专家测评、课堂检验等方式对可信度和教学目标支持的有效程度进行检验与评价，并在此基础上进行完善。可以说，案例使用阶段是实现案例采编价值的过程，知识线和情节线的功能将在此阶段得到实践和检验。

第二节 公共管理案例采编团队的建立

从前面的介绍中可以看出，公共管理案例采编是一项具有挑战性的系统工作，工作量相对较大，专业性较强，一个人很难完成，需要具备各种专业技能的人共同配合才能更好地完成。因此，目前国内外一般都由一个采编团队共同完成案例采编，通过合理的分工协作，取长补短，以保证案例采编质量。但想要组建一个有效的团队并不容易，它需要建立在采编者对现有人员和采编需求均充分了解的基础上，才能根据采编需求识别结果将人员的必备技能与现有人员的能力经验进行技能匹配，有效地筛选出最合适的团队成员。[①]

一、公共管理案例采编者的素质

公共管理案例采编需要各种专业技能人才配合才能较好地完成。案例采编者不仅需要具备一定的专业基础知识，还要具备较强的沟通协调能力，以获取有效的调研资料，更要了解案例教学的特征，有能力撰写出能够满足教学目标的优秀案例。因此，采编者需要具备一些基本素质，主要包括良好素养、专业知识、调研能力、写作能力、案例教学能力等。

（一）良好素养

采编者应该具备良好的个人素养，如诚实认真、勤奋负责、谦虚耐心、善于交流等，这些不仅是一个优秀案例采编者必备的道德品质，更是保证案例采编工作顺利进行的基本条件。只有具备这些良好的素养，才能在案例采编过程中取得调研对象的信任与合作，从而促进调研工作的顺利进行，提升有效资料获取的效率，才能够团结协作，群策群力地完成案例的采编工作。

---

① 朱方伟，孙秀霞，宋昊阳. 管理案例采编 [M]. 北京：科学出版社，2014: 70.

（二）专业知识

由于公共管理案例以传授公共管理知识为最终目的，起着对理论知识验证、深化、操演与熟练的作用，案例采编者只有掌握了公共管理理论知识，才能将知识线贯穿于案例情节始终，在案例撰写过程中合理平衡案例中的知识线与情节线，使学生通过案例学习到背后的理论知识，否则案例教学就失去了其自身意义。因此，采编者应该具备与案例主题相关的专业理论知识，理解案例所涉及的公共管理理论、概念、技术及应用约束条件。

（三）调研能力

案例采编工作中信息的采编是关键的环节，是案例编写的前提，决定着整个案例采编工作的成败。在信息采编过程中，案例采编者要承担各种信息资料的收集和整理工作。无论文献调查还是访谈、观察，都需要案例采编者具备较强的沟通能力、敏锐的洞察力以及主动学习的能力。如果案例采编者具有一定的调研访谈经验，实施的过程会更加顺利。比如，案例采编工作中初始联系调查对象、编写访谈提纲、提高对受访者进行访谈过程中获取信息的有效性、筛选提取有效资料、从现象中分析提炼理论问题等都是技巧性较强的工作，采编者最好是具备相关能力或参加过相关技能培训的人员。

（四）写作能力

案例采编最重要的目的是获得可实现案例需求的优秀案例。无论案例采编者在采编过程中收集了多少有效的资料，在撰写时无法将资料合理地有效利用和恰当表达，也是徒然无功。因此，写作能力是采编者必备的素质，也是直接影响案例效果的最关键技能。那么，在写作过程中如何确定案例标题才能达到既激发学生兴趣，又能清楚表达主题的目的，如何安排情节才能既简洁明了地利用采编资料，又清晰准确地反映案例主题呢？面对这些问题，案例采编者只有具备良好的文字功底，具有条理清晰的编辑能力，能根据案例主题利用好各种调研材料，客观、准确地描述案例情节，并掌握一定的案例撰写技巧，平衡好案例情节线与知识线的关系，才能把握好写作风格，充分表现案例的独到之处。

（五）案例教学能力

完整的教学案例分为案例正文与案例使用说明两部分，案例使用说明帮助采编者实现案例的教学目的，包含教学目标与对象、分析思路、课堂讨论题及课堂教学建议等。这些部分均需要采编者深入了解案例教学的基本模式，才能从案例中按照一定分析逻辑提炼出知识线,设计出讨论问题,提出合理的课堂教学建议,设计出完整的案例教学计划,以实现案例教学的目的。采编者只有懂得如何在课堂上教授案例,才能在案例采编前期对案例有深入的理解与规划,在采编过程中根据案例采编需求识别结果对资料进行合理的取舍,在编写过程中撰写出能够有效实现教学目标的优秀案例。因此,采编者需要是具有一定案例教学经验或曾编写过案例使用说明,对案例教学模式有较深入了解的人员。[1]

二、公共管理案例采编团队组建

由于一个人很难同时具备上述所有优秀案例撰写所需的能力,即便同时具备,但由于工作时间、具体资源等条件约束,在案例采编过程中往往需要组建团队共同完成。

团队组建要根据人员的特长进行技能组建,不要求每个人都必备每项素质,但整个团队必须包含各项素质。朱方伟等认为,案例采编团队内一般需要有指导者、访谈者和撰写者三种角色分工。团队指导者一般由教师承担,他是团队的总负责人,负责团队的日常管理,是案例采编全过程的总决策人;访谈者一般是具有调研经验的教师或研究生,主要负责调研任务;撰写者一般具有较强的文字编辑能力,主要负责案例的编写工作。团队人数一般以3~4人为宜,具体人数还需要根据案例范围描述结果来确定。

对采编团队进行人员分工只是完成了团队组建的第一步,团队指导者还需要将案例采编的目标、采编的基本步骤、采编工作重点、基本技能要求、待编案例范围等向团队成员进行进一步说明,以使每位成员对案例采编过程与待编案例范围达成共识,同时对下一步工作进行初步部署与安排。团队指导者还要在此说明团队管理细则,使每位成员明确团队管理要求、定期汇报内容、团队成员职责等。这不仅需要在实施采编前以集体会议的形式进行严肃说明,在后续采编过程中也需要持续跟进。要求每位成员将每阶段的采编进展进行定期汇报与总结、检查与控制,以整理团队纪律,激发团队工作的积极性和主动性,保障团队的有效分工与协作。[2]

---

[1] 朱方伟,孙秀霞,宋昊阳.管理案例采编[M].北京:科学出版社,2014:71-72.
[2] 朱方伟,孙秀霞,宋昊阳.管理案例采编[M].北京:科学出版社,2014:74-75.

三、公共管理案例采编团队培训

目前，国内案例教学尚处于刚刚起步的阶段，案例采编经验还不够丰富，采编团队成员的技能可能达不到理想的水平，或需要统一补充更多的专业知识。因此，在案例采编之前要对团队成员进行专业的技能培训，尽量提高团队成员的技能水平，同时团队指导者必须加强案例采编的规范化工作。

首先，案例采编团队指导者要向团队成员介绍该案例的内容、意义、方法以及案例中蕴含的专业知识，主要包括公共管理相关理论、概念、工具、方法及相应的约束条件等。采编者需要先根据案例主题确定相关的专业知识领域，如公共事业管理、危机管理等，以便使成员对该项工作有一个整体的了解。

其次，要组织团队成员集中学习掌握采编工作的基本技巧，如与调查对象接触时的注意事项、访谈形式技巧、提问技巧、制定调研大纲的经验等。如果采用调查问卷，要逐字逐句、逐条逐项地弄清楚调查问卷的内容、填写方法等。如果采用访谈方法，最好进行模拟调整或访问实习。可以在一个小范围内，让每个成员都按正式调查的要求和步骤，从头到尾实际操作一遍，然后认真总结模拟调查或访问实习中存在的问题，并通过讨论或讲解解决这些问题。①

最后，要进行写作技巧的培训。具有一定的文字功底是确保良好写作能力的根本前提，尽管文字功底需要通过长期实践的积累过程加以提高，但不可否认的是，在短时间内也可以通过加强针对性的学习，不断理解案例写作的技巧和理论知识，来提高案例写作的能力和水平。团队成员可以通过阅读相关书籍，学习写作技巧，提高素材的编辑能力，也可以通过向具有丰富编写案例经验的成员或专家请教等形式，来学习与案例撰写相关的理论知识和写作注意事项，总结案例结构形式、案例情节设计、案例情节与知识的平衡等写作技巧，进而提升案例编写能力。②

第三节 公共管理案例采编计划的制订

《礼记·中庸》有云："凡事豫则立，不豫则废。言前定则不跲，事前定则不困，行前定则不疚，道前定则不穷。"提前做好计划是采编案例的一项必

---

① 风笑天. 现代社会调查方法 [M]. 武汉：华中科技大学出版社，2008：147.
② 朱方伟，孙秀霞，宋昊阳. 管理案例采编 [M]. 北京：科学出版社，2014：76.

备任务。一份成熟详备、可操作性强的采编计划往往成为指导整个案例采编工作的纲领性文件，它不仅能够保证采编各环节有序地开展并顺利达到预期目标，还能为后期采编提供基准和方法，保证对采编过程持续有效的控制。

一、案例采编计划的作用

采编者应当在明确待编案例范围的基础上，对采编工作进行周密计划，并依据计划对采编工作进行过程控制，保证采编工作顺利有序完成。可以说，采编计划是执行与控制的前提和保障，详细的采编计划更是实现低成本、高效率采编的基础。

（一）执行的依据

案例采编计划能提供团队实施采编过程的执行依据，确定案例采编的工作内容、时间、流程、方法及资源，使采编者能够在进入现场调研前按照计划合理安排任务和资源，合理安排调研的工作流程、人员分配、资金预支等，以实现低成本、高效率的调研过程，保证各个环节按照计划有序进行。

（二）控制的依据

采编计划将采编工作系统性细化，使每一项任务都有清晰的边界和明确的责任者。采编团队指导者能够按照计划对采编工作进行过程控制与检验，保证案例采编工作的进度与质量，特别是在案例撰写阶段，能够按照进度计划控制案例编写进度，检查相关成果，以保证案例编写工作顺利完成，并实现预期教学目标。

（三）团队内部沟通的依据

采编计划是案例采编团队内部沟通的依据。提前制订案例采编计划，能使团队成员对整个采编过程有一个整体把握，特别是针对需要进行分组访谈调研的团队，在进入调研单位进行调研访谈前对采编任务、采编进度、所需收集的资料等达成共识，对待编案例进行整体定位和认识，可以减少收集资料过程的盲目性和工作边界问题，提高筛选有效资料的效率。同时，它能够对成员的责任进行进一步分解、分配和落实，使每项工作都具体落实到责任者，保证团队的合理分工与协作以及采编过程的清晰与完整。因此，提前制订周密计划是提升团队内部沟通效率，保障有效采编秩序必不可少的程序和措施。

（四）与案例发生方沟通的依据

在对案例调研的对象进行深入调研之前，要先将详细的案例采编计划提交给案例发生方，与案例发生方商讨案例采编工作的具体内容与时间安排，对案例采编计划不断修订以融入案例发生方的建议。这可以使案例发生方根据计划提供的调研时间、所需信息与资源等提前做准备，提高工作效率。因此，向案例发生方提交案例采编计划是一个与案例发生方沟通交流的有效方式，能够确保采编者与案例发生方制订之间及时沟通以达成共识。[①]

二、案例采编计划的编制原则

案例采编计划是整个社会调查工作的行动纲领，是保证采编工作顺利进行的重要前提。要使案例采编计划达到科学实用和指引的目标，必须遵循计划制订的基本原则。

一是可行性原则。即案例采编计划要从实际出发，根据案例采编团队能够提供的人力、物力、财力以及案例采编工作本身所具有的难度等主客观因素，确定适当的调查范围和地点。制订计划时，要量力而行，切勿好高骛远、不切实际，要保证内容、对象和时间都比较切实可行。

二是完整性原则。即案例采编计划的制订要尽量做到面面俱到，对采编过程中可能出现的问题要有所预料，并能事先提出预防的措施和解决问题的办法。因为采编过程中的点滴疏忽都会给整个采编工作带来困难，并会影响案例成果的质量。

三是时效性原则。即案例采编计划的制订必须充分考虑时间因素，尤其是一些启发性、应用性很强的案例选题，更要注重时效性。例如，一些重大公共管理、应急管理事件都是时效性很强的调查，如果不及时调研、采编，时过境迁，案例素材就会因为缺失新鲜元素而失去采编的本来意义。

四是经济性原则。即案例采编计划的制订必须努力做到节约人力、物力、财力和时间，力争以最少的人力、物力和财力投入取得最大的效果。

五是留有余地的原则。任何案例采编计划都是一种事前的设想和安排，它与客观现实之间总会存在或大或小的距离。在实际采编过程中，又常常会遇到一些意想不到的新情况、新问题。因此，在制订案例采编计划时，无论时间安排还是经费开支以及其他方面，都要考虑到发生预想不到的情况的可能性，一定要留有余地，保持一定的弹性。[②]

[①] 朱方伟，孙秀霞，宋昊阳.管理案例采编 [M].北京：科学出版社，2014: 79-80.

[②] 徐经泽.社会调查理论与方法 [M].北京：高等教育出版社，2000: 85-86.

三、案例采编计划的制订程序

计划作为管理过程的起点，是在一定时间内对预期目标和行动方案所做出的选择和具体安排。制订案例采编计划有一定的通用程序，包括明确案例采编工作目标、分解案例采编工作、估算工作时间、制订案例采编计划等。

（一）明确案例采编工作目标

这里的目标是案例采编工作所要达到的结果，工作计划就是为了实现一定的目标而制订的。因此，案例采编计划中应该注重工作目标的制定。要在前期准备工作的基础上，为整个采编团队确定采编项目总的工作目标，即期望达到的成果，从而为团队、各小组和各成员指明工作方向。另外，工作目标也可作为标准用来衡量采编工作的实际绩效。

（二）分解案例采编工作

分解案例采编工作是对案例采编工作进行系统性分解的过程。首先按照工作的实施步骤对案例工作进行框架性划分，然后逐步将它们分别分解到下一级的详细工作。分解的层次越往下，工作内容的界定就越详细。这样可以确保识别出全部必须完成的详细工作内容。对案例采编工作进行分解后，采编团队应对每一个分解到最底层的工作进行详细的描述，达到直接可分工操作和可定量控制的程度。

在完成案例采编工作分解后，所形成的采编工作分解结构将成为团队成员分工具体化的一项依据。采编工作分解结构能够使团队成员对整个采编过程进行整体把握，也能够进一步对成员责任进行分解、分配和落实，将每项工作的责任落实到个人，以保证团队的合理分工与协作及采编过程的清晰与完整，为后期的进度与质量控制提供依据。

（三）估算工作时间

合理估算工作时间是制订采编计划的一项重要的基础工作，它直接影响到整个采编过程所需要的总时间和执行中控制的难易程度。工作时间的估算一般由采编团队指导者或团队中其他具有采编经验的成员负责，在其经验的基础上结合工作分解结构的内容估算每一项工作所需的时间。

基于案例采编工作详细分解的结果，采编者需要对每一项工作做出详细的时间段估计，根据案例需求设定案例采编起始时间，再确定出每项工作对应的完成时间，即可制订出各项工作的时间计划表。合理估算时间不仅可以提高工作效率，还可以合理安排工作与资源，降低成本，实现全面的综合管理，否则，就不可能依据计划有针对性地对整个采编过程进行进度控制。

（四）制订案例采编计划

在明确案例采编目标以及分解任务、估算时间的基础上，采编者应当制订一份详备的案例采编计划，将上述内容整合到计划书中。

需要说明的是，案例采编过程中会存在一定的不确定因素，采编者需要在制订计划时就将可能的风险因素和相应的应对措施考虑在内，在进度和人员安排上预留一定的弹性，以保证在案例采编过程中最大限度地降低不确定性。另外，虽然提前制订周密的计划是必备的过程，但计划并不是一成不变的，而是一个随访谈过程动态变化的过程，具有一定的调节弹性。因此，如果在调研过程中遇到不确定因素，可以对计划做相应的调整，但不能直接抛开计划去执行，这样就失去了制订计划的意义，采编过程也就失去了可控性。[1]

一份成熟详备的案例采编计划是整个案例采编工作能够顺利完成的强力保障。计划制订后，接下来就是严格按照计划设定的分工、进度，按部就班地开展各项工作，以保证整个采编工作按照预定的方向和目标有序展开。

---

[1] 朱方伟，孙秀霞，宋昊阳. 管理案例采编 [M]. 北京：科学出版社，2014：80-87.

第三章　公共管理案例选题

从程序上看，选择案例问题是案例采编活动的起点，是整个案例采编工作的第一步。选题的质量如何在一定程度上决定着整个采编工作的成败，决定着采编成果的优劣。因此，应当对选题阶段的工作给予高度重视。此阶段的主要任务是从现实社会中存在的大量的现象、问题和焦点中恰当地选择出一个有价值的、有创新的和可行的公共问题，启发读者运用相关公共管理理论进行解释、论证或做出方案选择。

第一节　公共管理案例选题的意义

有种这样的说法："选好了问题也就解决了一半。"这一说法正确地解释了提出问题与解决问题之间的辩证关系，对于案例采编工作而言，同样是适用的。[1]

一、决定公共管理案例采编和使用的方向

公共管理案例采编作为人们了解公共管理现象、探索公共管理规律的一种认识活动，不是笼统的和无所不包的，也不是盲目的和漫无边际的，而是十分具体、明确和有针对性的。每一个具体的公共管理案例选题都是针对某一公共生活领域中的某种特定现象或问题。不同的案例选题涉及的领域不同，针对的公共管理现象或问题也不同。

比如，一项有关"以房养老"的案例选题涉及的是社会生活中社会保障这一领域，需要描述和讨论政府的"以房养老"政策制定背景、民众和金融机构

---

[1] 风笑天著.现代社会调查方法（第三版）[M].武汉：华中科技大学出版社，2005: 22.

等利益相关者的态度以及当前养老保障存在的突出问题，探讨导致当前社会养老困境的深层次原因及解决对策。案例除了可以为决策者提供参考外，还可以在社会保障、公共政策分析等课程教学中使用，以便让学生更好地理解和掌握相关理论。

又如，一项有关"二孩政策"的案例选题聚焦的是2016年1月1日实施的新《中华人民共和国人口与计划生育法》中确定的新的生育政策。新的政策所影响到的育龄男女对政策有着不同的看法，这些不同的看法会影响到每个人对是否生育二孩的选择，进而"积小流"影响整个政策的推行。案例采编的方向围绕该政策的执行所受到的影响、各个政策之间的关系、政策的执行过程、政府的职能范围等展开，案例既研究涉及人口、资源经济学的理论知识，又涉及政府政策执行、政策制定以及政策推行等公共管理层面的相关理论，适合在公共政策、行政管理、公共管理等课程教学中使用。

二、体现公共管理案例采编的价值

案例选题若能反映现实公共生活中的重大理论问题或实际问题，能抓住要害，具有时代意义，其价值和效用就大；若选题陈旧、笼统，其案例成果必然抓不住要点，不会产生好的社会效益。

从近年来中国专业学位教学案例中心公共管理案例库的入库案例来看，许多优秀公共管理案例成功的一个主要原因，就是抓住了当时公共管理领域的重大热点、焦点问题。比如，案例《"十面'霾'伏挑战中国政府"》《十面"霾"伏困神州环保限行遭"乌龙"》[①]等案例关注大气污染的治理与应对难题；《拿什么拯救频陷"污染门"的福建紫金矿业》《大连海域石油泄漏的治理》《广西龙江镉污染事件》《榕城内河治理 "长治久清"是否可期？》等案例则聚焦江海河污染的治理，再现地方政府以及上级政府等不同公共应急管理主体对污染事件进行处置的过程及产生的后果。另外，国内外重大公共管理事件更是经常进入案例作者的视野，成为案例采编的重要选题，如"周口平坟事件""平度拆迁纵火事件""天津港特大爆炸事件"等。

---

① 如无特别说明，本书所选案例均为中国公共管理专业学位教学案例中心案例库入库案例。

三、制约公共管理案例采编的过程

不同的案例选题对案例采编所走"道路"的要求不同。这种不同的要求主要体现在案例采编过程中案例素材收集和调查的内容、方法、对象和范围方面，也体现在采编人员的选择、队伍的组织、工作的安排等方面。

下面选取三个公共管理案例进行比较。案例一：《中国政府间财政关系的演化》（案例入库号：201412520189）；案例二：《昆明反对PX项目"集体散步"事件》（案例入库号：201412520019）；案例三：《兰州市出租车行业发展与政策变迁：1982—2013》（案例入库号：201412520049）。

对于案例一，在确定该案例选题的同时，就确定了该案例采编的基本道路和时空维度。从时间上讲，该案例要研究中华人民共和国成立以来特别是改革开放以来，我国财政管理体制沿变、改革进程中政府间财政关系的演化。从空间维度上讲，该案例研究的是中央政府与地方政府在各自利益博弈中不断演化的财政关系。因为时间跨度大，命题宏观，案例采编的程序会比较复杂，采编的规模和难度都相当大。案例二只需要针对2013年5月发生的一起群体性事件进行调查分析，程序相对简单，规模也要小得多。因而，几个采编人员在很短的时间内就能完成，花费也很小。案例三在规模、范围、内容复杂程度等方面介于前两者之间，但是由于本案例需要描述兰州市出租车自1982年出现以来到2013年出租车行业的发展与政策变迁，时间跨度较大，调查对象包括出租车行业管理部门、从业者以及广大出租车乘客，这又意味着需要比较多的调查人员、比较长的调查时间、比较高的经费投入，以及比较复杂的组织管理。

四、影响公共管理案例采编的质量

造成现实中一些公共管理案例采编质量较差的原因是多方面的，除了采编人员的素质、技能比较差，或者采编工作进行得比较粗糙以外，所选择的案例选题本身不恰当、不可行也是一个十分重要的原因。课题选择得好，事半功倍；选择得不好，则影响工作，甚至半途而废。

案例采编的质量受案例采编者自身主观条件和案例资料客观存在的影响甚大，因此在确定案例选题时，应先考虑资料获得以及理论分析的难度，确保能够高质量地完成案例的采编。比如，在采编各类重大公共危机事件的案例时，就应当考虑到采编者所具有的和可利用的资源、条件等，如果资源、条件有限，受制于对相关责任者对事件信息的保密，案例采编难免粗糙，质量肯定难以保证。

第二节　公共管理案例选题的标准

既然确定案例选题有着如此重要的意义，就应该高度重视选题的工作，为了选好题、选准题，必须明确正确进行选题时应该依据的标准或必须坚持的原则。

一、需要性或适用性

在案例采编过程中，要先做出的决策是需求识别，也就是对社会、学生和其他社会群体对案例的需要，或者对培养学生相关能力的需要进行识别。无需求则无案例，如果社会或个人对案例没有相关需求，那么采编的案例无论多么精彩也没有存在的现实意义。

就公共管理教学而言，在公共管理学科体系中，公共管理案例中必须有一个解决难题或解释管理现象的公共管理方面的理论，案例适用的课程必须明确。

二、创新性或新颖性

创新是公共案例采编的灵魂。最具创造性的案例选题当然是那种全新的、前人没有做过的案例，也就是人们常说的属于"填补空白"的选题。

由于社会经济与技术的不断发展，公共管理理论与实践始终处在不断演变的过程中。虽然一些公共管理问题的本质或原理可能并没有改变，但问题的表现形式、解决方法等将不同于以往，案例的情境性很可能会随着时间而逐渐减弱，甚至消失。时过境迁，随着时间的流逝，当时的热点公共管理事件、数据及决策问题会跟不上现实生活。陈腐的案例素材不但提不起教师和学生研究、讨论的兴趣，而且很难支撑一些新理论和新观点的教学目标。案例的采编和使用应当因时而异，案例采编者应敏锐把握时代脉搏，及时发现和获取公共管理实践中的新素材，不断采编反映当前实际的公共管理案例。[①]

三、典型性或冲突性

案例研究是一种通过对实证的描述引入情境，引起分析、演绎、推断、归纳，最终推广经验典型或解决实际问题的办法。其本身具有真实性、典型性、实践

[①] 朱方伟，孙秀霞，宋昊阳. 管理案例采编 [M]. 北京：科学出版社，2014: 18.

性和针对性的特征。从近年来公共管理案例的征集和评选活动来看，在评选标准方面都要求参评案例的选题紧密联系我国公共管理实践中的重大问题，具有典型性和代表性，意义重大。

沃瑟曼指出，一篇好的案例能够激起读者"亢奋的情感"。案例中的矛盾冲突是能够引起读者"亢奋的情感"的关键所在，也是最值得师生讨论的地方。[①] 讨论的精髓在于争议性，争议性越大，讨论空间也就越大，所引起的冲突迫使学生在争论中选择和维护自己的立场，从而达到让学生深入思考和互相学习的目的。

四、可行性

一项不具备可行性的公共管理案例选题无论多么有价值、多么有新意，最多也只能是一项"伟大的空想"。可行性指的是采编者是否具备进行或完成某一案例采编的主客观条件，也就是指采编者在现有的主客观条件下从事这项案例采编是否行得通。在许多情况下，越是具有重要价值和创新性的案例选题受到的主客观限制往往也越多。

主观限制主要是指采编者自身条件方面的限制，包括采编者在生活经历、知识结构、研究经验、组织能力、操作技术等方面的限制，甚至还包括采编者的性别、年龄、语言、体力等纯生理因素方面的限制。客观限制是指进行案例采编时受到的外在环境或条件的限制，如时间不够、经费不足、有关文献资料不能取得、所涉及的个人或单位不能给予必要的支持与合作、选题违反国家有关政策法令或者违反社会道德等。例如，《行政区域边界争议引发的刑事案件——以阿拉善盟额济纳旗检查站遭暴力袭击为例》（案例入库号：201712520323），在确定这一案例选题时，就应当考虑到，如果采编者无法取得公安局、监狱、看守所等部门的准许、支持和配合，无法接近调查对象，课题就难以进行。

[①] 段鑫星，刘蕾. 公共管理案例教学的理论与实践[M]. 徐州：中国矿业大学出版社，2015: 36.

第三节 公共管理案例选题的途径和方法

掌握了公共管理案例选题的标准,并不能保证我们就一定能选择到一个恰当的案例选题。[①] 尽管公共管理实践丰富多彩,存在着大量典型的、有价值的案例素材,但要确定一个有明显采编需要和较大研究价值的案例选题,并找到恰当的公共管理理论进行分析和解释,并不是一件容易的事情,也没有普遍适用的方法。对于公共管理案例的创作者来说,应当具有敏锐的洞察力和深厚的理论积淀,依靠自己所掌握的理论知识、所面对的公共管理现实、所具有的观察分析能力在纷繁复杂的公共管理生活中找寻合适的案例选题。

一、从现实公共管理实践中寻找

千姿百态、形形色色的公共管理实践是各种公共管理案例最丰富、最经常的来源。近年来,我国政治体制改革中的若干重大探索实践及宝贵的典型经验、公共管理领域的重大热点和焦点问题、重大公共管理事件经常进入案例作者的视野,成为案例采编的重要选题。

案例的写作固然可以适度虚拟,但来源于公共管理现实生活的实例才更具感染力,更加鲜活。现实社会中每天都会涌现大量的公共管理案例素材,特别是当前重大变革时代社会转型中出现的种种问题和突发性事件应成为案例教学素材来源中不可或缺的组成部分。可通过互联网、报纸等途径,每天实时跟踪有影响力的社会热点新闻事件,按主题分门别类地记录案例素材,然后围绕事件的来龙去脉精心整理,编写高质量的公共管理案例。这些来自现实公共管理生活的案例内容鲜活、时效性强,具有很强的时代特色,能够激发读者参与案例讨论的积极性,取得较好的案例教学和示范效果。

二、从个人的管理经历中寻找

个人经历和经验是人们参与社会生活的特定记录,也是人们对社会生活的认识、感受的积累和沉淀。对于公共管理案例创作来讲,如果案例的素材来源于创作者本人亲自参与的公共管理实践,案例作者就在事件发生的现场,或者是亲自参与公共决策,案例的材料一定十分生动和具体,作者对案例中所呈现的问题的体验和感受也会更深刻。

近年来,大量具有公共管理经验的公务人员主动参与到公共管理案例的创

---

① 风笑天.现代社会调查方法(第三版)[M].武汉:华中科技大学出版社,2005:28.

作中,将他们亲身经历的管理实例创作成案例,在极大地丰富了我国公共管理案例资源的同时,改善了案例作者群体的结构。例如,曾担任福建省建瓯市委书记等职务的卓立筑在任职期间成功处置了建瓯发生的高考延期、人感染高致病性禽流感、手足口病、千名铁路旅客大转移等公共危机事件。他将自己公共管理实践中亲自参与的重大决策以及处理的重大公共危机事件编写成十几篇公共管理案例。由于作者是事件的亲历者,且具有较强的案例编写能力,他创作的案例既趣味盎然、引人入胜,又内涵深刻,让人深思,大多数成为案例中的精品。

三、从历史文献中寻找

除了个人直接体验到的经验生活之外,还有一个更大的社会空间是个人无法直接体验的,需要借助文献资料。可作为公共管理案例选题的素材和创作灵感常常可以从学术著作和教科书的内容中、从报纸杂志甚至自媒体的文章和标题中、从学习笔记和谈话记录中得到。尤其是各种社会科学的期刊、各种政论性的新闻报道和评论常常成为这种灵感和想法的重要来源,我们的许多案例选题正是在此基础上得以确定的。

比如,编者创作的案例《滕州弊案中的"塔西佗陷阱"》(案例入库号:201712520222),创作的灵感就来源于编者在阅读文献时产生的联想。"塔西佗陷阱"这一概念最初来自塔西佗所著的《塔西佗历史》,是塔西佗在评价一位罗马皇帝时所说的话:"一旦皇帝成了人们憎恨的对象,他做的好事和坏事就同样会引起人们对他的厌恶。"之后被中国学者引申成为一种现社会现象,指当政府部门或某一组织失去公信力时,无论说真话还是假话,做好事还是坏事,都会被认为是说假话、做坏事。为了完成课程中有关政府公信力的教学内容,并将"塔西佗陷阱"的表征和机理解释清楚,编者查阅了相关新闻报道,选择了一个典型的事件,撰写了这篇公共管理案例。

第四章 公共管理案例资料收集

案例的素材最好是取自采编者的个人管理经历，如在前面章节中提到的案例作者卓立筑，他把自己任职期间成功处置的高考延期、人感染高致病性禽流感、手足口病、千名铁路旅客大转移等公共危机事件编写成公共管理案例。但这种来源毕竟是少数，其采编的经验具有不可复制性。大部分情况下，案例的采编资料只能通过调研活动去调查、了解和收集。

第一节 公共管理案例资料收集概述

在确定了一个案例选题以后，就应当准备深入事件发生地进行案例资料的收集和整理。那种不深入实际，单凭主观臆想来"编案例"的做法是不可取的。

一、公共管理案例资料收集的原则

资料收集是整个案例采编工作的重要环节，为了保证资料收集的质量，应当遵循一些基本原则。

（一）客观性原则

这是收集公共管理案例资料的首要原则。公共管理案例应当是对一定的公共管理情景的客观描述和再现，客观性和真实性是公共管理案例的生命。有些案例采编者往往是从已有的观念或假设出发，再去寻找材料，或按照教学目标任意裁剪客观材料来验证相关公共管理理论。这种做法是错误的。资料收集必须一切从事实出发，尊重事实，反映事实。案例采编者只有客观地收集公共管理事件的相关资料，如实地反映事件事实，才能达到案例研究和教学的目的。总之，在收集资料时，要坚持实事求是的科学态度，避免主观偏见或错误的联想对收集资料产生影响。

（二）真实性原则

真实性原则要求所收集到的案例资料真实可靠，这是资料收集工作最基本的要求。为达到这样的要求，资料收集者必须对收集到的资料反复进行核实，不断检验，力求把误差减少到最低限度。

公共管理案例最终所呈现的应当是一个真实的公共管理事件，但事物的本质或规律往往都隐藏在现象或假象背后，因此收集资料时就必须特别注意到哪些是真实的，哪些是虚假的，不要被活动的假象或表象欺骗了。

（三）全面性原则

全面性原则要求所收集到的案例信息广泛、全面、完整。只有广泛、全面地收集信息，才能完整地反映管理活动和决策对象发展的全貌，为下一步资料的整理和案例的写作提供保障。

全面性原则还要求收集的资料类型和收集技术的多样性。资料的种类应包括文件、档案、访谈记录、观察记录、图像等多种形式。收集技术的多样性指的是应通过查阅档案、问卷、访谈、直接观察、拍摄照片或录音录像等技术手段获得资料。

（四）针对性原则

公共管理案例的写作具有很强的工具性和目的性，意在通过案例展示公共管理中成功的经验或失败的教训，或者通过对案例材料所明示和隐含的问题进行思考、分析、讨论和交流，以加深读者对公共管理基本原理的理解，提高读者发现问题、分析问题和解决问题的能力。因此，案例资料的收集应当紧紧围绕案例选题所确定的目标，有针对性、有选择性地进行。在资料收集过程中，工作人员必须透彻了解案例的主旨，从实际需要出发，有的放矢，做到既不遗漏，也不浪费。

总之，案例资料的收集工作必须在客观、真实、全面和有针对性的原则下进行。

二、公共管理案例资料收集的一般步骤

公共管理案例的种类繁多，不同的案例对资料收集的要求也不尽相同，但一般来言，应当通过以下几个基本步骤。

（一）确定公共管理案例的类型

公共管理活动内容丰富且广泛，遍及国家与社会生活的各个方面，加上案例创作者的创作意图和教学目标也有较大的差异性，这就决定了公共管理案例的类型是多样化的而非单一性的。美国芝加哥大学小劳伦斯·E．林恩教授根据案例的不同教学功能，将案例分为紧急决策型案例、政策制定型案例、确认问题型案例、概念运用型案例和说明型案例五类。[①] 不同类型的案例服务的教学目标不同，其写作格式也不相同，对资料的要求也必然不同。因此，在正式开始案例资料收集工作之前，应先明确将要创作的案例的类型，根据案例的类型确定对资料的基本要求。

（二）明确收集资料的内容

根据所确定的将要创作的公共管理案例的类型对案例资料的具体要求，通过细致的工作，进一步明确需要收集资料的具体内容。这些内容可以分为三类：基本资料、行为以及意见与态度。[②]

以本书编者采编的公共管理案例《这里的拆迁静悄悄——村改社区治理中的乡贤理事会》为例，本案例系描述型案例，案例发生方为山东青岛市李沧区世园街道办事处，该办事处在解决村改社区拆迁难题的过程中探索了一条乡贤辅治的新路。在确定案例选题之后，编者拟定了需要收集的案例资料的提纲，主要包括世园街道以及乡贤理事会的基本资料，乡贤理事会参与治理的具体内容和运行规则，党政机关、专家、社区居民等对乡贤理事会参与基层治理绩效的态度和评价，等等。该提纲成为后期进入现场进行资料收集工作的基本文件。

（三）明确收集资料的对象

我们要收集资料的对象或调研的对象可能是个人，也可能是群体或组织。如果需要在诸多的个人或群体、组织中选取部分调查对象，就要通过科学的选取方案确定调查样本，然后取得联系。

在很多种情况下，案例要描述的是一个确定的个人或组织，这就要在开展资料收集前通过各种方式尽快与其取得联系。比如，被调研对象是来源于媒体报道，从媒体报道中获知了该组织的信息后与该组织取得联系；被调研组织是

[①] [美]小劳伦斯·E．林恩．公共管理案例教学指南[M]．郅少健，等译．北京：中国人民大学出版社，2016：95.

[②] 风笑天．现代社会调查方法[M]．武汉：华中科技大学出版社，2008：47.

来源于其他课题研究中，则从其他课题研究接触的组织中选取被调研组织并取得联系。[1]

（四）选择收集资料的工具与方法

案例资料的收集有多种方法，如文献法、访谈法、问卷法等，每一种具体的资料收集方法都有其特定的优点和不足，它们分别适用于各种不同的条件和场合。对于案例创作者来说，一个重要的任务就是根据案例对资料的具体要求以及资料来源的具体情况，确定适当的方法，以达到最好的效果。

选择了收集资料的方法之后，就应当着手准备收集资料的各种工具。如果选用问卷方法，需要准备的主要工具是问卷；如果需要进行访谈，则应事先准备一份访谈提纲。要根据对案例资料的需求设计一份问卷或访谈提纲，以书面的形式将所希望收集的资料、希望询问的问题等编制一份询问表，为正式收集资料做好充分的准备，以便系统地、客观地收集所需资料。实地调查时，为做好详细的记录，还需要准备记录本、笔、笔记本电脑、数码相机、录音笔以及相应的电源、充电器、数据线等，并准备适当的见面礼物和资料收集小组每个成员的名片。

（五）制定收集资料的工作方案

工作方案是整个收集资料工作的纲领性文件，用以指导资料收集工作的各个方面，保证资料收集的方向和质量。

一般而言，一个完整的工作方案应当包括资料收集工作的目的和意义、收集内容和来源、收集的范围和对象、收集的方法和工具、收集的工作人员组成及培训、收集工作的时间进度和经费使用计划等。方案制定时，应当体现实用性、实效性、针对性、经济性等原则，同时考虑方案的可操作性和弹性，确保方案是可行的，有一定的机动性，能够根据收集工作的进程进行适当调整。

（六）开始资料收集

选择的收集方法不同，资料收集工作的开展方式也不同。如果选择文献方法，就应该按照资料收集工作方案的要求去查阅档案、图书、报纸、杂志以及文物、影像等各类文献资料。如果选择实地观察和访谈，则要尽快进入现场，需要进行录音时，要巧妙、礼貌，必要时要向被访者予以说明。如果选择自填问卷的方式，应当按照确定的方案和对象，尽快完成问卷的发放和回收等工作。

---

[1] 王名，张智勇，仝志辉.中国公共管理案例（第一辑）[M].北京：清华大学出版社，2005.

有些公共管理案例来源于采编者自身的公共管理实践，如亲自参与的公共决策、亲自处理的公共管理事件等。对采编者的工作日记、回忆录、保留的图像视频资料等也应当事先编制收集方案并进行收集工作。

第二节　公共管理案例资料收集的方法

经过充分的筹划准备之后，就可以按照资料收集工作方案的设定，采取各种资料收集方法展开工作。资料收集方法的选择要依据多种因素综合考虑，如样本规模的大小、资料收集的目标和重点、完成的时间要求等。案例资料收集的方法很多，主要有文献法、访谈法、观察法、问卷法等，每一种方法都有各自特定的优点和不足，有着各自不同的适用的条件和场合。

一、文献法

文献法是根据一定的调查目的来收集文献，以获得所需资料的方法。在目前印刷型文献占主导地位的条件下，它主要是书面的文献调查。

人类的公共管理活动想要留下永久的痕迹离不开各种文献。人类活动与认识的无限性和个体生命与认识的有限性的矛盾决定了我们在研究逝去的事实时必须借助文献。

（一）文献法的优点

相对于其他资料收集方法，文献法具有如下比较突出的优点：一是可以超越时空限制，广泛了解社会情况。时间可纵贯上下几千年，空间可横跨各国，这是其他资料收集方法所不能比拟的。二是可以避免资料收集者对调查对象的影响。例如，日记、档案的真实性很强，信度很高，特别是涉及个人隐私的资料是其他直接调查方法难以收集到的。三是更方便、更自由。资料收集者找到了文献，就可以随时随地查阅。四是效率高，花费少。可用较少的人力、经费、时间获取比其他方法更多的信息。这种方法是获取资料的捷径。

（二）文献法的局限性

当然，利用文献法收集案例资料也存在一些局限。一是缺乏生动性和具体性。尽管通过文献法获取的资料很丰富、很真实，但由于是间接得来的，资料缺乏一定的生动性和具体性。二是文献资料与实际情况方面往往有一定差距。文献资料受一定人的主观意志支配和一定时间、具体条件的制约，它作为一定的人和一定社会条件下的产物，与实际情况之间必然存在一定的差距。三是文献资料落后于客观现实。要想真正了解社会生活的实际情况，还必须深入实际进行现场收集，那样得来的资料才生动、可靠和全面。

（三）文献资料的收集应该注意的问题

一是收集文献资料应紧密围绕编写案例的需要。内容要有针对性，不可漫无目的地查阅，以免花费大量时间而收效甚微。这是收集文献的基本要求，挑选文献时应以此为主要标准。

二是收集的文献资料应尽可能丰富。对某一案例选题而言，收集的文献越多越好，有充足的材料才能得出令人信服的结论。

三是应注意尽量收集原始的文献资料。一般来说，原始文献比加工过的资料可靠，可以成为分析案例的重要依据。故文献调查中应尽量注意查找出文献资料的最初出处，以提高资料的权威性和可靠性。

四是注重对收集的文献资料的鉴别。文献内容的真伪及其可靠程度的判定直接影响着案例描述的真实性和客观性，所以对文献资料的鉴别和筛选不可或缺。

二、访谈法

访谈法是一种通过访谈者与被访谈者之间的沟通与互动（可以是面对面的交谈，也可以是电话交谈）获得资料的方法。由于大量生动活泼或敏感或晦涩的故事情节往往难以在组织的文件、资料中直接反映出来，而这些精彩的素材又是案例最需要的，只能通过大量细致的深入访谈来获得当事人的心里话，因此访谈法是案例资料收集最主要的方法。

访谈法根据一次被访谈对象人数的不同，可分为个别访谈和集体访谈。个别访谈是指访谈对象是单个人情况下的访谈；团体访谈是多人同时作为被访对象参与访谈，由调查者收集资料的方法。

（一）访谈法的优点

因访谈过程是人与人之间的交往过程，所以它比实地观察法更复杂、更高一个层次，也能够获取更多、更有价值的信息资料。与其他资料收集方法相比，访谈法具有如下突出特点：一是对象的回答率大大高于问卷法。因为在现场交谈的人际交往中，只要恰当地运用人际交往技巧，就能直接得到被访者的合作和回答。二是适应性强。访谈法通过人与人的直接交往来收集资料，就能面对各种对象、各种语境和各种变化，因时、因地、因人而异地采取临时性变通手段，保证资料收集的成功率和可靠性。三是收集资料内容有很大的机动性，可随时扩展和深入。由于采用的是口头交谈方式，被访者提供信息时就自由得多。四是能对收集资料的过程进行有效控制。访谈法是在现场直接的人际交往中收集资料的，访谈员能够通过自己的行为和语言对被访者施加影响，有意识地控制整个访谈过程的进行，以保证资料收集的可靠性和有效性。

（二）访谈法的局限性

和其他资料收集方法一样，访谈法在应用时既有其优点，也有其局限性。一是成本更大。和问卷法相比，访谈法显然要更费时费力，需要资料收集工作者支出更多的时间、人力和经费。二是匿名性差。面对面的访谈使被访谈者不能匿名回答问题，特别是对一些敏感、尖锐、隐秘的问题，被访谈者往往加以回避，或者不做真实回答。三是受访谈员的影响较大。访谈员的人际交往和沟通能力以及技术的现场发挥状况都会直接影响被访者的态度、理解和表达，如果不能找到或培训出高素质、高能力和高责任心的访谈员，访谈法的成功系数就得打上折扣。四是访谈过程通常过于急迫并易受当时环境的影响。在访谈过程中，会因为访谈时被访者比较疲劳、烦恼，或因为被访者家中外界环境中的干扰，而使被访者不能尽其所能地予以回答。

（三）利用访谈法收集资料应该注意的问题

一是要做好访谈前的准备工作。访谈调查的组织者应拟定一个内容详细的访谈计划表，就整个访谈调查的时间安排、工作步骤、遇到问题的处理办法等做出明确规定。访谈前尽可能收集有关被访者的材料，对其经历、个性、地位、职业、专长、兴趣等有所了解；要分析被访者能否提供有价值的材料；要考虑如何取得被访者的信任和合作。此外，还要做好访谈员的选择和培训。上述准备工作完成以后，在进入实地访谈之前，还需准备访谈过程中所需要的访谈表格、访谈问卷、记录工具、介绍信、调查证件等。

二是要自然进入访谈现场。由于访谈是一种社会交往过程，访谈者只有与被访谈者建立起相互理解、相互信任的关系，才能使被访谈者愿意并积极提供资料。在正式访谈前，一般应当事先与被访谈者约定访谈的时间、地点和场合。在接近被访谈者时，衣着要得体，称呼要恰当，态度要诚恳，以消除被访谈者的顾虑，建立融洽的访谈氛围。

三是要讲究提问和记录的技巧。访谈所提问题要简单明白，易于回答；提问的方式、用词的选择、问题的范围要适合被访者的知识水平和习惯。谈话内容要及时记录，记录时要做到客观和准确，尽可能完整、全面地按被访谈者的回答记录，而不能加入访谈者本人的主观意见。访谈结束后，访谈者应尽快对当天的访谈记录进行整理，以便及时发现和纠正错误或漏记的地方。

四是要善于引导和追问。当访谈遇到障碍不能顺利进行下去或偏离原定计划的时候，访谈者应及时加以引导，帮助被访谈者正确理解和准确、真实、全面地回答所提出的问题。当访谈中出现被访谈者明显说谎、不肯吐露真情，或者回答前后矛盾、不能自圆其说等情况时，要适时和适度地进行追问。

当访谈所要了解的问题得到了较为圆满的回答以后，访谈者应适时结束访谈。

三、问卷法

问卷法是通过事先设计好的问题来获取信息和资料的一种资料方法，是现代社会研究中应用最多、最广泛的一种方法。在公共管理案例采编中，问卷法也是最常用的资料收集方法之一，案例采编者以书面形式给出一系列与案例研究有关的问题，让被调查者回答，通过对问题答案的回收，获取有关资料。

（一）问卷法的优点

由于问卷法采用的工具是案例采编者事先设计好的书面的标准化的调查问卷，因而它与其他资料收集方法相比，有着其自身非常突出的特点。一是不受地域空间限制。问卷可以通过邮寄的形式给被调查者，资料收集活动可以不受地域的限制，范围非常广泛。二是具有很好的匿名性。由于问卷上不要求署名，减轻了回答者的心理压力和种种顾虑，有利于他们如实地回答问题，因而获得的资料比较真实可靠。三是避免主观偏见，减少误差。被调查者都是按照事先统一设计的问卷来回答问题，可以减少许多主观因素的干扰，避免人为的偏差，从而得到比较客观的资料。四是节省人力、财力、时间。问卷法可在很短的时间内同时调查很多人，收集到大量的资料。因此，问卷法具有很高的效率，它所需要的调查员人数、费用、时间都远远少于访谈法。

（二）问卷法的局限性

同样，问卷法的局限性也是显而易见的。一是回收率有时难以保证。问卷的发放不管采取何种形式交到被调查者手中，如果回答者对调查内容毫无兴趣，就会不合作，或对问卷调查不够重视，或受到时间、情绪、能力等方面的限制，这些因素都将造成问卷的回收率难以保证，从而影响资料收集的进度。二是适用范围上有一定的局限性。问卷法只适用于有一定文字理解表达能力的调查对象，而不适用于文盲和半文盲，这也是问卷调查法难以克服的局限性。三是调查资料质量难以保证。由于没有调查员在场，所以对回答者填答问卷的环境无法控制，回答者是否独立填答，调查者是无法知道的。另外，就是回答者对问卷的内容不太清楚时，容易造成误答或错答的情况，这些都会造成问卷调查资料的质量难以保证。

（三）利用问卷法收集资料应该注意的问题

一是要准确应用问卷法。从问卷法的特点来看，其适用于调查一般性的、没有深度要求的问题和调查被调查者不愿当面回答的问题，适用于调查有一定文化层次的职业群体。如果我们案例收集资料的对象是文化程度较低的群体，如在农村，问卷法一般是很难进行的。二是要科学设计调查问卷。要根据案例对资料的要求，把需要了解的信息转换成问题和答案。调查问题和回答方式是调查问卷的核心组成部分，问题和答案设计的好坏直接影响着问卷调查的成败。在问题的设计中基本的原则是简短、明确、通俗、易懂，答案的设计则要遵循相关性、穷尽性、互斥性和可能性原则。三是做好问卷的发放与回收。先要根据案例编写的需要，运用科学的方法确定调查的对象，也就是发放问卷的对象。实际发放问卷时必须注意：问卷发放要有利于提高问卷的填答质量；要有利于提高问卷的回收率。为了提高问卷回收率，调查组织工作要十分严密，案例采编人员要有科学精神、认真负责的工作态度，还要提高问卷的设计质量，增强问卷的适应性、针对性和简明性。

四、观察法

观察法是指根据案例采编的需要，有目的地用眼睛、耳朵等感觉器官和其他辅助工具，直接或间接地对案例研究的对象进行观察，从社会生活现场直接收集资料的方法。

在案例采编中，观察法的适用范围非常宽泛。它较适用于收集需要及时了解某个特定场所正在发生的现象（如群体性聚集事件）的相关资料。同时，观察法还适用于收集各种非语言性的信息，特别是遇到调查对象语言表达困难或不愿配合的时候，观察法可以弥补交流和沟通方面的缺陷，得到其他方法难以取得的资料。

（一）观察法的优点

与其他收集资料的方法相比，观察法具有如下优点：一是简便易行。实地观察法的观察者可多可少，观察时间可长可短，观察前的准备和观察结束后的资料整理都不需太多工作量，并且不需要被调查者的刻意配合，是一种非常方便的调查方法。二是真实可靠。实地观察时，调查活动在现场进行，所获均为第一手资料，只要对被观察者的反应性心理和行为掌握得好，所收集到的资料是十分可靠的。三是直观生动。在实地观察中，观察者在自然、生动的环境中直接感知客观对象，观察到的是正在发生的事情，它所获得的是直接的、具体的、生动的感性认识，这绝不是间接调查方法所能比拟的。

（二）观察法的局限性

观察法也存在一些不足，它最好与其他方法配合起来使用，互相补充，以取得好的调查研究成果。一是观察法受时空条件的限制。任何公共管理实践都是在一定时间、一定空间中进行的，超过一定时间、空间或范围就观察不到。对于已发生过的、外域的、隐秘的公共管理现象无法用实地观察法进行调查，所以调查对象和范围比较狭窄。二是观察法受观察者自身的限制。人的感觉器官是有一定限度的，超过这个限度感觉器官就观察不到；观察者在观察问题时容易加入自己的情感、好恶，使观察结果带有主观性；观察者自身的知识、能力限制等也会影响观察所收集到的资料质量。三是观察法受所获资料观察过程的限制。有些观察对象进行的活动事先不容易预测，发生时就观察不到，如大量突发公共危机事件等。有些观察对象的活动不好控制，如黑社会组织、邪教组织的内部活动等。

（三）利用观察法收集资料应该注意的问题

在案例采编中，运用观察法收集资料应当遵循客观性、全面性、深入性、持久性等基本原则，还必须讲究观察的技巧和艺术。一是要消除观察对象的戒备心理。为了能观察到真实的社会现象，必须设法消除被观察对象的戒备心理。应与被观察者建立良好的关系，并反复说明来意，解除被观察者的顾虑，使他们认识到观察活动的重要意义和对他们的好处，取得观察对象的支持、帮助和信任。二是深入观察对象的生活，尽可能参加观察对象的各项社会活动。要想了解社会，必须深入社会，只有深入观察对象中，同他们一起参加劳动，一起工作和生活，才能同观察对象打成一片，取得他们的信任。三是要尊重观察对象的风俗习惯、语言、道德规范，顺应观察对象的生活方式。要想了解观察对象，就要取得他的好感和信任，就必须尊重其在饮食起居、举止言谈等方面的风俗习惯。

第五章　公共管理案例资料整理

在案例采编过程中，我们采用各种收集资料的方法收集来的资料是一种比较粗糙的原始素材，若要把这些原始素材中潜在的有用信息挖掘出来用到公共管理案例的撰写中，还需要对资料进行科学的整理与分析。在资料收集阶段收集到的资料有文字资料、数据资料、视听资料、实物资料、问卷资料等不同的类型，本章所讲的主要是文字资料、数据资料的整理。

第一节　公共管理案例资料整理概述

一、整理资料的意义和原则

要做好整理资料工作，应先弄清楚它的重要意义和一般原则。

（一）整理资料的意义

在社会调查中，资料整理具有重要的意义和作用。

1. 整理资料是提高所收集的资料质量的必要步骤

通过整理资料，可以对资料收集工作进行全面检查。受主、客观条件的限制，运用各种调查方法收集到的资料往往是分散的、零乱的，而且难免出现虚假、差错、遗漏、冗余等现象。这就需要在案例研究和编写前进行一次全面检查和整理，以剔除错误，辨别真伪，弥补缺失，保证资料的全面、真实和准确，提高资料的质量和使用价值。[①]

[①] 江立华，水延凯. 社会调查教程 [M]. 北京：中国人民大学出版社，2015: 204.

2. 整理资料，是进一步研究资料的基础

整理资料的目的是对调查资料做进一步的分析、研究，以发现资料中所包含的规律性的东西。如果资料本身有错误、有漏洞、有缺失，据此推出的结论就不可能是正确的。因此，在开展案例研究工作之前，一定要认真对资料进行整理，从资料中抽取到有科学意义的信息。

3. 整理资料是积累保存资料的客观需要

通过调查收集到的原始资料不仅是当时分析公共管理现象、得出科学结论的客观依据，还对今后研究同类社会现象具有重要的参考价值。因此，每次调查之后，都应对资料进行全面的整理，以便长期保存和研究。一份真实、准确的调查资料往往具有长久的研究价值，并且时间越长，其价值就越大。

（二）整理资料的原则

1. 真实性原则

真实性原则是整理资料首要的、最根本的原则，也是整理资料工作的生命。该原则要求整理的资料必须是真实的、实事求是的，而不是虚假的、主观杜撰的。

2. 准确性原则

整理后的资料事实要准确，数据更要准确。如果整理出来的资料事实含混不清，数据互相矛盾，就不可能得出科学的结论，就不能真实反映或还原公共管理现实。当然，对准确性的要求应从实际出发，以能说明问题为原则，而不是越精确越好。

3. 完整性原则

整理资料应该尽可能地全面、完整，既要有正面的、肯定的资料，又要有负面的、否定的资料，既要有主体的、主流的资料，又要有辅助的、支流的资料等等。只有这样，才能真实地反映案例对象的全貌。

4. 统一性原则

整理出来的资料要统一，包括资料反映的对象要统一，案例调查所选用的指标及其操作定义要统一，调查的方法要统一，调查数据的计算公式、计量单位要统一，调查结果的表现形式要统一，等等。

5. 新颖性原则

整理资料时，要尽可能用新的观点、新的角度来审视资料、组合资料，尽量避免按照陈旧的思路考虑问题，更不能简单重复别人已经走过的老路。要勤于思考、勇于开拓，从调查资料的新视角中发现新情况、新问题，为创造性地撰写案例打下良好基础。

二、整理资料的一般步骤

整理资料应当有目的、有计划地进行，虽然不同类型的案例对资料整理的要求不同，不同类型的案例资料整理的方法和程序也不同，但都应遵循一般的、基本的程序。

（一）设计整理方案

设计整理方案是资料整理工作有计划进行的前提和基础，是整个资料整理工作的起点。资料整理方案的设计主要包括三个方面内容：一套综合表，包括一系列分类分组所构成的分组体系；填表说明，包括资料汇总的范围、程序、分组方法、指标解释和计算方法；分类目录等。

（二）审核原始资料

在资料整理、汇总之前，必须对调查得来的原始资料进行一次认真、细致、全面的审查和核定，重点检查调查资料的真实性、准确性和完整性。

（三）音像资料的文档化

采用录音或录像方式进行的访谈，采编者应当尽快将其转录为书面文字版本（视频案例中需要保留、应用的视频资料除外）。尤其是对录音材料而言，将其转化为文字的形式后，采编者更容易对资料进行分析和归类，在后续撰写案例时也可以直接使用转录后的文字材料。[1]

（四）对资料进行分类分组

资料分类分组是资料整理的关键，它是根据公共管理案例采编的目的和任务，按照整理方案中所选择的分组标志，对原始资料进行统计分组，为资料的统计分析做准备。如果是文字资料，则要进行分类；如果是数字资料，则进行分组。

在整体分类后，采编者需要根据每部分材料的特点进一步划分。对于背景性资料主要按照内容来归类，即根据资料所提示的信息来划分类别，如组织制

---

[1] 朱方伟，孙秀霞，宋昊阳. 管理案例采编[M]. 北京：科学出版社，2014：115.

度、组织结构、发展现状、政策背景等。案例故事资料的划分一般分为两种：按照故事发展的时间顺序进行划分；按照案例内在的知识或决策要素对资料进行划分。

（五）资料整理的阶段性总结

总结的目的在于帮助采编团队积累调研经验，进而提高团队的资料收集水平。具体来讲，采编团队需要对两方面的内容进行总结：一是资料收集工作的完成情况，资料收集是否准确、完善、有效等，是否需要进行更深入的调查和收集；二是总结调查过程中的经验，如访谈过程中行为和语言有没有不合适的地方，或者在提出的问题使整个访谈氛围变得紧张时，是否及时停止或转换话题等具体情况。[①]

第二节 文字资料的整理

文字资料一般包括各种文献资料，如历史资料、汇报材料、总结报告、访谈记录、观察记录、问卷答案等。整理文字资料的一般程序是审核、分类和汇编。

一、文字资料的审核

所谓审核，就是通过仔细推究和详尽考察，来判断、确定文字资料的真实性和合格性。

（一）真实性审核

文字资料的真实性审查也称可靠性审查，它包括两个方面：一是文字资料本身的真实性审查；二是文字资料内容的可靠性审查。文字资料本身的真实性审查，是指通过细究和考察以判明调查所得的文献资料、观察和访问记录等文字资料本身的真伪；文字资料内容的可靠性审查是指通过细究和考察以判明文字资料的内容是否真实地反映了调查对象的客观情况。

（二）合格性审核

文字资料的合格性审查主要是审查文字资料是否符合原设计要求。如果对

---

① 朱方伟，孙秀霞，宋昊阳. 管理案例采编 [M]. 北京：科学出版社，2014: 116.

调查对象的选择违背了设计要求，或者对询问问题的回答不完整、不符合要求，甚至答非所问，以及记录的字迹无法辨认等，都应该列入不合格的调查资料。对于不真实或不合格的资料，一般都应该进行补充调查，使之成为真实的、合格的案例调查资料。在无法进行补充调查时，就应该坚决剔除，弃之不用，以免影响整个案例资料的真实性和科学性。

二、文字资料的分类和汇编

（一）文字资料的分类

文字资料的分类就是根据文字资料的性质、内容或特征，将相异的资料区别开来，将相同或相近的资料合为一类的过程。

文字资料的分类有两种方法，即前分类法和后分类法。

前分类就是在设计资料收集方案时，按照事物或现象的类别设计调查指标，然后按分类指标调查资料、整理资料。这样，分类工作在调查前就安排好了。

后分类是指在案例调查资料收集起来之后，再根据资料的性质、内容或特征将它们分别集合成类。

（二）文字资料的汇编

汇编就是按照案例采编的目的和需要，对分类后的资料进行汇总和编辑，使之成为反映案例研究对象总体情况的系统、完整、集中、简明的材料。

对分类资料进行汇编，首先应根据案例采编的目的、要求和案例调查对象的具体情况，确定合理的逻辑结构，使汇编后的资料既能反映调查对象总体的真实情况，又能说明调查所要说明的问题；其次，要对分类资料进行初步加工，如给各种资料加上标题，重要的部分标上各种符号，对各种资料按照一定逻辑结构编上序号，等等。

资料汇编首先要做到完整和系统，所有可用的资料都要汇编到一起，大类小类要层次分明，井井有条，能系统、完整地反映案例调查对象总体的全貌。其次，要简明和集中，要用尽可能简短、明了的文字集中地说明案例调查对象总体的具体情况，并注明资料的来源和出处。

第三节 数据资料的整理

数据资料的整理一般要经过检验、分组、汇总等步骤。

一、数据资料的检验

检验就是检查、验证各种数字资料是否完整和正确。数字资料的完整性检查主要包括两个方面：一是检查应该调查的单位和每个单位应该填报的表格是否齐全，有没有遗漏单位或遗漏表格现象；二是检查每张调查表格的填写是否完整，有没有缺报的指标或漏填的内容。

通过检验发现的各种问题，或表格不齐，或答案不全，或数字不真，或计算错误等，都应及时查明原因，并采取相应措施予以补充或更正。对于一切无法补充或更正的数字资料，都应该作为无效资料剔除不计，以免影响整个数字资料的真实性和准确性。

二、数据资料的分组

分组就是按照一定标志，把调查的数字资料划分为不同的组成部分。分组的目的在于反映各组事物的数量特征，考察各组事物的构成状况，研究各个组成部分的相互关系等。

分组的一般步骤是选择分组标志，确定分组界限，编制变量数列。

（一）选择分组标志

分组标志就是分组的标准或依据。常用的分组标志有四种，即质量标志、数量标志、空间标志和时间标志。

质量标志就是按事物的性质或类别分组。例如，人口可按性别分为男人和女人，可按民族分为汉族和少数民族。数量标志，就是按事物的发展规模、水平、速度、比例等数量特征分组。例如，城市按人口分为特大城市、大城市、中等城市和小城市。空间标志就是按事物的地理位置、区域范围等空间特性分组。例如，中国的经济发展状况可按东部、中部、西部三大经济地带分组。时间标志就是按事物的持续性和先后顺序分组。例如，为了考察社会组织的发展历程，可以将社会组织数量按年度、年代、历史时期分组。

（二）确定分组界限

分组界限是指划分组与组之间的间隔限度。确定分组界限，包括组数、组距、组限、组中值的确定和计算等内容。

1. 组数的确定

组数就是组的数量。组数的确定应从实际出发。对于一组数据，应该划分为多少才恰当，这是很有讲究的。分组过少，资料的表达就会过于粗略；分组过多，又会使资料分散，看不出资料的分布趋势。确定组数的原则：当资料数据比较多时，组数可多些；当资料数据较少时，组数可少些。

2. 组距的确定

组距就是各组中最大数值与最小数值之间的距离。

确定组距后，应编制组距数列。编制的组距数列各组组距相等的，叫等组距数列；各组组距不相等的，叫不等组距数列。

确定组距数列时，究竟采用等组距数列还是不等组距数列，应从实际情况出发。比如，编制等组距数列应先确定组数，再用全部变量的最大值与最小值之间的差距（全距）除以组数，就可得出组距的大小。

3. 组限的确定

组限就是组距两端数值的限度。一般将每组的起点数值（最小数值）称为下限，终点数值（最大数值）称为上限。组限有两种表现形式：一种是封闭式组限，即在变量数列中最小组的下限值和最大组的上限值都是确定的；另一种是开口式组限，即在变量数列中最小组的下限值或最大组的上限值是不确定的，如表 5-1。[1]

表 5-1 职工月薪样本分析[2]

月薪 / 元	样本数 / 份	占样本总量百分比 /%
1 000 以下	116	20.57
1 000 ~ 3 000	382	67.73
3 000 ~ 4 000	48	8.51
4 000 以上	18	3.19

需要说明的是，划分组限后，如果某一数值正好与某一组组限的起点值或终点值相同，就应该遵循统计学中"上限不在内"原则，将该数值划归属于下

---

[1] 江立华，水延凯. 社会调查教程 [M]. 北京：中国人民大学出版社，2015: 210.
[2] 表格来源于案例《工资集体协商：画出劳资"同心圆"》（案例入库号：201912520104）.

限的那一组。例如，在表 5-1 中，如果某一职工的月薪为 3 000 元，就应将其划归属于 3 000～4 000 的组。

（三）编制变量数列

数量标志中可以取不同数值的量，统计上称为变量。把数量标志的不同数值编制为数列，称为编制变量数列。选择分组标志、确定分组界限之后，就可编制变量数列了，即把各数量标志的数值汇总归入适当的变量数列表中。

三、数据资料的汇总

所谓汇总，就是根据研究目的把分组后的数据汇集至有关表格中，并进行计算和加总，以集中、系统的形式反映调查对象总体的数量情况。

分组资料的汇总技术有手工汇总和电子计算机汇总两种。

（一）手工汇总

手工汇总的具体方法有画记法（在汇总表的相应组内画线或画点作为记号的汇总方法）、折叠法（按相同的项目或指标栏次，把检验分组后的数据或报表一张一张地加以折叠，排列在一条张上，然后对齐加总，得出汇总数字）、登录法（将调查资料先登录到事先设计好的汇总表中，并计算加总）、卡片法（将每个调查单位需要汇总的项目和数字摘录在特制的卡片上，再根据卡片分组归类和汇总计算）等方法。其中，前两种方法比较简便，但易出错漏；后两种方法准确性较高，但费时较多。

（二）计算机汇总

随着计算机的日益普及，手工汇总方法已逐渐被计算机汇总方法替代。在进行大规模的社会调查搜集资料的情况下，手工汇总既费时费力，又容易出差错，而计算机汇总优点显著，其速度快，精度高，汇总量大，具有逻辑运算、自动工作和储存资料的功能。

计算机汇总是资料汇总技术的新发展，是资料整理现代化的重要标志。利用计算机进行汇总，必须先把原始资料转变为计算机可识别的数据。现在，大多是利用 SPSS、Excel、dBASE 等电子数据表、数据库系统软件直接登录统计资料、建立数据文件，然后进行汇总。[1]

---

[1] 江立华，水延凯主编. 社会调查教程 [M]. 北京：中国人民大学出版社，2015: 211.

第六章 公共管理案例主体的编写

由于公共管理案例情境、编写目的、编者喜好等因素的影响，公共管理案例并未形成统一、固定的格式，但经过几十年的采编实践，某种习惯性的写作结构逐渐被越来越多的案例编写者认可并采纳。一般认为，一个完整的公共管理教学案例应当包括两部分，一是用以营造公共管理实践情境的案例主体，二是起指导作用的案例使用手册（或称案例说明书）。[①] 其中，案例主体是公共管理概念或理论的载体，将所要教授的知识点通过真实的故事展现在读者面前。

第一节 公共管理案例主体编写概述

公共管理案例主体部分的撰写过程实质上就是案例故事情节对公共管理知识点的反映与编排过程。

一、案例主体编写的指导思想

案例作者在撰写案例主体、构思案例故事情节前，必须对案例中所蕴含的知识点进行梳理和分析，为案例情节的编排提供依据。主体部分的编写必须紧紧围绕案例教学的目标，遵循真实性、可读性等原则。

（一）案例的真实性

案例的真实性有两层含义：其一，案例所涉及的情节必须属实；其二，案例读起来要真实可信。真实的情节是对案例描写的基本要求，而可信更多是针对写作技巧而言。

[①] 全国公共管理专业学位研究生教育指导委员会在征集和评选中国专业学位案例中心公共管理案例库入库时，要求提交的案例应由两个部分组成：案例正文和案例说明书。

一方面，撰写案例就是把曾经发生的一系列事件按照一定的逻辑描绘出来，它是对已存在的事情的再次阐述。换句话说，案例就是在讲真实的故事。所以，描写真实的事件是对案例撰写的最基本要求，也是案例的基本属性。同时，学生学习案例是在培养分析能力和决策能力，他们在工作中所面临的或将要面临的也是真实的公共管理场景，只有真实的案例情节，才会让学生学到可用于解决真实管理问题的知识。

另一方面，真实的故事可能由于不恰当的表达和描述而给人不真实的感觉，因此要求案例创作者在编写案例故事的时候遵循一些基本原则，如价值中立，而且要利用一些技巧。例如，可以用第三人称来讲述故事。以第三人称讲述故事会使故事显得更加客观和公正，从而让人觉得更加真实。同时，要避免出现带有个人感情色彩的词语和句子。案例作者要时刻记得自己的任务就是阐述事实，千万不可把自己个人的观点添加进去。

（二）案例的目的性

在这里，公共管理案例的目的性，是指案例具有传授公共管理理论知识、提高分析和解决问题能力、改变管理理念的目标。学生通过案例情节，在老师的引导下进行讨论和分析，在解决案例实际问题的过程中，掌握公共管理的基本原理并学会如何在实践中运用。

案例的鲜明目的性，也是案例教学的意义所在。一篇再生动、全面的案例如果失去了目的性，如果不能更好地体现其在教学中的应用价值，也将变得毫无意义。

那么，如何在案例主体编写过程中提高案例的目的性呢？可以从以下两个方面着手：一是案例情节的安排要紧密联系教学目的。要紧紧围绕教学目标设计案例的情节，将需要学生了解和掌握的每一个概念、每一个理论都要通过案例资料隐含在案例情节中。二是案例要有焦点问题。因为案例需要让学生围绕某些问题进行讨论，在讨论中学习，如果案例没有焦点问题，那么讨论也就无从谈起。因此，可以说好的焦点问题是案例的目的性的有力保障。

（三）案例的故事性和可读性

所谓故事性，是指案例内容要具备一定的情节发展逻辑，可以是时间上的先后顺序，或是逻辑上的因果关系等，而不能仅仅是信息的简单接着或堆砌。故事性对案例至关重要。首先，丰满的案例故事能够增加读者的带入感，让读者产生身临其境的感觉。这种带入感能够使学生快速进入决策人的角色，增加学习效率。其次，案例的故事性能够加快学生对案例情节的记忆，并且迅速与所要掌握的知识点进行结合。

所谓可读性，是指案例能够引起学生阅读案例的意愿。学生是否对案例感兴趣，很大程度取决于案例可读性。因此，增加案例的可读性对提升学生学习案例的效果非常关键。要让一篇案例具有较高的可读性，首先要保证案例的实用性，通过案例能够给读者的工作和生活提出具体的指导方针；其次要保证所描述的事件具有新颖性，即是当时比较热点的公共话题，能够满足人们内心的求新欲望。[①]

二、公共管理案例主体的要素

掌握案例主体的结构，是编写好公共管理案例的重要前提。正如公共管理案例整体上没有统一、固定的格式，对于其中案例主体部分的结构，也没有统一的形式，但对案例主体中应当包含的基本要素，还是形成了一些基本的共识。一般认为，一个完整的公共管理案例，在主体部分至少应当介绍案例的背景、核心理念、情境与细节描述、案例问题等基本的内容。

全国公共管理专业学位研究生教育指导委员会在征集和评选中国专业学位案例中心公共管理案例库入库时，对案例主体的结构制定了明确的规范。要求案例主体应包括：标题、引言、案例摘要和关键词、正文、结束语、思考题、附录、脚注和图表九部分。

标题：是案例的题目。是案例主体乃至整个案例的浓缩点。

引言：即案例事件的引子。是案例主体的开头部分，主要说明案例的基本背景。

案例摘要和关键词：简要介绍案例事件的主旨大意或梗概，便于使用者快速了解和把握案例的主题。

正文：是案例正文的主要、核心部分，占案例主体部分的绝大部分篇幅。案例一定要有比较完整的事件，有核心人物或决策者，有起、承、转、合，要能够把事件延伸下去。

结束语：可以是对正文的精辟总结，也可以是提出决策问题的几种可能性，引发读者思考，为案例分析留出空间。

思考题：结合教学目标一般安排3至5个思考题供读者在阅读时进行同步思考。

---

① 朱方伟，孙秀霞，宋昊阳. 管理案例采编 [M]. 北京：科学出版社，2014：121.

附录：提供进行案例分析所需要的额外信息，主要包括一些不宜放在案例正文，但又有助于读者全面了解或理解正文的资料、信息。

脚注和图表：脚注以小号字附于有关内容同页的下端，以横线与正文断开；图表可插置到正文相关位置，也可以布置在专页或篇尾，所有的图表都应编号，设标题，并有必要的说明。

第二节 公共管理案例标题的编写

撰写公共管理案例，应该十分重视标题的推敲。一个好的标题往往能起到"画龙点睛"的作用，因此有"题好一半文"之说。好的案例标题既能够提供案例关键信息，引导学生思考，成为案例线索，又可以通过恰当的修饰来吸引学生的眼球，激发学生的阅读兴趣。

一、案例标题的结构

一般而言，案例的标题存在单一结构和复合结构两种结构类型。[①]

（一）单一结构

单一结构的标题只包括一个简短语句，用以反映案例的主要内容或主题，如标题《政策扩散视角下西安大兴新区综合改造中的政府创新》（案例入库号：201912520047），该案例描述的是西安大兴新区探索的一种由市上下放部分事权、推动独立经济功能区快速发展的综合改造新模式。再如案例标题《逃离的儿科医生》（案例入库号：201912520149），该案例描述了在我国医疗水平稳步发展的背景下，我国儿科医生短缺问题却日益凸显的背后原因。在中国公共管理专业学位教学案例中心收入的公共管理案例中，这样的标题还有很多，如《大连海域石油泄漏的治理》（案例入库号：201412520035）、《上海市闵行区人大预算修正权探索》（案例入库号：201412520177）、《"棺材板"上的改革》（案例入库号：201912520060）等。

---

① 朱方伟，孙秀霞，宋昊阳. 管理案例采编 [M]. 北京：科学出版社，2014: 137.

（二）复合结构

当案例作者想要对案例标题加以补充、解说或想要强调案例的某个侧重面时，就会在案例主标题后以破折号或冒号的方式连接一个标题。此时，前后两个标题分别被称为主标题和副标题，两者共同构成一种复合结构的标题。研究发现，复合结构的标题是大部分公共管理案例采用的方式。在中国公共管理专业学位教学案例中心收入的公共管理案例中，这类标题形式占比在90%以上。表明案例创作者力图通过标题向读者传达更清晰、全面的案例信息。

例如，案例标题《精准扶贫政策的基层执行：甲村的脱贫故事》（案例入库号：201812520008），该案例标题由冒号连接的主、副标题形成复合结构。其中主标题体现本案例的主题，即案例要解释的核心问题；副标题表明本案例的案例发生方，即案例中所要描述的组织。从这个复合结构标题中，读者可以清晰地了解到，案例作者意图通过讲述甲村的脱贫故事，观察甲村在实施精准扶贫政策过程中的具体做法和面临的困难。又如，标题《围堵 VS 疏导：困境中的我国城市汽车限购政策分析》（案例入库号：201712520487）、《"省管县"还是"市管县"：滕州撤县设市过程中的利益纷争》（案例入库号：201712520120）主标题描述了案例的决策点，副标题概括了案例事件的内容。再如，案例标题《凭祥民营经济协会：我的年检为何如此难？》（案例入库号：201912520032），主标题明确了案例中所要描述的组织，副标题提示了案例所要探究的事件或问题。

有时候，案例作者为了在标题中传达更多信息，还会采取更复杂的复合结构，如案例标题《区域治理不协调："活命水"变"亡命水"——"山东寿光水灾"事件分析》（案例入库号：201912520144），案例由冒号、破折号分隔成三个组成部分，其中"区域治理不协调"提示的是案例研究的问题；"'活命水'变'亡命水'"则非常形象地呈现了区域治理不协调带来的恶果；以副标题反映案例中所描述的具体事件。

二、案例标题的写作方式

从国内各大案例中心（库）收入的公共管理案例来看，案例标题的写作有直叙式、判断式、提问式、选择式等几种常见的方式。[①]

[①] 风笑天.现代社会调查方法（第三版）[M].武汉：华中科技大学出版社，2005:234.

（一）直叙式

即直接用案例研究的对象或研究的内容作为标题。这类标题，直接指明了案例的主题，比较客观、简明，但显得呆板，缺乏吸引力。这种形式的标题，多用于综合性、专业性较强的公共管理案例。

例如，案例《北京新机场征地拆迁记》（案例入库号：201912520110）、《杭州余杭区政府巧妙化解"邻避效应"的故事》（案例入库号：201912520050）、《一个村庄的集体土地征收补偿款分配困局》（案例入库号：201712520507）等。这类标题比较简单，为很多案例作者采用。其优点是简单明了，一看题目便知道案例所反映的主要内容和研究的主要问题，有利于读者是否选择阅读。缺点则是缺乏吸引力，难以引起读者兴趣。

（二）判断式

即用作者对案例事件的判断或评价作为标题。这类标题，揭示了案例主题，表明了作者态度，比较吸引人，多用于总结经验、政策研究、支持新生事物等类型的案例。

例如，案例标题《电商下乡：当代农村经济社会发展与现代治理转型的新途径》（案例入库号：201712520156），仅从案例外标题中，就可以看出作者对案例问题的价值判断，即认为电商下乡是当代农村经济社会发展与现代治理转型的新途径。在中国公共管理专业学位教学案例中心收入的公共管理案例中，该类标题写作方式还有很多，如《保障居民健康的金钥匙——云南省居民健康卡建设》（案例入库号：201712520267）、《协商民主弱、社区治理难——深圳市S区的改革之路》（案例入库号：201912520150）等。

（三）提问式

即用提问的方式作案例的标题。这类标题提出了问题，设置了悬念，比较尖锐、鲜明，有较强吸引力，有利于调动人们进一步阅读的欲望。但仅是一个问题的提出，无法从标题中看出作者关于案例问题的结论。这种形式的标题，一般用于揭露、探讨问题的公共管理案例。

例如，案例《艾滋病感染者何时走出歧视的"阴霾"？》（案例入库号：201912520009），案例关注的是艾滋病感染者受到歧视的问题。标题写作采用提问的方式，能够更好地引导学生的思考方向：为什么艾滋病患者拒诊事件接连发生？艾滋病相关政策在执行中为何难以有效落实？民间组织如何走出参与艾滋病防治的伦理困境？另外，《一纸"休书"羞了谁？——宁乡县政府撤回融资担保函引发的公信力思考》（案例入库号：201912520031）、《"于欢案"，谁赢了？》（案例入库号：201912520139）、《校园贷，如何不让悲剧重演？》（案例入库号：201912520096）等也都成功采用了提问式写作方式。

（四）选择式

在标题中将案例中需要决策的方案或选择的路径明确罗列出来，引导读者带着决策点去案例中寻找答案，并对读者的模拟决策和路径探索起到一定的引导作用。这类标题常见于决策案例中，特别是决策者面临两难决策困境的情形中。

例如，案例《撤县设区 VS 撤县设市：快速城市化进程中浙江省湖州市长兴县行政区划调整方案之争》（案例入库号：201412520204），案例通过对全国百强县之一浙江省湖州市长兴县十七载艰难"改市梦"的决策过程的深入剖析，探讨在快速城市化进程中实行何种行政区划体制才是最有利于某特定地区的经济与社会一体化发展，以及实施何种有效参与机制才能最大限度地保证各利益主体的合法化利益。案例将争论的两种方案直接在标题中列明，将案例中需要决策的内容信息展示给读者，可以使读者能够花费较少的时间发现案例的核心问题，直接进入案例的情境中。在中国公共管理专业学位教学案例中心收入的公共管理案例中，这类标题写作方式虽然占比不高，却非常具有类型化特征，如《"政府主导"or"居民自治"，敢问路在何方？——瑞泉馨城农民集中安置社区的探索之路》（案例入库号：201712520057）、《自建 VS 外包？——香港特区电子政务建设模式的思考》（案例入库号：201712520346）、《围堵 VS 疏导：困境中的我国城市汽车限购政策分析》（案例入库号：201712520487）、《"省管县"还是"市管县"：滕州撤县设市过程中的利益纷争》（案例入库号：201712520120）等。

（五）抒情式

即用抒发案例作者感情的方式作为标题，这类标题明确表达了作者对案例事件的态度，不符合案例创作价值中立的原则，所以适用于那些社会公众普遍一致褒奖或鞭挞而较少争议的公共管理事件或现象。

例如，案例《无人机空中肇事太任性，黑飞乱象惹人忧——以成都双流机场无人机入侵事件为例》（案例入库号：201912520080），该案例描述的是无人机黑飞现象频频发生，安全与监管屡屡缺位的现象。对此，案例作者在标题中直接而明确地表达了自己的态度和感情。直斥无人机空中肇事任性，对黑飞乱象表达了担忧。而在案例标题《"智"在千里——"一部手机游云南"的旅游革命之旅》（案例入库号：201912520018）中，案例作者对"一部手机游云南"项目的创新和特色进行了高度的评价，认为这是一场旅游革命。

综上所述，公共管理案例标题的写法灵活多样，无论采取哪种标题形式，都力求概括、简明、新颖、引人入胜。一般来讲，标题中的内容最好不要带有作者的主观意识或某种观点，要保证案例标题的中性。同时，在撰写案例标题时，案例作者还必须以教学目标为依据，在考虑案例难度水平的基础上设计标题，充分发挥标题概括案例内容和吸引学生等功能。

第三节　公共管理案例摘要的编写

摘要是从原文中摘引或提炼出来的，能够反映要点内容的短文。公共管理案例的摘要应该是对案例故事情境的概括性描述，以及对案例主题全面而又精练的介绍。

一、案例摘要的作用

（一）概括介绍案例内容

这是摘要的基本功能。通过向读者提供有关案例主题、故事、关键问题等主要内容的信息，让读者能在短时间内掌握案例中的关键内容，了解案例的大意。可以说，摘要在某种程度上是对案例标题的进一步补充，担负着介绍教学案例主要内容和吸引学生的重要任务。

例如，中国研究生公共管理案例大赛获奖案例《云端上的"直过民族"村——深度贫困地区甲村扶贫探访记》（案例入库号：201912520166）的摘要，作者在摘要中，用极其精练的语言，对案例调查采用的方法、案例的内容、研究框架等进行了全面、精准、简洁的概括：

本案例以深度贫困地区"直过民族"村A州甲村为样本，通过现场实地走访、与基层干部群众座谈、亲自填写调研问卷等方法，深入探究深度贫困地区脱贫攻坚面临的问题及困境，剖析背后深层次的原因，研究探索精准扶贫和精准脱贫的对策和措施，从而推进实现打赢脱贫攻坚战的目标。本案例构建了一个统一的框架，以问题及其相互关联为导向，从整体性治理理论、行为公共政策理论、政策执行理论3个视角,突出深度贫困的行为公共政策研究,为打赢深度贫困地区脱贫攻坚提供了有益探索。

(二)揭示案例的类型

案例的摘要往往还会提示出案例的类型,让读者了解案例分析的主要任务。但在具体编写时,案例类型并不会被直白地点出,而是隐含于摘要文字之中。例如,下面两则摘要,摘要(1)说明案例对事件过程和结果都进行了较为详细的描述,所谈到的是城市片区综合改造新模式的问题,也就是说,该案例是一篇描述型案例;摘要(2)主要提出了案例情境所面对的问题,表明该案例是一个决策型案例。

摘要(1):西安大兴新区位于西安市中心城区西北部,其所在区域曾是西北地区最大的商品物资仓储区。20世纪90年代后,在西安城市格局及功能变迁过程中,该区域的角色定位发生了对应变化,原先的仓储区需要转型成为主城区的核心区,西安大兴新区由此应运而生。面对项目申请手续、组建市级工作协调机构、筹集改造资金、拓展新区规划范围、争取自求平衡及封闭运行政策、新区企业搬迁拆迁等难题,在汲取已有经验的基础上,新区管委会勇于创新、敢于争先,开创了西安市第一个自下而上、以区为主、准开发区体制实施的城市片区综合改造,实现了企业搬迁、城市建设、环境整治、社会发展等多项目标任务的协同并进。回顾历史,西安大兴新区如同一只雄鹰,飞翔出一条从无到有、从小到大、以区为主、市区共管、自下而上、多元开发的新轨迹,探索出一种由市上下放部分事权、推动独立经济功能区快速发展的综合改造新模式。关于这只"雄鹰"如何展翅翱翔、搏击风雨,本案例将娓娓道来。[①]

摘要(2):2008年,国际金融危机席卷全球,美国和欧洲经济跌入低谷。而此刻,中国经济却在迎难而上,成为提振全球经济的引擎。中国企业则纷纷走出国门,掀起全球新一轮收购潮。在此轮收购浪潮中,最引人瞩目的当数浙江吉利控股集团收购世界老牌车企沃尔沃。吉利完成这项举世闻名的收购后竟然将发动机和整车项目放到了中国一个并非家喻户晓的城市——河北省张家口市。虽然现在张家口市因举办2022年冬奥会而家喻户晓,但在当时却是一个不为大多数人所熟知的城市。吉利为什么选择张家口?在项目谈判和落地阶段又发生了什么?项目现在运行情况又如何?接下来项目该向哪一步发展? 针对

---

① 此处所引摘要(1)系案例《政策扩散视角下西安大兴新区综合改造中的政府创新》(案例入库号:201912520047)的摘要;摘要(2)系《不完全契约理论下的地方招商——以沃尔沃项目在张家口的引进和落地为例》(案例入库号:201912520165)的摘要。

这些问题，本案例将详细梳理项目谈判和建设期间所经历的地方经济发展困局、地方官员的短期行为、政府行政审批制度改革瓶颈、政商关系构建难题、地方间竞争等问题，再现地方行政审批、国家行政环境变化、营商环境变化和地方人事变动等现实，为大家展现一个放弃协议和追究违约责任成本都极高的公共决策困境。

（三）加快信息的传播速度

案例摘要能够将案例的核心内容以较为浓缩的形式展现给读者，使置身于浩瀚资料海洋中的读者能够快速、有效地找到自己所感兴趣或所需要的信息，缩短资料检索时间，节省精力。从这一点来说，案例摘要还有助于加快信息传播速度，使信息的检索更加具有针对性。可见，摘要并非可有可无，它是核心、是窗口。它以简练的文字、丰富的内容，成为帮助人们快捷浏览、索取资料的有效工具。因此，建议案例作者在撰写教学案例时，应将摘要的撰写视为一项重要内容，从而推动案例的传播和应用。

二、案例摘要编写的基本要求

（一）使用第一人称

这一点与学术论文的摘要有所不同。国家标准《GB 6447–1986》中指出，论文的摘要应使用第三人称的写法，这是因为在论文摘要的行文过程中，不能对原作的主要内容进行任何的评述，而第三人称叙述方式正符合摘要叙述客观性的要求。但在案例摘要的编写中，只有对相关内容进行一定程度的介绍、解释或评述，才能让读者充分地了解案例信息。同时，案例本身就是要通过营造真实的管理情境，给读者以身临其境的感觉。因此，案例摘要的表述需要使用如"本案例"这类的第一人称进行叙述或评论，引导读者进入案例角色，这也是案例摘要区别于学术论文摘要的一个重要特征。

例如，《工资集体协商：画出劳资"同心圆"》（案例入库号：201912520104）的摘要：

本案例描述了某文体行业工资集体协商的全过程，并通过问卷调查等方式剖析了目前工资集体协商制度亟待破解的瓶颈问题，提出工资集体协商是破解劳资"囚徒困境"的一种现实选择路径。随着工资集体协商制度的不断完善，一定能够画好劳资"同心圆"。

（二）内容完整

内容的完整性并不意味着摘要必须对案例的各部分内容都进行总结和描述，而是要经过一定的取舍，重点突出案例的关键部分，对该部分要素进行整体的描述，避免遗漏。如果摘要不能涵盖案例的主要内容，那么就无法准确反映原文的要点，也就无法推动其应有的功能。此外，作为对案例标题的进一步补充，摘要必须对案例标题所没有涉及的关键内容进行补充和解释，帮助读者全面掌握案例信息，而不能只是对标题内容的简单扩展，这样的补充和说明只能让摘要变得言而无物、可有可无。

（三）语言简洁、精练

案例摘要的提炼必须要保证短与精。短，指的是摘要的篇幅，一般情况下，案例摘要的字数应该在200～300字以内，最长不要超过400字。[1]过长的篇幅就使摘要失去了简介的作用。相应地，字数的限制也就对摘要内容提出精练的要求，即摘要必须是对原文精华的提取。摘要不是案例原文的复述，而是对案例内容的高度概括和总结，必须在保证完整性的前提下，突显案例的关键内容，详略得当，语言应该简明、准确，避免出现复述原文内容的情况。[2]

最后需要说明的是，案例摘要的撰写可谓种类繁多，主要依据作者想表达的主要内容而定。因此，目前的案例摘要并没有形成较为成型的写作规范。

第四节 公共管理案例引言的编写

案例引言，即案例事件的引子，指的是位于案例正文的开头部分，用以引出下文的言论。引言的撰写为案例作者提供了一个以案例故事吸引读者，使其快速进入案例角色的绝佳机会。好的案例引言有着画龙点睛的作用，一方面可以向读者提供更加具体、深入的信息，准确反映案例的主要内容或核心问题，引发读者的思考。另一方面，通过概述将要面对的实际问题，来构建观察案例的视角，以案例故事或困境激发读者的阅读兴趣，使其融入案例情境。

---

[1] 中国专业学位案例中心对案例摘要编写的要求：简要介绍案例事件的主旨大意或梗概，便于使用者快速了解和把握案例的主题，建议400字以内。

[2] 朱方伟，孙秀霞，宋昊阳.管理案例采编[M].北京：科学出版社，2014:145.

在具体操作中，案例作者主要思考的问题是究竟要在引言中为读者展示一幅怎样的画面，以及交代哪些案例故事要素，是关键人物，还是关键问题，或是令人困扰的难题，也就是说，引言中要呈现哪些情节点、哪个环节决策，包含的具体信息又是什么。

一、决策型案例的引言

决策型案例重在培养学生的公共管理决策能力，而为了让学生能够真的站在决策者的角度思考问题，案例引言通常从主要决策人的视角出发，由人物所处环境或某一个具体活动、事件的描写引出正文。通过对决策者语言、行为、内心等方面的描述，交代决策者面临的决策困境等方面的信息。最后，或以提问的方式来引发学生思考，或留下空间让学生尽快完成角色的代入。

例如，案例《渗坑污染治理的困境与出路——一位县委书记的心病》（案例入库号：201912520041）的引言就是一个经典的决策型案例引言：

2017年4月18日，一个十分平常的周二。河北省廊坊市大城县委书记侯贵松驱车回到家时已经是晚上8点多了，这位本科、硕士都毕业于清华大学的高材生，目前仍然是河北省为数不多的不到40岁就被提拔为县委书记的"年轻人"之一。年富力强、温文尔雅，是外界对他的一致评价。一般而言，结束一天的工作后他都会去锻炼身体，健健身、跑跑步，这也是他在清华求学期间养成的好习惯。但是今天似乎有些反常，本该去跑步的他，却对着一台电脑眉头紧锁。这件事还要从下午一位学术界的好友在微信上转发了一篇文章给他说起。刚要下班离开办公室的他，点开那篇题为《华北地区发现17万平方米超级污水渗坑》的文章后，就立即打消了回家的念头，心情也颇不平静。原来，重庆两江志愿服务发展中心发文称，河北大城南赵扶镇和天津等地发现多处污水渗坑，对当地环境造成威胁。看到上面触目惊心的图片后，这位县委书记坐不住了，他立即打电话通知县环保、公安等部门对渗坑情况再次进行详细调查并加班查阅了相关资料。随即，公安局局长来电回复说，两处大坑均为多年挖土形成，渗坑污染系由旺村镇村民李某某叔侄将废酸倾倒进坑塘所致。2013年5月，县公安局已对该案立案，后将犯罪嫌疑人抓获。废酸倾倒事件发生后，大城县政府组织相关单位对污染水体进行了治理，但治理工作一直未完成，导致这次闹出这么大动静。

自从2016年底担任大城县委书记以来，南赵扶镇的两个"大坑"一直是压在侯贵松心上的一块石头，他也在绞尽脑汁的想法子解决这个大问题。结果不承想，刚刚上任不到半年的时间，治理渗坑的好办法还没有想出来，反而被一家环保组织曝光了这件事，这下估计要搞出来大事情了。果然不出所料，一夜未眠的侯书记在第二天一大早就接到了诸多电话，当天这个名不见经传的小县城进驻了好多新闻媒体的记者，还迎来了环保部和廊坊市环境监测站的采样人员，侯贵松越发地意识到了事情的严重性……

二、描述型案例的引言

描述型案例数量众多，描述的内容也有很多不同，有的描述一个事件、有的描述一项政策、有的描述一个历史进行、有的描述一个组织等，不一而足。因此，在引言的写作方式上更加灵活多样。除了可以使用上述决策型案例引言的编写模式外，一般还会使用第三人称对案例对象的基本情况进行直接的描述。这种案例引言是对案例故事相关信息的高度概括和提炼，但却并不会点出案例关键问题所在，类似于一篇介绍相关组织和事件的客观报道，主要以案例事件的背景、起因等内容来激发学生的阅读兴趣。

例如，案例《天津市枢纽型社会组织建设"1+N+X"模式》（案例入库号：201712520512）的引言：

社会组织的繁荣发展是现代社会的标志，目前我国进入社会组织快速发展的时期，尤其是在大中型城市中，各种自发形成的社会组织已经初具规模，而且在一定区域内的影响力逐渐增强。但是总体看来社会组织专业化水平和公信力不高、组织发展和制度建设不尽规范。因此，迫切需要通过政府的引导和扶持使其真正走上健康快速的发展道路。天津市社会组织的规模和发展速度居于全国前列，为了进一步促进社会组织的发展，天津市相关部门在实践中探索出枢纽型社会组织"1+N+X"模式，取得了良好成效。目前，在这一模式的指导下，天津社会组织问题增长迅速，而且各种社会组织在专业化程度、承接政府服务能力方面有了显著的提高。

第五节 公共管理案例正文的编写

正文是案例的主要、核心部分，该部分内容编写的质量，直接决定着整个案例的质量和能够发挥的作用。

一、公共管理案例正文的结构安排

案例正文的结构体现出对案例中相关信息和资料的处理与编排。在开始撰写案例正文时，需要首先明确结构的安排，设计一个基本的逻辑结构和框架，然后再将案例的素材和资料合理地添加进去，最终形成结构清楚、内容丰富、逻辑自洽、引人入胜的案例正文。

（一）时间顺序与逻辑顺序

对于案例正文结构的安排通常有如下两种方式：

一种是按时间顺序：根据案例事件发生的时间先后进行安排，按照事件进程或事物的产生、演进直至今后的发展方向，交代案例的来龙去脉。许多以描述某一公共危机事件的案例大多选择这种结构方式。

例如，案例《权力与权利互动——7.28启东事件透视》（案例入库号：201412520182），该案例描述的是2012年7月28日发生在江苏省启东市的一起大规模群体事件，这起事件是由江苏南通市政府对日本"王子"制纸之污水排海工程项目的实施触发。案例突出反映了公民权利意识的提升背景下地方政府治理中所面临的各种问题和挑战，GDP考核导向下地方政府发展经济与保护环境的冲突、上下级政府间利益与责任的平衡、公共权力与公民权利间的平衡等。该案例所选取的结构就是按照事件的演进顺序，从日本"王子"制纸企业落户南通、排污项目存异议，到项目引起市民强烈反对、民众发现诉求，直到群体抗污、政府妥协，以事件进展的时间先后进行安排。

另外一个以公共群体性事件为内容的公共管理案例《昆明反对PX项目"集体散步"事件》（案例入库号：201412520019）也采用了同样的结构，从案例正文部分的标题设计，就能够明显看出整个事件进程的一波三折：质疑不断—山雨欲来—游行暴发，政府回应—二次游行，舆情升温—持续回应—南博维稳。

另一种是按逻辑顺序：将大量杂乱的事实按一定的逻辑关系，分门别类地组织起来，然后按照事物各部分内在性质的异同和横向关联的疏密来划分出不同的类别。这种方法往往采用设置小标题的手段，使逻辑层次与节奏呈现出来。这种结构方式的应用比较普遍，在各类公共管理案例中都可以适用，尤其是在描述某项具体公共政策、某个社会组织、某些公共事件现象、某些公共管理的成功与失败等案例类型的案例中。

例如，案例《晋江"四点钟学校"》（案例入库号：201712520166），案例以晋江市儿童之家"四点钟学校"儿童社会工作实践经验为基础，阐述政府和社会组织在儿童社会工作中的角色和职责。在安排案例主体的结构时，就是按照逻辑关系，对项目基本情况，项目社会工作服务开展情况，项目社会工作服务成效与经验三部分内容分别进行描述的。其中对项目基本情况，又分别设置小标题，介绍了项目的背景、内容、性质、意义等内容。整个案例结构看起来逻辑层次浅析，节奏明快。

当然，除上述两种结构安排方式之外，案例的撰写者也可以根据个人偏好来选择和创造其他编排规则。两种编排方式也不是完全对立的，有时也可以交叉运用，例如，在案例中描述两个平行事件，可以按照时间顺序用完全各自孤立的描述，也可以按照一定的逻辑顺序用交织穿插的方法来描述。

（二）叙述结构和情节结构

其实，案例结构太过于固定也有较大的缺点。如果读者完全被案情左右，就会使他们产生一种把握感，而这在管理在现实中其实是没有的。而且这种案例方向性明显，易暗示，此问题只有唯一一种可接受的解决方案，所以有学者主张案例结构应当开放、完全松散。因此，也就有了强调案例故事性和戏剧性的写作结构。

所谓叙述结构，是以时间顺序为基础，将事件与环境背景等因素相整合，用一种易于理解的方式进行叙述，使人感到案例的描述中蕴含着一种文学色彩。公共案例大多取材于现实公共管理事件，大部分采编者在编写案例时采用这种写作结构。

所谓情节结构，也是力图将案例的描述生活化的手法。为了使案例不那么呆板，变得活灵活现、生动有趣，深化其人为的"编造"色彩，有必要加强戏剧性，设置一些悬念。越是加强这一点越是能够激发人们的兴趣或增加回想冲突，就越是能使读者投身于案例的事件之中，增强读者的代入感，使读者如同身临其境。

这类案例写作结构在公共管理案例中不常见，案例《外科主任的困惑——公立医院临床科室绩效考什么，如何评？》（案例入库号：201812520004）采用的就是这种结构。案例通过镇江市妇幼保健医院某科主任的一天，反映该绩效考评给科主任与临床医生带来的困惑，向读者讲述了一个案例故事，非常生动鲜活。

最后，需要强调的是，案例正文结构的安排应当坚持灵活、实用的原则，一切为案例目的服务，根据案例的需要进行选择。而且精彩的案例往往是这些结构的融合，如在案例的开头可以写某些意外的事件，表明某种情景已经开始，而后可以折回来写早些时候所发生的事情，或说明有关背景情况。在各种关键信息都已给出，将要结束的时候，又可以写某种急转直下的形势引起读者的关注。①

二、案例正文的撰写程序

按照中国公共管理专业学位教学案例中心的要求，案例一定要有比较完整的事件，有核心人物或决策者，有起、承、转、合，要能够把事件延伸下去；起是事件的开始，推出由时间、地点、起因等要素构成的场景，介绍核心人物或决策者、主要角色和其他角色；承是推出关键事件，引出争端、问题和兴奋点；转是事件的进一步展开，罗列存在的种种困惑，描述进退两难的抉择困境；要不断深入拓展令核心人物或决策者感到迷惑或难以决断的事情，或展开当事人也无法把握和预料事件结局的事件；合是事件的高潮，突出决策点的机会与制约因素，核心人物或决策者到了不得不进行选择的时刻。

对于一篇公共管理案例来说，离不开主题、结构、材料和语言四大构成要素。其中，主题是案例的灵魂，结构是案例的骨架，材料是案例的血肉，语言是案例的肌肤，缺一不可。撰写案例的一般程序是明确核心问题、精选案例资料、拟定案例提纲、推敲书面语言。这也是撰写案例要把握好的四个重要环节。

（一）明确核心问题

公共管理案例的编写是围绕一定的教学目的和实现该教学目的的理论和思想而设计的，案例正文的使命是将案例教学中的教学目标即需要传授的公共管理基本理论巧妙地隐含在案例故事中。因此，在编写案例正文的时候，应当先进一步明确通过案例所要传达的核心问题。

案例核心问题是整个课堂教学的主线，是案例采编工作必须始终紧紧围绕的核心。这些问题需要通过案例本身呈现出来，是案例中的决策者所面临的决策问题、转折点、挑战、机会或困难等，即案例的关键决策点。它是案例情节线展开的依据，也是案例所要传达的核心知识目标的载体。在决策型案例中一般是案例正文结尾段中决策者面临的问题，在描述型案例中一般是案例中突出的矛盾点，是始终围绕着决策者的核心问题。只有将案例核心问题加以明确，才能保证后续的资料选择、提纲设计乃至整个正文写作工作始终保持正确的方向，达到案例教学的最初目标设计。

---

① 付永刚，王淑娟.管理教育中的案例教学法[M].大连：大连理工大学出版社，2014:98-99.

例如，编者在撰写案例《小城"的"事——公共决策过程中的利益表达与利益平衡》（案例入库号：201712520113）正文前，首先明确了该案例让学生掌握的核心问题是公共政策制定执行过程中的利益表达、利益平衡和利益整合问题。案例中的线索指引学生重点思考的问题是为什么政府对小城客运出租汽车"总量控制"的政策能实行18年？当人数众多的时候，像案例中小城的普通市民和外来游客，表达他们对增加出租车数量的诉求为什么那么艰难？

（二）精选案例资料

尽管案例创作团队前期已经对案例资料进行了初步的整理，但调研阶段的资料整理更多的是尽可能保证相关资料的准确性和完整性，并依据调研问题对相关资料进行简单的总结和归类，所整理出的案例资料分布较为零散，系统性不强。整理出的资料归根结底是为最终撰写案例服务的，因此在案例主体编写之前，还有一个对前期整理的案例资料进行分析、筛选的过程，直到最后将这些资料中的一部分科学、合理地安排到案例主体中，形成案例的血肉。

在精选案例资料的过程中，案例作者需要从现有的资料中筛选出能够满足案例需求的有用资料。这部分资料可以划分为决策资料和辅助性的背景资料两种。决策资料指的是能够为学生提供进行问题分析及决策所必须掌握的信息资料，是构建安全故事情节，蕴含管理理论知识，形成安全故事主体的核心资料；辅助性的背景资料指的是诠释案例背景环境，能够为案例分析提供必要的基本环境信息的资料。多数情况下，学生并不十分了解案例情境所处的客观环境，而这些环境因素往往却又很可能对案例故事的发展产生重要的间接影响，所以案例中需要对此类信息进行较为详细的交代和介绍。

一般而言，在对案例资料进行筛选的过程中，不同的案例作者所惯用的方法或流程也是不尽相同的。但无论采用何种方法，选择何种流程，案例素材的筛选工作都是以案例资料的分析为前提的。只有充分理解案例资料所揭示的潜在情节信息及其所反映的理论知识，案例作者才能依据案例需求对资料进行取舍，提取出撰写案例所需要的素材。

（三）拟定案例提纲

拟定提纲主要是根据案例编写的要求在确定编写框架结构的基础上，对案例调查过程中所掌握的材料及其相关的参考资料进行梳理、取舍，然后拟订出编写的提纲。

拟定案例正文写作提纲对案例正文的形成和质量的提升非常关键。在正式写作之前，先形成一份案例正文行文的提纲作为编写依据是很有用处的。案例正文大纲提取了案例各部分或段落的主题思想，形成了整篇安全的行文思路和逻辑，反映了案例作者对案例故事情节的构思和潜在知识点的设计，以提纲为指导进行编写，案例作者能够紧紧置疑各部分或段落的主题思想一步步扩展内容，时刻紧扣中心，避免出现"跑题"现象。同时，相对于正文来说，预先设计的提纲更具灵活性，更容易推敲、删补和调整。作者可以在提纲上不断修改，进行结构的完善，增强情节和知识点的逻辑性等。相反，案例正文一经写成，已经形成一个整体，如果要破坏这个整体，重新组织一篇案例，要花费很大精力。

具体来说，案例正文的提纲要对能够反映知识点的素材进行合理的布局和搭配，在保证故事连贯性的基础上，形成能够反映整篇案例行文的逻辑框架。其具体的设计过程包括以下几个方面：一是结合知识点，匹配情节线。以具体的案例故事反映知识点，让理论知识内含于案例故事之中，从而形成一条隐含在故事情节之中的知识线；二是合理设置段落。要将每一部分的构思具体化，细化成可以有效指导写作的段落；三是完善情节信息，实现合理过渡。为了保证情节的饱满，作者必须想方设法把案例素材串联起来，使故事发展流畅，实现情节与情节之间的合理过渡。

例如，编者在创作案例《小城"的"事——公共决策过程中的利益表达与利益平衡》（案例入库号：201712520113）时设计的案例提纲：

摘要：

关键词：

引言

对案例对象的基本情况进行直接的描述。

小标题一：风波：小城出租频繁罢运为哪般

小城出租车营运史上，罢运或围堵政府机关的现象时有发生，其中规模较大、影响较深远的罢运有两次：一次是 2009 年"五一"长假期间，一次是 2014 年 5 月 13 日至 15 日。本部分重点描述这两次罢运事件的来龙去脉。

小标题二：利益相关方的利益诉求及表达

在出租车罢运事件的背后，围绕着是否增加出租车数量、是否提高运价以及打击"黑车"、整治出租车市场等一系列问题，政府、普通市民、出租车从业者等不同的利益群体"乱哄哄你方唱罢我登场"，以各自特有的方式表达着他们的诉求和关注……本部分描写的重点是利益相关方利益表达方式，隐含公众的表达困境。

小标题三：对多数人的歧视

反映一个经典的集体行动的难题，当人数众多的时候，像小城这些倍受"打车难"折磨的普通市民和外来游客，要组织起来表达他们对增加出租车数量的诉求，实际上非常困难。人数太多，利益很分散，反倒是已经因出租车经营权垄断而获得巨大利益的这些人，他们结成了很强的利益集团，然后来要求政府继续维持这么一个政策。

小标题四：出租车改革路在何方

面对决策困境，如何改变小城公众打车难的现状，需要综合平衡各方利益诉求，做出正确选择。

（四）推敲书面语言

案例的语言风格与小说、散文、戏剧等文学作品有所不同，为了保证案例内容的真实性客观性，案例的书面语言，应严格保持中立态度，用具体事实说话。

通常情况下，推敲案例的书面语言有以下几个方面的要求：一是简洁。要开门见山，不拐弯抹角，用尽可能少的字句表达尽可能多的内容。只叙述事实，不要作过多描绘；二是严谨。案例语言必须能够准确、客观地传达信息，避免模糊甚至错误的表述；三是朴实。要使用通俗易懂的语言，不要使用深奥的专业术语和华而不实的词藻，不随便运用夸张手法和奇特比喻；四是生动。为了保证案例本身的可读性和故事性，激发学生的阅读和分析兴趣，一篇优秀的案例往往具备文笔流畅、形式引人入胜、内容曲折跌宕、语言生动形象等特点。可适当使用一些群众语言和通俗的比喻，以更好地展现人物特征，营造更具真实感的故事情境。[①]

总之，案例正文的编写就是由这些重要环节所构成的一个基本体系。这个体系中的任何一个环节，都影响甚至决定着案例整体的质量与效果。

第六节 结束语及附录等的编写

除了前面提到的案例标题、摘要、引言和正文之外，案例主体的构成要素还有结束语、思考题、附录附表等。这些因素并不是每个案例都必须包括的，案例作者可以根据教学目标和案例本身写作的需要进行取舍。

---

① 朱方伟，孙秀霞，宋昊阳.管理案例采编[M].北京：科学出版社，2014:181.

一、结束语的编写

结束语是案例的结尾,一般要求在该部分的写作中点出核心问题,让读者来思考提出解决方案。

案例结束语的编写需要关注两个问题:一是在什么时候停止故事。这个问题往往与案例的难度与类型相关,如描述型案例更倾向于介绍故事的全貌,而决策型案例则会选择在故事完结的中途停止案例,留给读者根据案例提供的信息进行问题的识别和决策的制定。二是以什么样的形式结束。一般来说,案例结束语会采用提问的形式再次强调关键决策点,或决策者的困境。这种结尾方式能够进一步推动学生思考,学生角色的扮演并不会因故事的结束而停止。同时,还能够做到首尾响应。

例如,《"政府啊,你快点来拆我吧"——都市畸零地"旧改"中进取性维权冲击下的决策困境》(案例入库号:201412520169)结束语:

畸零地旧区改造,改还是不改?

旧区改造是城市建设和发展的永恒主题。以往旧区改造成片开发,解决了大量旧区居民的居住问题,但遗留下来还没有来得及"旧改"的区域往往就是畸零、旮旯的区域。尤其是像沈河浜这样的城市畸零地区的旧区改造,面临一个进退两难的处境。……,2017年8月7日,华康区委书记到新桥街道调研时指出,既要抓民生,"旧区改造是新桥最大的民生",又要抓安全(新桥街道老旧住宅区域安全隐患较多,要重点做好防火、防汛工作)。这样的静态仍是维持一贯的基调,承认旧改的道义上的正当性,但也照顾到暂时不能旧改的地区的政府安全防范工作问题。改还是不改?要如何改?依然是未来几年新桥街道、华康区畸零地旧改中需要直面的问题。

该案例的教学目标设计,是希望通过教学过程让学员了解基层政府施政中的决策两难情境,通过本案例的教学掌握公共决策的约束条件、时间性以及决策与否都可能有的相应后果,培养创造性设计政策方案/决策方案的能力。案例从标题到引言,都直接点明政府面临的决策困境,正文部分也巧妙地将这一困境进行了描述。最后的结束语以提问的形式再次进行强调:畸零地旧区改造,改还是不改?在保持首尾呼应的同时,还引导学生深入思考并利用公共管理理论提出决策方案。

二、附录的编写

附录是案例的附加部分,提供进行案例分析所需要的额外信息,主要包括一些不宜放在案例正文,但又有助于读者全面了解或理解正文的资料、信息。

通常被纳入附录中的资料主要包括有关案例事件或组织的背景性资料以及案例资料收集过程中使用过的调查问卷、访谈提纲等调查工具，供学生在必要时进行参考。换言之，附录中的资料也是案例主体的一部分，是进行案例分析所必需的。但由于这些资料内容通常较多，且多起到辅助性作用，如果放在案例正文中，资料可能由于与案例故事关联度较低，影响案例情节的连贯性，造成喧宾夺主的现象，因此不宜安排在正文中，而是以附录的形式提供给学生。

例如，案例《小城"的"事——公共决策过程中的利益表达与利益平衡》（案例入库号：201712520113）的主题是公共决策过程中的利益表达与利益平衡问题，反映公共决策中对多数人的歧视现象。在描写小城出租频繁罢运的事件时，其中一次罢运的导火索是政府制定的一份文件——《城区客运出租行业质量信誉考核暂行办法（征求意见稿）》，该文件的内容篇幅较长，且不是解决案例问题所不可或缺的信息，在案例故事中也没有必要全文引用，因此作者没有将其放入案例正文，而是置于附录中。

由于附录是由一组不宜或无法放入案例正文，但又是案例所必需的资料组成的，所以附录中各项资料之间往往不存在联系。此时，需要案例作者按照以下几点要求设置和编写附录，以充分发挥附录资料的作用。一是要确保有用性。附录中收录的资料必须是对正文内容的补充或是有价值的。也就是说，选入附录的资料必须是有用的，或补充说明案例正文的相关内容，或成为案例分析的必要信息。二是要做到文字简洁、内容精练。附录不同于案例正文，其行文无须修饰，更不要拖泥带水，应该尽量以简洁明快的文字将资料的主要内容呈现出来。三是要标示统一，排序合理。为了便于阅读和使用，避免产生杂乱无序之感，需要对案例附录中各项资料的标示进行统一的规范，以明确的标示名进行标注。一般情况下，案例作者会按照各项资料在案例正文中出现的顺序，或进行案例分析时使用的先后对各项资料依次排序。

最后，需要强调的是，附录也不是案例不可缺少的部分。附录的内容不应随意扩张，只有那些与案例密切相关、而又无法为案例正文所包含的内容才应列入附录之内。

第七章　公共管理案例使用说明的编写

为了提高案例使用的有效性，案例正文编写完成之后，案例采编人员需要准备一份案例使用说明，供案例用户在进行案例研究或教学时参考使用。目前，国内外对案例使用说明的重要性基本达成共识，撰写案例使用说明已成为案例采编工作的重要环节之一。

第一节　公共管理案例使用说明概述

因为公共管理案例的用户不同、使用目的不同，因此对案例使用说明写什么、如何写等问题仍存在各种争议，如何有效完成一篇有价值的案例使用说明，也困扰着大多数案例工作者。

一、案例使用说明的内涵

有效的公共管理案例不是对管理事件的简单描述，而是将公共管理概念或理论蕴含其中，为传授特定的理论知识服务。这些由教学目标所布局的概念和理论，以知识线的形式贯穿于案例采编的全过程，指导案例采编围绕案例教学目标而展开。案例采编者是在知识线的指导下，获取能够支持理论教学的案例素材，并按照知识线，对应案例素材梳理出故事圈，从中选择特定的情节线对案例素材进行加工，编写成文。因此，案例主体是以情节线的形式来展现知识线，蕴含着案例教学所关注的主要知识点。课堂教学中要使隐藏于案例正文中的知识线被学生识别、理解和融会贯通，才能够真正实现案例的教学功能。如何在课堂上实现案例的特定教学目标，正是案例使用说明所要解决的问题。

大部分情况下，采编的公共管理案例是应用于公共管理教学中的，因此案例使用说明也被称作"教学指导书""教学手册"等，是帮助老师为案例课堂教学做准备的指导说明书。作为案例教学的指导材料，案例使用说明旨在将内含于案例主体情节线中的知识线梳理出来，清晰展现并引导教学过程中的案例分析和知识传授。

为了全面实现案例教学目标，案例使用说明强调基于知识点和案例情节的案例分析思路与分析过程的设计，不仅要考虑对知识点的传授，还要在案例分析过程中关注对学生能力的培养和某些观念的改变。因此，开发一个相应的案例教学方案，促使教学目标能在案例分析与讨论中完成，是案例使用说明的主要内容。这些内容是建议性的、指导性的或预见性的，通常包括：建议在什么课程里，针对什么样的学生群体来教授该案例；可以设置哪些启发思考题，可以按照何种提问逻辑开展课堂教学；预期中的问题讨论顺序与方向；对场地的要求以及如何使用教学工具等。无论案例使用说明的内容和形式如何，它都是基于案例需求识别结果，围绕着既定的教学目的，为实施教学服务的。[①]

二、案例使用说明的价值

大部分情况下，采编的公共管理案例是为知识传授服务的，知识传授始终是公共管理案例采编的最初动因和最终目的。对于案例使用者来说，对采编者"埋藏"在案例情节中的概念和理论知识的发现、理解都存在较大的难度，因此为了尽量减少教学中对案例的理解和使用困难，提升案例使用效率和效果，为教学案例编写一份使用说明就显得尤为必要。总体而言，案例使用说明具有强化案例使用效果、提升案例使用效率和积累案例教学经验等价值。

（一）强化案例使用效果

案例使用说明的编写是围绕案例采编的需求，以案例教学目标为指导，根据学生类型的不同，系统设计由案例分析和理论学习结合而成的案例教学过程。案例教学是一种教与学两方参与，共同对案例及其管理问题进行讨论的合作式教学方法。这个特点决定了案例教学必须注重针对特定教学对象的课堂设计，才能收到良好的教学效果。因此，编写案例使用说明的第一个重要价值就是促进案例采编者和案例使用者对案例教学过程的系统思考，并针对性地设计案例的教学应用。

因此，通过编写案例使用说明，编者将案例教学的准备工作与案例教学目标、案例课堂学习进行对应，可以做到有的放矢、因材施教，有助于强化案例的教学使用效果。

---

① 朱方伟，孙秀霞，宋昊阳.管理案例采编[M].北京：科学出版社，2014:185.

（二）提升案例使用效率

案例采编完成进入共享使用阶段后，将被同领域的其他老师作为素材在其课堂上加以使用。此时，案例使用说明的重要价值就体现在可以使案例教学更加容易被复制，以提升案例在不同课堂中的使用效率。

基于案例采编者的教学方案，案例使用说明中展现了一套完整的案例教学设计，包括对案例教学目标、授课对象及课堂设计。当案例使用教师面临相似的教学目标和内容时，案例使用说明就可以作为教师进行案例备课的参照。案例使用教师可以在现有案例使用说明的基础上，补充和完善自己的案例教学方案，从而大大提升案例使用效率。

（三）积累案例教学经验

对于目前案例教学的发展而言，教师的案例教学经验是重要的限制条件，有效的案例教学方式和课堂讲授技巧是推进案例教学向前发展的重要因素。教学经验的积累不仅需要时间上的保障，还需要以有效的方法作为手段。编写案例使用说明就是积累案例教学经验的重要途径。

恰如日常生活中对很多生活用品的使用一样，很多人会因经验主义作祟，而自认为自己对这些物品的应用十分清楚，其实却陷入了"经验陷阱"。很多人总是认为自己有经验，其实对事物的内在逻辑和本质的理解并不是很清楚。

类似的情形在案例教学中也同样存在。很多人认为案例教学简单而有趣，随堂发挥即可，没必要编写案例说明。但如果不能提前写好案例教学过程，撰写出系统合理的案例使用说明，说明采编者自身就较难将案例很好地带入课堂，这样就更难于将自身经验传递给其他案例使用教师。而且编写案例使用说明的过程本身就是将零散、模糊的授课思路落实为具体操作方案的过程，在这一过程中，教师可以对以往的案例教学经验进行梳理，检查对教学细节的把握与理解。同时，相对于只进行课后经验总结，在案例使用之前进行系统的设计与规划，并在教学实践中针对以往经验进行查漏补缺的检验，更有利于实现教师案例教学经验的有效积累。[①]

三、编写案例使用说明的时机

对于要不要编写案例使用说明，尽管学术界存有争议，但大多数案例库征集案例时都要求提供案例使用说明，大部分学者对编写案例使用说明持支持和肯定的态度。

---

① 朱方伟，孙秀霞，宋昊阳. 管理案例采编 [M]. 北京：科学出版社，2014:189.

但对何时编写案例使用说明，则没有较为统一的观点。目前国内较为常见的做法是，在完成案例主体部分的编写后再接着编写一份案例使用说明，此时，案例采编者对案例素材和案例主体都有了更深入的理解和把握，可以更好地对案例主体情节线中的知识线加以梳理，使案例使用说明的思路与案例主体内容更好的对应，从而为案例使用教师提出更具体、更恰当的教学建议。此外，也有学者提出，在案例主体编写前就应当先撰写案例使用说明，确定明确的教学目标与知识点，用案例的分析思路指导案例主体的编写，以使案例主体的思路更加清晰，针对性更强，内容能够更有助于教学目标的实现。加拿大毅伟商学院教授迈克尔·R·林德斯认为案例使用说明的撰写应该与案例主体撰写同时进行，撰写完案例主体草稿后开始撰写案例使用说明的草稿，一边撰写一边相互检验并进行完善。该过程是循环持续的，用案例使用说明检验案例主体是否达到案例教学目标的要求，然后再次编辑、修改案例主体，梳理案例情节和分析思路，完善案例使用说明。[①]

应该说，三种不同的编写时机选择各有利弊，案例采编者可以根据自己的创作习惯和偏好适时完成案例使用说明的撰写。就编者而言，在采编案例的过程中，习惯在进行案例主体写作的同时，同步构思案例将如何运用于课堂教学，将案例教学目的始终作为编写案例主体与案例使用说明的指导思想，与案例主体同期完成案例使用说明。

第二节　公共管理案例说明的编写

为了编写好案例使用说明，使之成为案例课堂教学的重要指导工具，在编写案例使用说明时，需要熟悉案例使用说明书的基本要素构成，了解其完整的架构。

一、案例使用说明的架构

对于案例使用说明的架构及其包含的基本要素，目前尚没有统一的规定，

[①] ［加］迈克尔·R·林德斯，詹姆斯·A·厄斯金.张吉平译.管理案例编写指南[M].大连：大连出版社，1991.

第七章 公共管理案例使用说明的编写

国内外主要案例库收录的案例在案例使用说明的架构方面的要求也不尽相同，但对某些基本要素的强调还是比较一致的，如教学目标、案例中的问题、案例分析等。下面对哈佛商学院、毅伟商学院和中国管理案例共享中心三种代表性结构体系进行一个简单的对照，如表7-1所示。[①]

表7-1 国内外案例使用说明代表性架构体系对照表

哈佛商学院	毅伟商学院	中国管理案例共享中心
（1）案例学习的执行步骤 （2）如何提第一个问题 （3）提问的顺序是什么 （4）预期中的讨论方向 （5）如何应对预期外的方向 （6）如何使用黑板和其他工具 （7）如何进行总结	（1）案例标题 （2）案例情节简介 （3）教学目标 （4）迫切问题 （5）基本问题 （6）建议的额外阅读材料 （7）可能的教学辅助工具 （8）建议的学生作业 （9）潜在的课堂讨论问题 （10）案例分析 （11）另外提出的观点 （12）教学建议 （13）案例教学计划	（1）教学目的与用途 （2）启发思考题 （3）分析思路 （4）理论依据与分析 （5）背景信息 （6）关键要点 （7）建议课堂计划 （8）相关附件 （9）其他教学支持

从表中可以看出，虽然每种案例使用说明架构不同，但是内容基本都是相同的。哈佛商学院提出的案例使用说明是以教师为核心对象，目的是作为服务于案例教学的一个实施计划，教师如何在课堂上启发和引导学生、分析和总结案例，重点在授课技巧上。毅伟商学院的詹姆斯·A·厄斯金教授总结了现有案例使用说明的内容标题，基于简介案例内容、明确教学目标与案例教学重点、提供教学辅助材料与教学建议、辅助教师教授学生等目的，提出了较为全面的框架结构。中国管理案例共享中心提出的案例使用说明要素主要参考教学建议书的格式，将案例使用说明介绍案例内容、案例适用条件、案例基本理论及案例教学重点与建议四部分。

案例使用说明是辅助教师进行案例教学，引导学生完成演绎、归纳、类比逻辑过程的工具。因此，案例使用说明的编写应以授课教师为核心对象，由浅

---

① 需要说明的是，表中所列的三个案例库收录的案例以工商管理类案例为主，但从案例使用说明书的架构要求来看，与公共管理案例的要求基本上是一致的。

入深，涵盖案例教学课前、课中、课后的全过程，以及案例的简要情节与相应理论。其中，教学目的与用途、理论依据与分析、启发思考题、补充阅读材料、案例核心问题与基本问题等可以帮助授课教师在课前了解案例的主旨大意，并对其如何引导学生进行课前准备工作提供参考；案例分析思路、课堂教学计划、课堂讨论题和课堂板书设计等主要为教师的授课过程提供思路和框架。教学目的与用途是案例教学的最终目标，案例核心问题与基本问题是案例授课的主线，案例分析思路与课堂讨论问题是教学的内容。分析思路是教师沿着教学主线引导学生的逻辑过程，在课堂中依靠课堂讨论题进行展开，课堂讨论题是启发思考题的深化与具体形式，根据分析思路的逻辑进行设计。课堂教学计划是整个的授课安排，其与课堂板书都是课堂讨论题、分析思路的表现形式。[①]

由此看来，一个完整的案例说明，至少应当包含教学目标、适用对象、理论依据与分析、启发思考题、课堂安排、教学支持等基本要素。案例编写者可以在这些要素中适当安排内容的比例，也可以在这些要素之外适当补充其他需要说明的内容。

二、案例使用说明的编写

前面提到，由于对于公共管理案例说明的架构没有统一的认识和要求。因此，在架构要素的编写中可以根据编者的理解灵活安排。但是，在案例说明中关键的、基本的要素是必选项目，应当认真撰写。根据全国公共管理专业学位研究生教育指导委员会在征集和评选中国专业学位案例中心公共管理案例库入库时的要求，提交的案例中应当有案例说明书，案例说明书一般应包括课前准备、适用对象、教学目标、要点分析、课堂安排、其他教学支持等6个部分。[②]

（一）课前准备的编写

需要程序性地提醒课前需安排的事项。

首先要明确教师在课前需要做哪些准备工作。例如，对要求教师对案例的基本内容、主要问题、争论焦点、相关知识，包括教学过程中可能发生的问题等做到胸中有数、心里有底。

---

① 朱方伟，孙秀霞，宋昊阳.管理案例采编[M].北京：科学出版社，2014：193-194.
② 参见：全国公共管理专业学位研究生教育指导委员会在征集和评选中国专业学位案例中心公共管理案例库入库时制定的文件《公共管理教学案例基本结构及相关要求》（附录一）。

案例课堂的组织实施是在教师和学员两个主体之间进行的积极对话与合作，因此在案例课堂组织之前，除了教师要吃透案例的情节与背景之外，学员也应该在案例讨论课之前做好各种准备工作，如搜集案例背景材料、研究相关理论以及开展非正式的辩论等。这样在案例课堂过程中，学员就能针对既定案例主动发言，讲出自己独立思考的观点和判断，并能有理有据地展开讨论与争辩。

案例教学还需具备一定的教学设施，有些公共管理案例的运用需要进行现场模拟、情景再现等方法，为此需要专门准备案例教学设计的专用教室等硬件。有的案例在教学应用时，还可能需要准备相关专家和人员的聘请、场景的布置和道具的准备等。这些课前准备的内容也需要在使用说明中加以明确，以便案例使用，教师在开展案例教学前提前做好准备。

因此，在案例教学使用说明编写时，对课前准备工作应当提出全面、细致的要求。提醒或建议案例使用教师不仅要从纵向上把握各个主要的基本环节，还要从横向上把握好各个相关的要素，做好相关方面的准备。

（二）适用对象的编写

说明案例读者的定位或作者希望的读者群体。就教学案例来说，适用对象的设定与案例的难度等级定位相关，通常低难度的案例更适用于本科生或低年级的研究生，而高难度的案例可应用于高年级研究生以及有公共管理经验的专业学位研究生的课堂教学。在案例采编工作中，案例采编者就是根据不同的适用对象对案例的需求，从分析维度、概念维度和表述维度对所要采编的案例难度预先进行了设定。因此，该部分也可以从具体维度的难度等级上考虑教学对象的适用情况。例如，分析难度定位高级的案例，更适用于拥有实际公共管理经验且具有一定理论基础的专业学位研究生；而概念难度定位高级的案例，更适用于理论知识储备丰富的高年级研究生。

例如，笔者创作的案例《小城'的'事——公共决策过程中的利益表达与利益平衡》（案例入库号：201712520113），本案例主要为公共管理专业学位研究生学习开发，适合有一定工作经验的学员和管理者学习。该案例中的相关理论难度不大，主要检验和锻炼学员利用公共管理理论分析、解释和解决现实公共管理难题的能力，对分析难度定位级别较高，更适用于拥有实际公共管理经验且具有一定理论基础的专业学位研究生。

（三）教学目标的编写

该部分需要详细介绍案例教学目的，要明确到具体课程的知识点，提出本案例需要解决的关键问题。

案例所调研的素材、案例主体的编写都是在既定的知识点范围内展开的，这意味着案例正文适用的课程是在整个案例采编前期就已经确定的。在案例使用说明中，可以对案例所适用的课程加以建议，通常一篇专业型案例会对应明确的专业课程，而综合型案例可能会涉及多门相关课程。

例如，案例《小城'的'事——公共决策过程中的利益表达与利益平衡》（案例入库号：201712520113），案例的知识点，让学生掌握的重点问题是公共政策制定执行过程中的利益表达、利益平衡和利益整合问题。涉及的知识点包括公共政策中的利益表达、利益平衡、决策中对多数人的歧视（bias against the majority）等理论，涵盖公共管理专业学位教育中《政治学》《公共管理学》《公共政策分析》等课程，可以在这些课程的教学中应用。

知识点所反映的是案例教学对概念维度的需求，教学目标通常表述为对相关概念和公共管理理论的了解、理解或掌握。另外，在案例教学方法中，除了重视对学生概念维度的训练之外，还应注重对分析维度等的训练，既向学生传授公共管理基本知识，同时又锻炼学生运用公共管理理论解释和解决公共管理实际问题的能力。因此，在编写教学目标时，应当将所传授的知识点和要解决的关键问题进行详细说明。

案例采编者在撰写教学目标时，还应当注意几个关键问题。一是教学目标应当是明确的，不能含糊其词。对于教学目标中涉及哪些知识点的学习，涉及哪些能力的训练以及哪些观念的教育，都应当尽量一一列出。二是条理要清晰，避免逻辑混乱。案例的教学目标应当是系统规划的，描述时要遵循内在逻辑和层次，便于案例使用教师阅读参考。三是内容要有引导性和启发性，而非狭隘的局限。所列的教学目标和用途要有一定的弹性，更多的是起到建议的作用，应给案例使用教师留有一定的开放性思考的空间。

（四）教学内容及要点分析的编写

这部分是案例说明书的核心部分，也是案例说明书的难点，需要精心构思和安排。要将精心设计、隐藏在案例正文中的问题逐一挖出并展开深入分析。这部分很大程度上决定了使用该案例进行教学是否有理论深度、是否有思考分析的空间、是否能引起争论、是否能达到良好的教学效果。

由于案例编写是围绕着一定教学目的和实现该教学目的的理论和思想而设计的一组教程的方案，在案例使用说明中明确出案例教学可能用到的基本理论和知识、基本原理和事实，对于案例的教学和学习都十分有必要。案例使用说明中提供的教学内容与分析是教师有效引导学生展开讨论的理论基础，也是学生开展有效案例分析与讨论所要储备的基础知识。

采编者在编写该部分内容时，可以分两部分进行撰写。第一部分是教学所要传授的基本理论介绍。根据案例分析可能会使用到的理论点，介绍理论的基本定义、涵盖内容、所属学科等，进行简单的概念介绍，可以作为案例使用教师的辅助教材，同时也可以作为布置给学生课前预习与学习的资料，以使学生在案例学习之初对案例所涉及的知识有大致的了解，并通过该理论内容提供学生进一步学习理论的渠道，促使他们为很好地理解案例而提前进行知识储备，奠定一定的理论基础，同时也能达到通过案例传授公共管理知识的目的。

第二部分是理论分析的撰写，在第一部分介绍的基本理论的基础上，提出其相对应的案例情节故事，然后再结合案例情境对该理论的运用做必要的分析，将之交融对应，说明在教学中如何由案例情节分析得到理论，再结合理论分析情节。

例如，笔者创作的案例《滕州弊案中的'塔西佗陷阱'》使用说明中理论分析部分的内容安排，第一段是从该理论的提出入手，介绍西方政治学里的定律之一"塔西佗陷阱"的概念与内涵；第二段是结合案例对该理论进行分析，介绍"塔西佗陷阱"在滕州弊案整个过程中的表现。

（五）教学安排的编写

这部分同样是案例说明书的核心部分，与教学内容及要点分析共同构成案例说明书的难点。这部分需要对案例课堂教学的内容和每部分所用的时间以及教学节奏进行全程详细地安排，这部分安排得是否合理得当、是否具有可操作性决定了案例课堂讨论的效果和质量。

教学安排是案例采编者给案例使用者提供的建议教学执行方案，包括课堂的组织过程、时间分配、教学形式等，需要案例采编者根据自己对案例内容的理解和个人教学经验对每一环节提出相应的教学建议。

以采取分组讨论形式的案例教学为例，案例课堂教学组织过程包括案例概述、小组讨论、班级讨论、评价与总结等众多环节。为使教学时间得到有效利用，制订课堂时间的分配计划是很有必要，特别是对那些教学经验少、对课堂的驾驭和控制能力较差的教师更是如此。一般来讲，一次案例课的课堂时间为80~90分钟，具体的时间分配可以根据课堂安排的不同进行调整（表7-2）。

表 7-2　建议的具体时间分配计划

环　节	时间分配
案例概述	5～10 分钟
小组讨论	15～25 分钟
班级讨论	45～60 分钟
评价与总结	5～10 分钟

同样，如果采取情景模拟的形式进行案例教学，在总的时间一致的情况下，可以在案例概述、模拟听证、评价与总结、问答与机动各环节提出分配建议。

例如，笔者创作的案例《小城"的"事——公共决策过程中的利益表达与利益平衡》（案例入库号：201712520113），教学安排的编写如下：

本课程可以采用讨论式、辩论式或场景模拟式教学方式。下面仅以场景模拟式教学进行课堂安排。教学时间为 2 课时。

（1）全班成员按照听证会的要求进行角色模拟，分别扮演听证会主持人、出租汽车驾驶员代表、出租汽车企业代表、消费者代表、公交企业代表、专家代表、人大代表、政协委员代表、物价部门代表等，模拟一场"泰安市城区新增客运出租汽车 400 辆"或"泰安市上调出租车运营价格"的听证会。

（2）将案例主体提前分发给学生阅读，布置学生收集相关资料，熟悉听证会流程。要求每个学员（尽管有的角色可能需要几个不同的学员扮演）都要根据自己的角色进行前期调研，了解所代表的利益群体的诉求和态度，了解各自所代表的角色的立场、责任，准备在听证会上的发言和辩论提纲。

（3）上课时，老师再简单介绍案例，重点将教学模拟活动的主题点明，以避免脱离主题。接下来，老师组织学生按照听证会的规范程序让学生自主主持完成一场模拟的听证会。老师在旁听的过程中，应从全局观察学生的表现，把握学生表达的立场和观点，为后面相关知识的讲解做好铺垫。

（4）老师对模拟听证会的情况进行点评，对案例中体现的相关政府治理、政府决策中的公众参与、利益表达和利益整合等相关理论问题进行讲解。

案例讨论时间：课堂时间控制在 80～90 分钟。如下是按照时间进度提供的课堂计划建议，仅供参考。

案例概述：带领学生回顾案例内容，明确主题。5～10 分钟

模拟听证：由学生自主主持按照角色分配完成。50～60 分钟

评价与总结：对知识点进行梳理与案例总结。5～10分钟

问答与机动：回答学生的一些额外问题等。5～10分钟

（六）启发思考题的编写

启发思考题是案例采编者提供给读者的准备资料，需要通过问题的回答，促使读者尽快进入决策角色，保证对知识点进行提前储备和对案例核心问题的重点把握。启发思考题一般要指明案例中需要解决的突出矛盾问题，以带领读者尽快进入案例决策者的状态，同时也要指明与案例情节相对应的理论问题，通过隐含的教学意图，引导案例读者在理解案例的同时，主动补充相应的理论知识，以使其具备能够充当案例决策者进行决策的知识与能力。

针对不同的读者群体，启发思考题有着不同的作用：对于授课教师来说，启发思考题起到了建议教师如何使用该案例的作用，帮助教师进行课前准备，建立理论知识到案例实践的演绎逻辑；对于学生来讲，启发思考题起到了启示思考、预习案例的作用，教师可以将其作为课前预习作业，提前布置给学生，给学生一些提示，以督促学生了解案例涉及的相关知识，帮助学生尽快地进入案例决策角色，更深入地理解案例的核心问题。

由于启发思考题发挥了较强的启发导向作用。因此，案例作者在设计思考题时应该进行启发式引导、情境式设问，以引起学生的心理共鸣，同时保持问题之间的关联性，造成一定悬念，诱发学生的学习兴趣和求知需求，以提高思维的主动性，从而调动学生学习的积极性。问题的设置一方面要结合案例核心内容，围绕教学目标，与知识相关、经验相关和题材相关，具有启发性，督促学生主动学习与挖掘案例背后的理论知识，以分析问题、解决问题，而不是靠机械的记忆来回答问题。另一方面，问题设置要简洁、微妙、精练，问题内容应具有一定的开放性、延展性和归纳性，尽量不要直接提问相关理论知识原理或将问题设定得太大，以免引起学生枯燥无聊的抵触情绪。[①]

除了上述内容之外，在案例使用说明中，补充材料及其他内容（包括一些辅助的信息资料、计算机支持和视听辅助手段支持等），可以根据案例的具体情况选择编写。

---

① 朱方伟，孙秀霞，宋昊阳．管理案例采编[M]．北京：科学出版社，2014:200-202．

第八章 公共管理案例采编伦理

任何以"人"为对象的社会调查研究都要关注和贯彻社会伦理问题，案例采编过程实则是采编者与案例采集所涉调查对象者两个主体间的人际互动，这其中，案例采编的目标实现不仅要求采集者遵法守信、细致严谨、客观公正，同时还要求采集者真正做到为被调查者着想，案例采编工作要在伦理框架内进行。

第一节 公共管理案例信息采集中的匿名与保密

公共案例采编过程中不可避免地会涉及他人的隐私与个人信息，坚持匿名与保密原则是基于对个人隐私权的尊重与个人信息安全的保护。隐私权是指自然人享有的私人生活安宁与私人信息秘密依法受到保护，不被他人非法侵扰、知悉、收集、利用和公开的一种人格权，权利主体对他人在何种程度上可以介入自己的私生活，对自己的隐私是否向他人公开以及公开的人群范围和程度等具有决定权。个人信息是以电子或者其他方式记录的能够单独或者与其他信息结合识别自然人个人身份的各种信息，包括但不限于自然人的姓名、出生日期、身份证件码、个人生物识别信息、住址、电话号码等。具体而言，这些信息可主要包括敏感信息，如生理与心理特征、年龄、籍贯、出身、婚姻、学历、病历、犯罪历史，以及思想信念、宗教信仰、政治态度等；顾客信息，如工资收入、个人财产、家庭构成、消费倾向、业余爱好等；信用信息，如储蓄、国债、股票、保险、借贷、纳税情况等个人金融信息等。

在案例采编中维护调查对象的个人隐私与个人信息，通常采用匿名和保密这两种方式。其共同点是把调查对象的真实身份与其提供的个人调查答案区分开来，分别处理，以便完成收集资料之后不暴露调查对象的真实身份，或者不暴露调查对象所提供的个人调查答案。

一、案例采集过程中的匿名

匿名指的是不署名或不署真实姓名,即指隐瞒身份、个人特征或不说明是什么人物。匿名贯穿于案例采集工作的全过程。在采用问卷调查、网络调查采集案例信息的过程中,当调查者无法辨识某个回答的调查对象时,这个调查对象可以说是匿名的。在采用访谈、座谈、实地、实验等方法采集案例信息时,因为被调查的对象是可辨识的,所以是无法匿名的,但在基于调查所形成的文字性材料中,被调查对象仍然是可以匿名的。

问卷调查、网络调查中确保匿名,不但能使调查对象感到安心,而且也能提高回答的客观性。例如,当调查者询问有关偏差行为问题时,只有匿名,调查对象才可能提供真实的回答。不过,当问卷写上辨识号码以助于追踪即提升回收率时,匿名性就会有问题。还有,匿名问卷时,即使有少数调查对象自愿透露自己的姓名,调查者见到后也应当立即把它抹掉。

二、案例信息采集中的保密

在案例信息采集中,通过问卷调查、网络调查而获知的他人隐私与个人信息自然可以通过匿名而实现为他人保守秘密的目的。但对访谈、座谈、实地、实验(包括蹲点、试点)等调查来说,因为调查者知道调查对象的真实身份及其回答而无法实现匿名,保密就显得格外重要。案例采集中遵守保密原则需坚持做到以下几点:

第一,保密承诺。调查者在调查之前应向调查对象口头上或书面承诺保密原则,告诉对方自己在任何情况下都不会暴露他们的姓名和身份。保密承诺既是对他人人格的尊重,又可以打消被调查者的顾虑而保证案例材料的客观真实,同时也是对案例采集者的一种内在约束。

第二,保密使用。在撰写案例时,一切与被调查对象有关的人名、地名和单位名都将使用匿名或化名,必要时还应该删除那些敏感性材料。案例是用来反映或解决现实社会问题的,案例所涉及的人名、地名、单位往往具有可替代性,即使某项信息必须实名(不包括人名),必须保证实名的信息不能形成对调查对象的可辨识性。这些看起来似乎都是些琐碎细小的事,但在调查过程中是绝对不可忽视的。

第三,材料的妥善保存。在案例采集过程中会留下调查对象的相关资料及工作记录,工作人员都应当遵循保密原则,有条件的应该实现有档案库房或机密档案柜,不能随意堆放或任意查阅;而对于档案里的相关记录和内容,更不应该泄露。随着通信工具的现代化，或许案例采集工作者的电脑里记录了大量的案例发生方资料、信息、工作笔记等，有的通过上传、交流或通信，可能还会出现在网络中。因此，案例采集工作者必须注意严格审核上网的有关信息。通过邮箱、短信、聊天记录开展工作也不能忘记保密原则，对于非常重要的信息有必要进行书面记录及密封保存。现实中有调查者可能由于粗心大意，将一些敏感性材料文件放置在无关人员可能会看到的地方，调查者还有可能在与他人的闲聊中不经意地谈到他们的调查对象，这些都是极不应该的。特别是当被调查者不止一个人，而他们在调查过程中又彼此认识的情况下，调查者应该特别注意不要在他们中间传播彼此的情况，并且告诫他们不要将彼此的情况告诉其他人。

第四，材料处理。当案例编纂完成时，或当调查手段的使用结束时，调查者要销毁调查资料或者继续对其保密存放。

在最后完成的调查报告或案例中，原则上也不该包括能够辨识出个人身份的任何陈述。有的调查报告通常会在前面或后面点名向有关人员致谢，如果调查者在这时明确列出被调查者的名字，则为他们制造匿名的努力便会前功尽弃。在没有与被调查者就这个问题达成一致意见时，一般的做法是在致谢部分不提及被调查者的真实姓名、生活和工作地点。可见，调查者只要采取一些必要的措施，是可以避免或减少泄密发生的。尊重对方的隐私，就是尊重对方的人格，也就是尊重调查者自己。

第二节 公共管理案例编写的掩饰与许可

前面讨论了在案例采集信息阶段对某些信息进行保密的重要性，也谈到了一些具体的保密措施。其中，最为重要的一个做法就是在案例最终的编写和出版时对一些名称和数据进行掩饰。案例掩饰属于案例写作中的细节问题，但是却是案例采编的重要伦理要求，也事关案例最终能否公开发表以及公开使用。

一、案例掩饰

案例作者在案例编写时对一些名称和数据等的掩饰，旨在消除案例中的案例发生方对相关信息公开可能带来的负面影响的顾虑，特别是在一些以描写重大决策失误、重大责任事件、揭露阴暗面等的公共管理案例中，都很有必要将资料的来源进行掩饰，以保护信息数据的安全。

（一）案例掩饰的必要性

公共管理案例研究的领域非常广泛，案例所描写的内容中会涉及各类主体。通常情况下，成为公共案例描写对象的主要是政府机关、事业单位、社会自治组织等，有些情况下，企业也可能会成为公共管理案例的案例发生方。对于公共案例的案例发生方而言，如果仅为强调案例的真实性而不经任何的掩饰，极有可能会给它们带来不必要的麻烦。

一方面是出于对信息安全的考虑，某些案例对象不同意公开一些涉密的文件、技术及相关数据，这其中有些信息还有可能会影响社会稳定乃至国家安全。因此，会要求案例作者在编写案例时对这些信息进行掩饰处理，以免泄露机密。另一个方面，在一些负面事件中，案例的对象出于对自身形象的考虑，也不愿意向外界公开自身存在的问题。这样就需要通过对案例中对象的名称进行匿名或化名等方式来保护案例发生方的形象。例如，许多案例中用字母代替案例中描写的案例对象：《HD 市 SM 区山寨村违章建筑拆除始末：体制与机制的碰撞》（案例入库号：201412520119）、《低保"救命钱"何故沦为"唐僧肉"——湘西北 H 县低保乱象问题探究》（案例入库号：201912520142），还有许多案例在编写时直接用化名替代：《外科主任的困惑——公立医院临床科室绩效考什么，如何评？》（案例入库号：201812520004），为保护相关人员，医院与人均使用了化名。

（二）掩饰的真实性原则

案例的真实性是公共管理案例最基本的特征和最重要的要求。因此，在进行案例掩饰的时候也必须遵循真实性原则。在进行案例掩饰的时候不能脱离案例事件、案件过程及案例对象的实际而弄虚作假，虽然经过掩饰，但这些掩饰不能影响案例的真实情境。

就案例内容而言，所做的对案例发生方名称等的掩饰并不能否定案例来源的真实性。案例情境的设计也要在真实性的基础上进行适度的修饰。必须保证案例确实来自公共管理的真实情境，不能为了追求可读性而对案例进行过度的修饰加工，甚于编造故事情境。在使用字母替代或者化名时，也要掌握一定的掩饰技巧，避免模糊不清的、随意的表述，尽量让读者感觉是真实存在的人名。例如，案例《李雷和韩梅梅买房记》（案例入库号：201712520365）中的"李雷和韩梅梅"；也可以使用案例中人物的职务加上姓氏来对人物姓名进行掩饰。如案例《王书记的困惑》（案例入库号：201712520293）中的"王书记"。

二、案例许可

案例在发表、出版或在课堂上公开使用前必须得到案例发生方的正式授权。因此，案例许可就是指案例作者与案例发生方之间签署的同意出版和使用该案例的正式承诺，通常可以以许可协议或授权书的形式表达。

（一）案例许可的重要性

为了不引发侵权以及不必要的伦理争端，案例许可就变得非常重要。教育部学位与研究生教育发展中心和全国公共管理专业学位研究生教育指导委员会在征集公共管理教学案例时，就特别要求：案例作者已与案例发生方就案例内容达成授权协议，不涉及保密以及其他存在争议的内容。

案例许可的重要性，一方面表现在能够证明安全来源的真实性，即表明案例作者真正到案例发生现场进行了实地调查，所采集的案例信息、案例所描述的情节和所涉及的数据得到了案例发生方的确认，确实是当时公共管理情境的真实再现。另一方面，通过案例许可能够确保使用案例的安全性，避免不必要的纷争。即通过版权声明和免责条款为案例的使用提供法律保障，可以有效避免因案例发生方对案例使用的态度发生变化而可能导致的纠纷。此外，案例许可对案例作者和案例发生方之间保持良好的合作关系起到桥梁作用，这种诚信合作能够促进双方的相互信任，为今后进行跟踪研究和深度研究奠定良好的基础。

（二）获得案例许可的技巧

获得案例发生方的认同和授权并非易事，特别是在案例有可能涉及案例发生方不愿意公开的对其负面评价的内容时。这就要求案例作者在整个案例采编过程中都有同案例发生方保持足够的沟通，使他们明确案例的写作进程，及时了解案例的内容和进度。

同时，要及时听取案例发生方提出的不同意见，做好必要的匿名掩饰处理。如果案例发生方认为案例内容与事实或与其期望不符，如掩饰不当、描述过于主观等，要在尊重案例事实和发生方意见的基础上，对案例文本进行修改完善。这些工作要在案例采编的每一个环节都要及时去做，不能等到案例完成后再找案例发生方签署授权协议，这样很容易造成因案例发生方对案例内容不满意而拒绝授权许可的情况。

此外，在案例定稿后，案例作者要亲自到案例发生方处请求对方给予案例许可。去的时候最好带一份案例写作总结、感谢信，同时准备一份作者以前发表过的案例文及获得的授权书,这有利于让案例发生方了解到案例采编团队的专业精神,也有利于获得案例发生方的信任。从而打消案例发生方的顾虑,获得案例出版授权。

第三节 公共管理案例采编中的学术规范

在公共案例采编中,从案例选题到案例信息采集的社会调查再到案例的写作与使用或正式发表必然会有一个遵守学术规范的问题。所谓学术规范,是指由知识共同体所共同认可和接受的规则。学者杨守建在《中国学术腐败批判》一书中,把学术规范分为"原则性规范"和"技术性规范"两个层次。一是原则性规范,是指各学科都得遵守而且能够遵守的普适性的学术规范。如对前人研究成果的充分尊重,使用材料的客观性,分析推理的逻辑性,所得成果要有所创新、要有知识增量等;二是技术性规范,是根据不同学科特点在技术层面上制定的一系列可操作的学术规范。在此,仅从案例采编活动的视角来分析应该如何遵守学术规范的问题。

一、案例选题阶段的规范要求

在案例选题阶段,必须遵守以下几点:

第一,选题时要尽可能花时间查阅与自己选题有关的前人或同时代人的已有成果,了解已有成果的背景、内容和方法。在查阅的基础上,还要梳理、总结在该问题上他人已经取得了哪些成果,还存在哪些不足,然后提出自己的题目。这样做,既是对别人劳动的尊重,又可以避免进行无意义的重复劳动。

第二,在了解他人成果时,要摒弃任何学术研究以外的因素,客观地给予评价。既不随意夸大,又不任意贬低。

第三,实事求是地说明自己的选题与已有成果之间的关系。因为对于大多数选题涉及的领域和内容,前人或同时代人都可能涉足调查研究过,想要找到所谓的"空白"并不容易。

二、案例信息采集阶段的规范要求

在案例信息采集的社会调查阶段,必须遵守以下几点:

第一，要做到客观真实准确，就必须真正深入调查研究。坚持走群众路线，深入到群众中、深入生活，是搞好社会调查的必由之路。看问题要客观，不能想当然，不能主观臆断，不能把自己的观点强加于人。例如，谈话中切不可流露出调查者本人对这些问题的意见或好恶等态度倾向。如果做出这种引导性的意见，社会调查便失去了它的意义。

第二，在调查中，要有不畏艰苦、不怕困难和麻烦的敬业精神。例如，著名的社会学家费孝通先生为了了解瑶族山区的社会情况，亲自与妻子王同惠深入茫茫大山之中进行调查，王同惠就是在与费孝通一起做社会调查的过程中，不幸遭遇山洪，献出了年轻的生命。

第三，调查中始终要有谦虚、好学的态度。谦虚与好学是和骄傲与懈怠相对立的规范，是同一种优良品质互为因果的两个方面。一个调查人员越是谦虚，就越感到自己的不足，进而会更加勤奋地学习，以弥补自己的不足。反过来，他越是勤奋好学，掌握的知识就越多，掌握的知识越多，就越会感到不懂的东西越多，因而会更加谦虚谨慎。当然，谦虚也不是对自己的一味否定或是对别人无原则的赞同，而是对人对己实事求是的一种态度。谦虚的人也不是没有缺点，而是一旦发现了自己的缺点，就能够诚恳地进行自我批评，并努力改正。另外，谦虚本身也不是目的，而是为了更好地向他人学习。

三、案例信息分析论证阶段的规范要求

在对案例采集信息的分析、论证阶段，必须遵守：

第一，要坚持理性精神。理性精神即是要求社会调查人员对社会现象的认识不能停留于感性认识层次，而要上升到理性的高度，要求社会调查人员对社会调查资料的分析论证符合逻辑（而不是个别的或偶然的），并由此正确地发现规律。

第二，要坚持实证原则。社会调查是对社会的实证研究，因而社会调查的结论必须从实践中获得，要经得起实践的检验。同时，论证过程要严谨。不管是对所提假设的证实，还是对已有调查结论的证伪，调查者都要做到：概念必须界定、必须准确，立论必须有据，论证必须严密。

第三，要坚持辩证态度。社会调查人员要克服主观性、片面性和表面性。努力做到"四不唯"：不唯上级领导机关或某个权威人士的意图而取舍事实；不唯书本上已有的结论或框框所禁锢；不唯大多数人的看法所左右；不唯自己固有的观念为转移。

四、案例撰写、发表阶段的规范要求

在公共管理案例的撰写、发表阶段，必须遵守：

第一，尽可能准确地为自己的调查研究进行学术史或社会调查史定位，交代清楚进行社会调查的背景，点明自己获得的调查成果处于怎样的地位，有什么价值。通常的做法是在"开篇"就对自己的调查问题进行一个简要的介绍。指出这一调查题目已推进到怎样一个程度，取得了哪些成果、研究现状如何，还有哪些不足。提出自己调查的目的和准备讨论的问题，点明自己涉足这一问题打算在哪些方面对调查研究有所推进等。

第二，通过规范的学术引文、注释等来体现对别人的劳动成果的充分尊重和对已有知识的尊重。社会调查及其成果的撰写、发表是专业性、综合性很强的工作，限于学力，调查者就不得不引述其他学者的调查研究。遵守学术规范的调查者会注意合理使用引文，对已有调研成果的介绍、评论、引用和注释，应力求客观、公允、准确。一般来说，引文应以原始文献和第一手资料为原则。凡引用他人观点、方案、资料、数据等，无论是否发表过，无论是纸质或电子版，均应详加注释。凡转引文献资料，应如实说明。

综上所述，公共管理案例采编中的伦理道德问题是一个十分复杂而又非常重要和紧迫的问题。它不仅涉及所有与案例采编有关的人，还贯穿于案例采编的全过程；不仅关系到案例采编的结论是否可靠、案例采编是否成功，更会影响到学术道德风气的清正。因此，在案例采编过程中，必须始终慎重对待采编中的伦理道德问题，激发和增强案例采编人员的社会责任感，可以使他们更加严谨地投身于公共管理案例采编工作，更好地完成公共管理案例采编任务。

第九章 公共管理案例评审和修订

公共管理案例评审是对撰写完成的案例进行评价、审查，通过评审合格后纳入公共管理案例库的活动，这是提高公共管理案例质量的重要环节，也是公共管理案例库建设质量的保障。随着公共管理案例教学的普及和深入，自编案例的数量逐渐增多，中国的很多组织和高校也都建立了自己的公共管理案例库，每个案例库都会在征集入库案例时设定一定的入库标准和评审流程。例如，教育部学位与研究生教育发展中心和全国公共管理专业学位研究生教育指导委员会在征集公共管理教学案例时，制定的公共管理案例评审表中明确了评审的标准，设定的评审指标包括案例正文、案例使用手册、文稿质量三个维度12项具体指标。尽管这些评审的内容、标准、流程等不尽相同，但是部分内容和程序经过多年实践的检验已经达成共识，成为各个案例库基本都会遵循的规范。

第一节 公共管理案例评审标准

评审标准又称评判标准是指人们在评价活动中应用于对象的价值尺度和界限。一个好案例到底是什么样的？不同的人——学生、教师、案例采编者，或是从事公共管理的人员由于看问题的角度不同会有不同的回答。从公共管理案例库建设的角度来看，由于公共管理案例是为教学活动准备的文字材料。因此，对公共案例的评价主要从文字的基本表达与功能实现两方面进行，具体而言可着眼于选题、表达、结构和教学目的实现四个方面。

一、选题方面的标准

在前面的章节中,我们讨论过公共管理案例选题的重要性和应当坚持的原则,在案例评审过程中,一个很重要的标准就是看所编写的案例有没有很好的贯彻这些原则和要求。

(一)选题的典型性与真实性

一个好的案例必须包含一个典型的问题或问题情境——没有问题或问题情境不能算案例,问题或问题情境缺乏典型性也不能算案例;典型案例必须确保主体事件的真实性,不是案例撰写者的主观臆想或编造。

(二)选题的时代性与生活性

一个好的公共管理案例描述的应当是现实公共管理实践的生活场景——案例的叙述要把事件置于一个时空框架之中,应该以关注当下所面临的疑难问题为着眼点,至少应该是近 5 年发生的事情,展示的整个事实材料应该与整个时代及教学背景相照应,这样的案例读者更愿意接触。一个好的案例可以使读者有身临其境的感觉,并对案例所涉及的人产生移情作用。

二、案例表达方面的标准

案例的表达影响着案例的可读性,是吸引学员深入研读并从中获得启示及获取公共管理知识的重要条件。

(一)信息的丰富性与完整性

案例内容会根据教学目的的不同而改变,案例有长有短,有广泛的,也有只限于某一方面的,其主题范围则几乎是无限制的。案例要使人能够感同身受、身临其境地对文中的单位、情境和所涉及的人物认同,从而进入角色。因此,案例要包含足够的信息以帮助学生决策。同时,案例写作必须持一种客观的态度,因此可引述一些口头的或书面的、正式或非正式的材料,如对话、笔记、信函等,以增强案例的真实感和可读性。由于孤证不立,所以各种材料要有所联系的相互印证,形成一条稳定的证明链。重要的事实性材料应注明资料来源,增强权威的可视性。

(二)详略得当,主题突出

一个好的案例要把注意力集中在一个中心论题上——要突出一个主题,如果是多个主题的话,叙述就会显得杂乱无章,难以把握住事件发生的主线。

（三）可读性与客观性

一个好的案例应该讲述一个故事——案例必须要有完整而生动的情节。教学案例应该具有足够赖以进行深入分析的信息，需要读者运用案例中的信息进行逻辑分析和批判性的思考，使读者能够理清思路、把握问题并提出有针对性的解决方案。要能把事件发生的时间、地点、人物等，按照一定的结构展示出来，同时，对事件的叙述和点评也是其中必要的组成部分，最好包含一些戏剧性的冲突。对于课堂教学案例来说，应该有学生围绕某一个讨论的中心问题，表达他们不同见解的波澜起伏的过程性教学冲突。当然，在这个过程中也要注意保持表述的客观性，注意不要过分地渲染自己的个人情绪或情感，以免使案例的重心发生偏移。

（四）表象与本质的统一性

案例是对事件的客观描述，这只是案例表达的一个浅表层次。一个好的案例，还必须理清问题的性质，案例所说的问题是何种性质？是教学策略问题，还是学生行为问题，抑或是师生关系问题，等等。这是案例分析的关键，不要让纷至沓来的信息干扰了自己对问题性质的基本判断。

（五）公共事务的关切性

一个好的案例要能反映教师工作的复杂性及其内心世界，案例要揭示出案例当事人的内心世界，如态度、动机、需要，等等。换句话说，要围绕一定的问题，展示教师在实践中发现问题、分析问题、解决问题、反思自身发展的心路历程。

三、案例结构方面的标准

（一）决策点的恰当性

教学案例的一个重要目的是搭建学生分析和讨论的平台，因此恰当的决策点在案例中具有十分显著的作用，某种程度上可以称为是案例的"灵魂"。为了明确决策点，可以按照教学目的的不同，着重突出一篇案例的某些部分，甚至可以在不影响案例主体事件真实性的前提下，对案例细节进行适当虚拟。

（二）谋篇布局的合理性

一篇好的案例，通常内容裁剪得当，并能突出关键之处。其中，特别要埋下知识的"暗线"，这就要求案例的撰写者在收集材料的过程中要做到心中装着预定的教学目的和知识点。这方面虽然没有标准的内容选择指南，以下两个方面还是值得参考的。第一，一个好的案例需要针对面临的疑难问题提出解决办法，案例不能只是提出问题，它必须提出解决问题的主要思路、具体措施，并包含着解决问题的详细过程，这应该是案例写作的重点。如果一个问题可以提出多种解决办法的话，那么最为适宜的方案，就应该是与特定的背景材料相关最密切的那一个。如果有普遍适用的解决问题的办法，那么案例这种形式就不必要存在了。第二，布局方案应当是具有启迪性的，引导人们主动交互式学习，而不是单向灌输。教学案例应至少提出一个没有明显正确答案的问题，一定要能够引起讨论和争论。要培养学习者在工作中举一反三应用的能力。一个好的案例需要有对已经做出的解决问题的决策的评价，评价是为了给新的决策提供参考点。可在案例的开头或结尾写下案例作者对自己解决问题策略的评论，以点明案例的基本论点及其价值。

四、教学目的实现方面的标准

案例最终是用于教学，案例满足教学目的实现程度无疑是案例评价的一个重要指标，与教学相联系，一个好的案例至少应满足教学目标明确、思考题恰当、知识点适配、课堂计划合理等标准。

（一）教学目标的明确性

撰写教学案例的首要目的是用于案例教学，因此教学目标明确是最基本的要求。每一份教学使用说明都是针对某一特定课程编写的。尽管有的综合性案例可以从不同学科领域找到不同知识点与之对应，但是对于案例开发者本人来说，只有一个最擅长的领域，案例开发者应聚焦于特定课程的特定知识点来编撰案例使用说明，适用的课程不宜过多。

（二）思考题的恰当性

思考题应从最基本的只需要学生了解案例事实就能回答的问题开始，然后再问那些需要做出判断和提出有根据论点的问题。思考题可以作为"启动"课堂讨论的钥匙，也可以是介绍中心概念的"引子"。思考题应设计得符合教学目标并能有效调动学员讨论的积极性。

（三）知识点的适配性和课堂计划的合理

知识点适配性指标反映了案例撰写者对案例素材和知识点的综合驾驭能力。课堂计划的合理性则强调案例撰写者对不同议程的时间分配和案例分析开展情况。好的课堂计划必定经过案例开发者的多次课堂应用，在此过程中不断修正完整，真实反映了开发者对课堂的掌控情况，具有很大的借鉴价值。

第二节 公共管理案例评审的流程

不同的案例库不仅对案例的评审标准要求不尽相同，评审的流程也不同。但总的来看，其基本的评审思路和评审过程又有着高度的一致性。下面以《中国专业学位案例公共管理案例库》的评审流程为例介绍公共管理案例评审的一般流程，如图9-1所示。

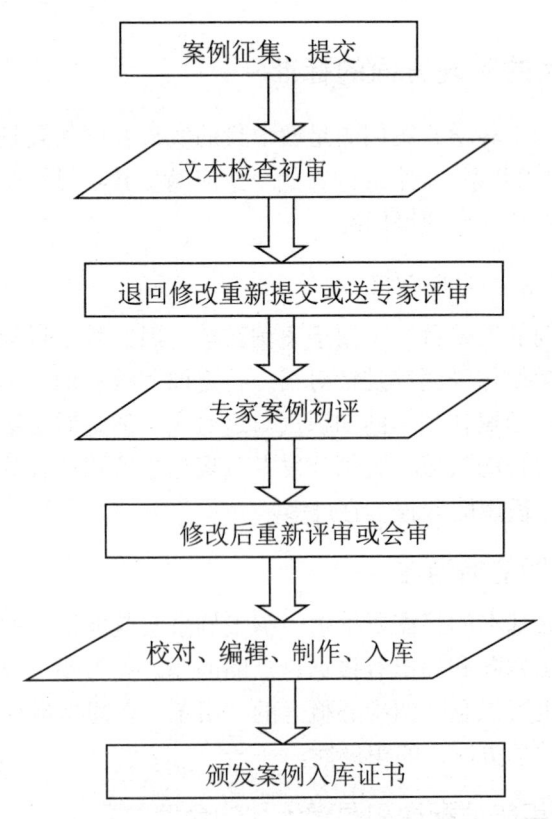

```
案例征集、提交
      ↓
   文本检查初审
      ↓
退回修改重新提交或送专家评审
      ↓
   专家案例初评
      ↓
 修改后重新评审或会审
      ↓
校对、编辑、制作、入库
      ↓
  颁发案例入库证书
```

图9-1 《中国专业学位案例公共管理案例库》案例评审流程图

一、案例征集、提交和文本检查

从 2013 年起,教育部学位与研究生教育发展中心联合全国公共管理专业学位研究生教育指导委员会(以下称"教指委")遵循"广泛征集,资源共享,公益为主,成本分担"的原则,开始建设《中国专业学位案例公共管理案例库》,定期面向公共管理相关学科的教师(含非公共管理培养单位的有关教师)、在读硕士或博士研究生征集入库案例。

参评作者可随时将参评案例(包括案例正文和案例说明书的匿名 word 版)上传到"中国专业学位教学案例中心"。

参评作者上传案例后,全国公共管理专业学位研究生教育指导委员会秘书处将负责检查各案例是否规范、完整并已做匿名处理。期间,要求各参评作者及时登录系统查看案例状态,若审核不通过,须根据审核意见进行修改并重新提交。

二、案例初评和终评

每次评选,秘书处将本着同一院校回避、适用课程匹配的原则,根据《全国公共管理教学案例入库评选表》(附录二),邀请已入库案例的作者和公共管理领域有关专家进行网上匿名评选。

初评结束后,秘书处将组织教指委委员及其他有关专家对初选结果进行匿名通讯评议,最终评选出入库案例。

三、案例修改

未能通过当次评选的初评或者终评的案例,经案例作者修改后,可重新提交,继续参与下一次评选。

四、结果公示和案例入库

评选结果将予公示,公示期 20 天。公示期内,任何单位或个人,如发现参评案例存在剽窃等问题,可以通过书面方式实名提出异议。教指委对提出异议的单位或个人信息予以保密。经过调查,如确认存在严重问题,将取消该案例参评资格。

公示结束后,由教指委在其工作网站上正式公布入库案例清单。评选出的案例将被收录到《中国专业学位案例公共管理案例库》，供全国公共管理专业相关老师查看使用，并有资格参加公共管理专业全国优秀教学案例的评选。

中国专业学位教学案例中心委托教指委向入库案例作者发放稿酬；入库案例作者可登录中国专业学位教学案例中心网站下载案例入库证书。

第三节 公共管理案例教学评审的方法

公共管理案例的质量，受到多种标准的综合影响，为了能让系统进行评价，就需要采用科学的方法规范评价活动。方法代表着一种认知事物的途径，与认知质量息息相关。同一方法在不同使用主体手中会产生不同的效果，评价主体在评价事物时可能会自觉不自觉或者有意识或者无意识地运用到各种方法。评价质量与方法的先进程度有关，也与主体的综合能力有关。从不同的角度和立场，公共案例有不同的评价方法，包括追踪评价法、专家调查法、多主体评价法、定量评价法、对比评价法等。

总的来说，评价方法并不是相互排斥的，相互之间可以搭配组合使用，得出的结论也会更加客观。本书从主客观角度着重介绍主观评议法与多指标客观评估法。

一、主观评议法

主观评议法是指根据教学管理部门、专家同行、学生以及被评估者自身的主观感知和体验来衡量教学效果的方法。主观评议法强调观察、分析、归纳与描述，关注案例效果"质"方面的规定性，关注行为结果与目标之间的一致性，是一种具有实质性内容的评估方法。主观评议法的评估主体是多元的，包括教学管理部门、专家同行、学生以及教师自身。

教学管理部门主要负责总体评估方案的设计、特定内容的评估工作、评估信息的统计整理和加权换算工作以及协调各评估主体间的关系。

专家同行是指没有直接参与到案例教学实践，对案例教学有一定研究的教学管理工作者、研究者和教师。由于没有直接参与到案例教学实践中，专家同行能够保持一定的独立性，以旁观者的身份对案例教学效果进行评估，保证评估结果的公正性和客观性。此外，他们长期从事教学管理工作和教学工作，对案例教学有一定研究,针对案例教学过程中存在的问题可以提出一些建设性意见,有助于案例教学过程的改善和效果的提升。

学生积极地参与案例教学效果评估,是提高案例教学效果的重要一环。受传统教学方式的影响,谈到教学效果评估人们总是倾向于以教师和教学管理部门为主,但在案例教学中,学生才是"主角",是案例教学活动的参与者和教学效果的直接体现者。学生参与到评估中,可以使教育者更加负责任,以确保教学目标的实现。学生对教师在案例教学中的教学思想、教学态度、教学方案和教学效果的感受最深,最有发言权。因此,来自学生方面的评价和反馈是案例教学效果评估中最重要的一环。让学生参与评价,还可以调动他们学习的积极性,按照案例教学评价的指标体系要求去进行学习,根据评价的反馈改进学习的方式与方法,不断提高学习能力。

教师本身作为评估主体开展案例教学效果的自我评估,容易受到自身素质的限制以及偏好的影响,一般倾向于高估自己,不能全面、客观或真实地对自己的案例教学效果进行评价,导致自我评估流于形式。但只要设计得当,自我评估还是有特定优势的。通过自我评估,教师可以了解自己的不足,进而增强改进工作的意愿,提高自我管理意识。教师是案例教学的重要组织者和引导者,如果没有教师课前的准备以及教师在课堂上与学生的配合和引导,案例教学的要求也是无法实现的。因此,教师的自我评估虽然有一定的局限性,但是作为案例教学活动的直接参与者,教师可以通过反思课前准备是否充足、教学生过程是否合理以及教学效果是否完成,对案例教学过程进行理性的综合评估分析。教师的自我评估对于完善案例教学过程,提高案例教学效果具有重要的参考价值。

二、多指标客观评估法

多指标客观评估法是指根据客观绩效指标来对公共管理案例教学效果做出科学、精确衡量的方法,强调数量的计算和测量,具有客观化、标准化、量化以及精确化等特征。绩效指标的设计是多指标定量测评中技术性较强的工作之一。它是在对案例教学的工作内容进行分析的基础上,形成一套反映案例教学运作状况的可量化的、最能体现影响案例教学关键驱动因素的绩效评估指标体系。绩效评估指标及标准体系的确立,为案例教学提供了努力的方向和衡量的标准。案例教学绩效,可以从投入维度、过程维度和结果维度三个方面进行衡量。

一是投入维度。投入主要指进行案例教学所需的资源,包括人力、物力、财力等关键指标，具体表现为案例库建设情况和教师水平。案例库建设情况主要取决于以下几个因素：案例数量的丰富性程度、知识点关联度、任务设计、案例内容编排的质量及案例库更新情况。教师水平主要包括教师的知识储备、教师对案例教学特点及方法的把握以及教师对教学对象认知能力的把握。

二是过程维度。案例教学过程中，主体参与度是案例教学绩效的决定性因素。主体参与度指标分为参与数量和参与质量，主要考察教师和学生的参与程度，两者具有相互影响的效应。过程维度的指标涉及两个方面：一是教师对案例讨论过程的组织情况，具体表现为以下指标：教师能否针对所学知识点精准地选择案例；教师能否对案例反映的问题有准确的把握；教师能否对学生的案例分析做出有针对性的评语或反馈；教师的表述能否清楚详尽。二是学生的参与程度和参与质量，具体包括学生在课堂上讨论的激烈程度；学生积极回答问题的人数；学生对他人观点的看法（赞同批判等）；学生对自己观点的进一步阐述；学生对达成的共识的总结等。

三是结果维度。案例教学所产生的效果和影响，是案例教学绩效的最终反映。案例教学是一个教学相长的过程，是师生共同累积知识的过程。因此，结果绩效应评估学生的学习效果，同时还应将教师的教学收获涵盖在内。结果维度的指标包括两方面：第一，学生的学习效果，具体包括学生的测验成绩，学生的满意度；第二，教师的教学感受，具体包括教学工作的价值感、获得的教学经验、教学情感体验。

对于案例教学评估，理想的做法是将主观评议法和多指标定量测评整合统一，将两种绩效评估方法结合使用，充分发挥两者在绩效评估过程中的优势，既能客观、直接地衡量案例教学绩效，又能衡量学生对教学的满意程度，从而对案例教学绩效作出全面、科学的评估。[①]

第四节　公共管理案例修订

修订，即修改订正。对公共管理案例以一定的标准与方法进行检测后，编者就得到了足够的信息作为案例修改的方向。一个优秀的案例不是一蹴而就的，

---

① 段鑫星，刘蕾.公共管理案例教学的理论与实践[M].徐州：中国矿业大学出版社，2015：37-38.

它也需要不断根据学生的反应进行修改。经典的案例也要常改常新,保持其生命力。

一、公共管理案例修订的必要性

公共管理案例是在公共管理教育中开展案例教育的主要工具,是以公共管理实践为核心的教学材料。为了保证所编写的公共管理案例能够真实地反映公共管理实际,营造身临其境的公共管理情境,有效地传授公共管理理论知识,并培养学员识别、定义、分析的解决公共管理实际问题的能力,案例编写者需要依据一定的标准,并结合有效的方法对案例的质量进行检验和修订。此外,由于公共管理实践和理论不断发生变化,当初撰写的公共管理案例也会出现时过境迁,呈现力和解释力下降的情况,因此必须定期或不定期进行修订和淘汰。

公共管理案例的功能和特性决定了必须有一个对案例进行不断的修改、完善的过程。案例修订的主要对象是案例正文,但由于影响案例质量和效度的因素遍布于案例采编的全过程,各个采编环节又相互联系、相互影响,在案例正文中暴露出的问题很可能是其他环节的错误所致。所以,修订的范围也会扩展到整个采编过程,如对案例使用手册的修改,甚至是对教学大纲的调整等。①

二、公共管理案例修订的内容

通常情况下,对公共管理案例进行修订应着眼于以下五个方面:

一是引发讨论的环节设置充足。讨论环节能够引发激烈讨论的点,应该就是案例的包袱。在设计时认为能够引发激烈讨论的点,经过实践检验,在实际教学中反响平平时需要修订。

二是及时体现政策、法律的变化。政策、法律发生变化需要及时将其写入公共管理案例之中。公共管理具有较强的时事性,政策、法律的变化,可能会导致一些手段不能够再使用,也会产生一些新的方法解决公共问题。由之带来的变化需要在案例中予以反映。比如,监察委员会的设置,在讨论调查职务违法和职务犯罪,开展廉政建设和反腐败工作的相关问题时,就不能再以检察院为主体讨论。《固体废物污染环境防治法》出台后,相关问题的解决就可以依赖这部法律提供的法律手段。

三是更新重写年代久远案例。公共管理案例应当体现时代的特征。随着时

---

① 朱方伟,孙秀霞,宋昊阳.管理案例采编[M].北京:科学出版社,2014:248.

间的流逝，很多案例产生的社会经济政治条件已经过时，学生已经对之陌生，缺乏共鸣。甚至某些案例已经过于久远，失去了继续研究的实践价值，不再具备合格案例应有的典型性特征。

　　四是案例的本土性改造。案例的取材与解决方案，过多借鉴西方管理科学，不能体现本土特色，造成理论移植的水土不服。因此，要反映中国本土管理特色，需要注意的是涵盖共性越多，应用具体问题的实践性就越低，放之四海皆准就会内容抽象，不符合实践性课程的培养需要；过于体现地方特色，又会削弱普适性，不便于归纳与迁移应用。因此，要考虑选题的公共性与教学受众，分为国家性质的选题与地方省市层面的选题。

　　五是丰富案例学科背景。修订过程中，要将足够的跨学科信息交代于背景知识中。这需要在案例修订过程中，要有其他领域的教授参与。比如，公共卫生事件，需要基本的医学常识与一定的专业知识。环境问题既需要环保法的法律层面基础，又需要对相关问题的事实鉴定得出。学员的教育背景存在区别，要给他们基础的能够得到结论的前提条件。背景知识的撰写，普及了其他领域的常识。芒格说：如果你的工具只有一把锤子，你会认为任何问题都是钉子。在案例中强调这点，帮助束缚于单一体系框架内思考的学员拓展思路。

下篇
本书编者采编的公共管理教学案例

案例一
小城"的"事——公共决策过程中的利益表达与利益平衡 …… 孙守相

案例二
滕州弊案中的"塔西佗陷阱"——政府公信力缺失及其后果 … 孙守相

案例三
如此征地何时休——平度事件中的地方政府行为 ……………… 纪新青

案例四
H铝业集团的西进之"殇"——邻避冲突的地方立法规制研究… 汪 栋

案例五
消失的低保——以甘肃农妇杀子案反思精准扶贫的识别机制 …… 陈国申

案例六
"平安协会"——非营利组织参与社会善治的一个范本 ……… 孙守相

案例七
这里的拆迁静悄悄——村改社区治理中的乡贤理事会 ………… 孙守相

案例一

小城"的"事
——公共决策过程中的利益表达与利益平衡[①]

案例主体

摘要：近年来，小城泰安出租车频繁罢运，涉及政府、部门、企业、个体车主、从业人员、市民等多方面因素，折射的是各种利益群体的利益纠葛，质疑的是现存出租车行业管理体制弊端。案例选取山东泰安市发生的两次较大规模的出租车罢运事件，重点描述了事件中出租车从业者、市民等利益相关方的利益诉求及其表达方式，以及政府在决策过程中对各种利益的综合与平衡。本案例可适用于政治学、公共管理、公共政策分析等课程，尤其适合在政府与治理、政策制定与执行、公共决策中的公众参与、利益综合与利益平衡等内容的教学中使用。

关键词：出租车罢运；公共政策；利益表达；利益平衡

一、引言

山东省泰安市是一座历史文化名城，被誉为"五岳之都"。城市依泰山而建，泰安就是因泰山而得名，"泰山安则四海皆安"，寓国泰民安之意。泰山气势磅礴，拔地通天，素有"五岳之首""天下第一山"之誉。在中华文明五千年

[①] 本案例的撰写基于作者对泰安市交通运输局工作人员、出租车司机和市民的访谈。

的历史长河中，由于历代帝王封禅和民众朝拜，给泰山遗留下极为丰富的人文景观，使泰山成为"华夏文化"的缩影。

然而，泰安又是一座不折不扣的小城，很多外地来的游客甚至只知道泰山而不知道泰安。根据2010年11月全国第六次人口普查的数据，泰安市城市建成区面积93平方千米，市区人口仅72.5万。2014年，泰安市GDP总量为3 002.19亿元，人均GDP为54 700元，两项数据在全省17个地市中均排名第9位，序属中游。①

虽然与众多大城市相比，泰安城区人口总量不多，人口密度不大，但由于泰安旅游资源得天独厚，每年都会有数千万海内外游客前来观光旅游。2014年泰安共接待游客5 311.8万人次，实现旅游总收入500.5亿元，旅游总收入占服务业增加值的比重和相当于GDP比重均为山东第一。其中，泰山区2014年共接待国内外游客1 227万人次，实现旅游总收入88.5亿元。②

大量海内外游客的涌入也极大地考验着这座小城的接待能力，特别是在国庆、五一等假期期间，景区、宾馆常常人满为患，拥挤不堪。汽车站、火车站附近大量外地游客聚集，给城市公共交通带来巨大压力。大部分外地游客由于对泰安道路不熟悉，往往选择打出租车去往旅游点。突增的游客人数和有限的出租车辆形成了"僧多粥少"的局面。出租车供不应求，大量黑车乘机而动，形成出租车和黑车司机欺客、宰客、拒载、不打表、服务态度差等诸多乱象。

泰安出租车的乱象经常遭到游客的投诉，也引起广大市民的不满。多年来，泰城市民普遍感觉在泰城部分主要道路打车困难，要求增加出租车数量的呼声不绝于缕。泰安市有关部门针对部分出租车司机拒载近途游客、远途游客拼车不打表等现象制定过专门的管理办法，进行过多次专项整治，对增加出租车投放的问题也进行过专题调研。但每当开展专项整治和增加出租车数量的消息一传出，就会立刻受到出租车公司、车主、司机的强烈反对，他们以自己激烈的方式——罢运，表明他们的态度……

二、风波：小城出租频繁罢运为哪般

泰安出租车营运史上，罢运或围堵政府机关的现象时有发生，其中规模较

---

① 数据来源分别为全国第六次人口普查数据《山东卷》和《山东省统计年鉴》。文中城区是指市区建成区，市区是指泰山区、岱岳区、高新区及泰山景区全部区域。
② 刘小东. 幸福泰安 去年共接待游客5311.8万人次［EB/OL］. http://www.my0538.com/2015/0326/188638.shtml，2015-03-26/2016-10-01.

大、影响较深远的罢运有两次：一次是2009年五一长假期间，一次是2014年5月13日至15日。那么，两次罢运的起因是什么？罢运司机提出了什么诉求？政府相关部门做了哪些应急处理？罢运的经过和结局又是怎样的呢？让我们把目光拉回到2009年的春天……

（一）2009年五一：一个《办法》引发的罢运

2009年4月28日到5月4日期间，泰安城区的出租车举行了大规模的罢工。这次罢工的规模相当庞大，覆盖了整个泰安市城区。很多出租车司机不仅自己罢运，还不允许别的司机上路营运，有些司机想出去自己拉点儿活，甚至被同行砸了车。

据罢运的出租车司机介绍，罢运的导火索是泰安市交通局于2009年4月21日出台的《泰安市城区客运出租行业质量信誉考核暂行办法》。以下简称《暂行办法》。[①]《暂行办法》对出租车公司以及从业人员都制定了相应的质量信誉考核标准，如若违反，会给予相应的扣分，出租车司机如果被扣到15分，就会把出租车营运许可收回。目的是为了进一步加强泰安市城区客运出租市场管理，建立健全行业诚信服务体系。

据司机普遍反映，他们之所以反应这么激烈，主要是对《暂行办法》中的一些措施以及政府拟采取的几个配套措施很不满意。其中，出租车司机反应最强烈的一项是市政府为规范客运出租三轮车（当地人称"摩的"。笔者注）市场，提出了"退四增一"（退出四辆客运出租三轮车增加一辆出租汽车）的想法，而这种三轮车在当时市场上的收购价为一万元左右，这就促使很多人借机疯狂收购黑车，以期换取一辆出租车。而出租车车主认为，四万元钱便可以换得一辆出租车的行为有违市场规律，对他们这些按市场价格购买的人不公平，而且这也会增加出租车数量，同他们竞争出租车市场。黑车营运作为一个非法的行为，政府不仅没有有效的打击，反而侧面助长了黑车的势头，这让他们很不满。

事故发生后，泰安市政府立刻封闭了消息，紧急调集周边新泰、肥城、宁阳等几个县（市）的出租车来救急，并且对砸车肇事的司机进行了处理。以"摩的"换取出租车经营权的措施不再实施，《暂行办法》也胎死腹中。

（二）2014之春：起步价之争导致的"休假"

小城春来早。2014年五一小长假，晴好的天气吸引了大批游人登泰山游玩，泰山景区游人如潮。据统计，五一小长假期间，泰山区全区共接待游客64.4万

---

① 见附录1：《泰安市城区客运出租行业质量信誉考核暂行办法》（征求意见稿）。

111

人次,仅泰山景区就迎客20多万人次。对于泰城的出租车业主和司机们说,这是个盛满着丰收喜悦的春天。但就在这样的春天里,却也涌动着一股暗流,躁动着一丝不安……

自5月7日开始,就有人上街向行驶中和停靠在路边的出租车驾驶员发放纸条,注明了有关出租车从业者的诉求,并鼓动出租车从业者于本月12日停运。5月8日晚上到10日期间,出租车行业QQ群内,有名为"天若有情"和"半根烟"的网友,向群内出租车从业人员散播停运消息,鼓动出租车在12日当天停止营运。

此次出租车停运被部分司机称之为"休假",但事情的经过远不如"休假"那么轻松惬意。根据纸条上所标注的内容,纸条制作者提出5点关于出租车停运的诉求:要求增加运价、缩短等时和回空距离;要求增加出租车招呼点数量;要求打击"黑车";认为执法部门管理严格,景区上下客会被交警拍照,要求可以给予司机自由选择绕道的余地;要求对于交警偷拍行为加以控制。并用明显的黑色字体注明"定于下周一五月十二日进行全体出租车停运!"。

5月12日一早,泰城道路上的出租车数量开始减少,打车比较困难。市民刘女士反映说,12日清晨6:10分左右,她乘坐出租车前往大津口乡,在车上出租车司机告诉她,"你是我今天拉的最后一位客人,送完你我就回家,我们今天停运,不再出来了。"据刘女士说,该出租车司机表示,"以上午7点黑白班交接时间为界,全市的出租车将进行停运,再出来拉客人,出租车就可能被砸。"[①]

针对此次出租车停运,泰安市交通部门紧急应对:泰城44条公交线路的车辆全部上线运营,对市内重点线路和旅游线路进行加密,满足上班市民和旅客的出行需求,并安排专人值守出租车投诉电话和公交车热线电话,组织应急客运车辆在高铁站进行集结,并开通高铁站至市区,主要景点以及火车站至主要景点的直通车。由此,出租车运输在泰城的运输力中并不占主流,出租车停运对市民的出行并未造成较大的影响,公交港湾也未出现乘客滞留现象。

三、博弈:利益相关方的利益诉求及其表达

司马迁在《史记·货殖列传第六十九》中有言"天下熙熙,皆为利来;天下壤壤,皆为利往",意思是说天下的人熙熙攘攘,都是为利而来,为利而往。

---

① 宁家彦.泰安出租车"休假"余波[EB/OL].http://paper.dzwww.com/jjdb/data/20140519/html/2/content_4.html,2014-05-19/2016-10-01.

在出租车罢运事件的背后，围绕着要否增加出租车数量、要否提高运价以及打击"黑车"、整治出租车市场等一系列问题，政府、普通市民、出租车从业者等不同的利益群体，以各自特有的方式表达着他们的诉求和关注……

（一）出租车司机：行走在沟通与罢运之间

罢运是把"双刃剑"，在向政府有关部门激烈地表达诉求，引起有效关注的同时，也对出租车司机自身的经济利益和社会形象造成极大的损害。据参与罢运的部分司机反映，如果政府有关部门能认真听取他们的呼声，关注他们的利益诉求，他们也不会选择这样一种多败俱伤的极端方式。

纵观泰城近年来的出租车罢运事件，原因不外乎两个方面，一是有关部门对行业的强化管理，一定程度上挤压了出租车司机的生存空间，特别是通过拼客、拒载、宰客、故意绕行等行为增加灰色收入的机会减少；二是政府对黑车的打击不力和出租车增容的计划动了现有出租车利益共同体的"奶酪"。

据笔者调查，在泰城总共 1 292 辆出租车中，有 90% 以上的车主自己并不从事运营，大多是转包给他人运营，以收取"份子钱"。近年来，"份子钱"水涨船高，已经从 2009 年的 2 800 元涨到了 6 000 多元。而出租车司机群体主要有企业下岗职工、部分进城务工人员等，他们没早没晚的干活，就是想养家糊口，开完一天的车，累的腰酸背痛，脖子僵硬，长年累月还会落下职业病，被戏称为"现代版的骆驼祥子"。

司机王先生夫妇两人均是泰安市某企业的下岗职工，两人转包某车主的一辆出租车进行黑白班运营。王先生说，两人各自一天工作时间达 12 小时，只在交接班的时候才见一次面。虽然正常情况下他们每天能挣到 500～600 元，但是扣除每日 220 元的租车费用、燃油费和其他支出，两个人最后只能净赚三百元左右。——对司机王先生的访谈

对于黑车抢客的事情，出租车司机意见强烈，认为黑车抢客的问题，挤压了正规出租车的生存空间，使客运环境得不到净化，导致客运被大量分流，打击黑车也成了出租车从业者的诉求之一。而对于泰城出租车是否应该扩容，出租车司机给出了他们的意见：

"泰安虽是旅游城市，固定人口毕竟有限，对泰城来说，目前的出租车已经呈饱和状态，如果再增加出租车，只能加剧行业竞争，不利于出租行业的长远发展"。——记者对出租车司机贾先生的采访[①]

---

① 参考资料：泰安论坛话题：《泰城出租车数量15年未变》。http://bbs.taian.com/thread-1534712-1-1.html。

其实，对于出租车司机的诉求，有关部门还是一直保持着沟通的渠道的。在2014年5月出租车停运期间，有关部门安排全市10家出租车公司组织驾驶员召开会议，了解他们真正的诉求。同时，市交通运输局将有关出租车调价的问题向物价部门提报，按照调价程序进行。而对于诉求中要求出租司机可以绕道经营，有关部门负责人表示不予支持，认为放开"绕道"红线之后，部分司机很可能会从中违规渔利，给乘客造成额外损失。

对于此次停运，大部分司机反映是被动而为的，因为有幕后煽动者专门骑电动车上街，看到正在营运的出租车就对其进行干扰，有的甚至言语威胁。而周边城市出租车调高运价、对打击黑车不力的不满的积蓄和增加出租车数量的消息也刺激了司机们敏感的神经，在一部分人的煽动和威胁下迅速引燃也就不足为奇了。

（二）出租公司、车主：既得利益者推波助澜

从1997年开始，泰城开始为出租车统一悬挂T字车牌，对1 292辆出租车实行规范管理。经营模式为车辆产权归业户个人所有，经营权从政府无偿取得，挂靠公司从事营运。1998年8月份，市政府出台"按照总量控制、调整结构的原则，在今后一段时间内不再新增客运出租车辆"的管理政策，坚持冻结客运出租车审批手续。截至目前，泰安中心城建成区面积已经达到了110.9平方千米，比1994年时44.3平方千米的面积大了接近3倍。但1997年刚刚为出租车挂T字牌时1 292辆的数字，丝毫未变，出租汽车供求矛盾日益突出。

这些出租车的车主再将车转包给他人运营，以收取每月6 000元不等的"份子钱"。同时，他们每年还能拿到一万多元的燃油补贴，总体来说，每辆出租车的车主即使不参与营运，每年也可收入6～8万元。而部分车主手中甚至控制着五六辆出租车。长期以来，泰城出租车车主已经形成了特殊的既得利益群体。在出租车利益链条中，甭管油价涨了多少，燃油费补贴几何，司机如何辛苦，出租车车主、公司的"份子钱"都"固若金汤"。

由于对出租车行业进行严格的数量控制和准入限制，原有的牌照资源掌握在个体车主和少数出租公司手中。这就使出租车成为一种稀缺资源，据泰安市交通局介绍，现在每辆出租车（主要是运营许可手续，车不值钱，牌照值钱）的转让费已经被炒到五六十万元。垄断经营让出租车公司、车主旱涝保收。如果增加出租车的供给，则会改变当前出租车市场上的供求关系，使他们的既得利益受损。实际上，他们才是增加出租车数量的最主要的反对者，也是数次罢运风波中最强大的幕后推手。

（三）市民：沉默的大多数

尽管大部分市民对泰城出租车拼客、拒载、宰客、故意绕行等乱象颇多怨言，对出行"打车难"感同身受，但他们的怨言和呼吁几乎很难形成集体的发声，在出租车动辄大规模全行业罢运面前显得微弱而短促……

1. 投诉

个体的投诉是市民和外地游客最常用的表达方式。针对泰城出租车的乱象，大部分市民保持沉默，"事不关己，高高挂起"。而那些在打车过程中深受其害的少部分维权意识较强的市民或游客，会选择向有关部门投诉。为维护泰城客运出租行业市场秩序，泰安市交通运输局专门公布了投诉电话，提醒乘客遇到出租车违规行为时，留好证据，拨打电话投诉。在小长假和黄金周期间，出租车市场明显供不应求的情况下，各种违规运营情形多发，有关部门都会收到不少投诉。

2. 网络上的宣泄

网络上的宣泄透露着网友的无奈。有少部分的乘客在遭遇拒载、不打表或其他不公平后，则选择在网络上吐槽或谩骂。笔者在泰安民生网、百度贴吧搜索时，看到许多网友满怀愤恨地讲述着一个个"挨宰"和"打车难"的故事，对泰城出租车的乱现象进行无情的鞭挞和嘲讽。有一些理智的网友，除了通过网上渠道向有关部门投诉外，还会通过"网络问政""局长信箱"等电子政务平台，就整顿泰城出租车运营秩序、增加出租车保有量等问题向有关部门提出合理化的建议。[①]

3. 人大代表、政协委员的呼吁

近些年来，泰安城市不断扩容和发展，客运供给与民众需求逐渐失去平衡，形成了不小的供需矛盾。由于市民打车难，一些社会车辆或私家车便钻了空子，迎合了需求，并逐渐形成气候。"黑的士"猖獗，成为难以治愈的交通"城市病"。每年泰安"两会"，都会有人大代表、政协委员提出提案、议案，要求增加出租车数量、严打非法营运、规范出租车市场管理等。

泰安市政协十二届一次会议上，民革泰安市委曾经就加强出租车运营管理问题专门提出"关于加强出租车运行管理的建议"的第 121 号提案，提出尽快

---

① 资料来源：泰安民生网。网友建议《打车难，泰城出租车应立即扩容》，http://www.ms0538.com/InlineMinSheng/770.html。

增加出租车数量、严打出租汽车拒载、加强出租汽车卫生管理、规范驾驶员文明服务、制定车辆淘汰规定等建议。

4. 参加听证会

《中华人民共和国价格法》第23条规定，制定关系群众切身利益的公用事业价格、公益性服务价格、自然垄断经营的商品价格等政府指导价、政府定价时，应当建立听证会制度，由政府价格主管部门主持，征求消费者、经营者和有关方面的意见，论证其必要性、可行性。

价格法实施以来，泰安市出租车运营价格调整进行过两次，均根据法律规定举行了听证，听证会均按规定聘请人大代表、政协委员，以及消费者代表、经营者代表作为正式代表参加。

2009年5月20日，即在那次著名的"五一罢运"风波后不久，泰安市召开泰城客运出租汽车租价调整听证会，泰安市交通局运管处代表经营方递交了出租车调价申请方案，起步价2公里（含2公里）5元调整为6元，基本租价由每公里1元调整为每公里1.5元。对于客运出租车租价调整方案，6名经营者代表均表示赞成。部分消费者代表则认为，起步价应保持现状，或是调整为6元/3公里，这也是充分考虑到消费者的心理承受能力。有代表指出，此次调价应同步提升出租车服务质量和管理标准，促进行业整体文明的提升；同时，出租车作为城市公共交通的重要组成部分，其公益性较为突出，因此运价提升的压力应由企业、业户和乘客合理分担。

听证会后，调价方案被顺利通过，出租车数量没有增加，营运中的乱现象依然严重。

（四）黑车：在都市边缘艰难生存

2012年6月13日，泰安近百辆出租车因黑出租抢客的原因，在部分城区主干道两侧停运抗议，要求相关部门加大对黑车的打击力度。

据了解，泰城出租车运力不足，黑车市场需求巨大，已经形成多年，黑车规格也由当年的摩托三轮——"摩的"变成了后来的私家面包车和轿车。他们常年与执法人员进行"猫捉老鼠"的游戏，已经形成了一套对抗执法的手段，在这其中，执法扣车难和取证难也影响了执法人员办案。

在泰安，虽然城区面积不断扩大，但大部分客流主要集中在中心城区，所以出租车也就集中在了这里，导致城区周边比较偏僻的地方打车难问题突出，这也在一定程度上为黑车抢客提供了市场空间，这样很容易形成黑车滋生的土壤，也渐渐"养大"了黑车市场和其背后的利益链条。

黑车司机没有受过从业资格培训，且存在部分残疾人、中老年人或无业者从事黑车运输行业的现象。为了躲避检查，黑车闯红灯、逆向行驶等危险违法行为屡见不鲜，极易引发重大交通安全事故。

近年来，泰安市多部门组成综合整治小组，对黑车多次进行专项整治，但是由于黑车存在的根本性因素没有消除，整治过后往往很快复燃。执法人员对黑车车主进行处罚后，有些人为了挽回这一部分损失，反而变本加厉跟学生多要钱，为了提高利润，在乘车高峰期的时候个别本来7座的面包车甚至能挤上9人。

四、决策：对多数人的歧视

客运出租汽车是一个城市传播文明的流动窗口，被誉为"城市名片"，其服务质量不仅展现了行业形象，更反映了一个城市的精神面貌，备受社会各界关注。

为树立城市形象、提高城市品位，许多城市对出租车的运营实行严格的管控，根据本地实际和不断出现的现实问题，制定各类具体的管理办法，回应不同的利益群体不同的利益诉求，进行利益平衡和利益整合，以实现管理的动态平衡。

（一）被罢运绑架的政府

在笔者的印象中，20世纪90年代泰安市出租车的数量少，服务态度恶劣、车容车貌差，不打表、乱要价现象很常见，而各种黑车、摩的数量很多，抢客、宰客现象时有发生。泰安市交通运输管理部门多次进行整治，但整治后往往很快反弹甚至变本加厉。而最令管理人员感到困惑的是，整治中没有相应的国家标准，往往是运动式的，其合法性经常会受到质疑。

为了进一步加强泰安市城区客运出租市场管理，建立健全行业诚信服务体系，泰安市交通局于2009年4月21日制订《泰安市城区客运出租行业质量信誉考核暂行办法》和《从业人员服务质量信誉考核记分标准》，并向全社会征求意见。在政府的有关说明中强调，《暂行办法》《标准》的制订是建设经济文化强市、打造国际旅游名城的需要，也是长期以来广大市民、游客和人大代表、政协委员的一致呼声，是建立制度完善机制提高服务水平，促进客运出租行业健康发展的基本要求。因此，这项举措是人心所向，势在必行。

但是，这个《暂行办法》和《标准》引起出租车公司、车主和司机的强烈不满，并引发了2009年五一期间那次大规模的罢运。罢运过后，政府选择了让步，出租车上调了起步价，而《暂行办法》却一直搁置，再未实施，政府决定采用

"黑车"换取正式营运许可的措施则不了了之。此后每遇调研增加出租车数量，出租车便会使用"罢运"利器，城市客运出租车行业管理便陷入"大闹大解决，小闹小解决"的怪圈。出租行业形成的利益共同体发现通过这种激烈的方式可以得到自己想要的结果，自然"一闹再闹，越闹越大"。2014年的"休假"过后不久，泰安市物价局下发《关于调整城区客运出租汽车等时计费标准的通知》，对泰安出租车等时计费标准进行了调整，给大多数出租车司机带来实惠。

（二）被政府漠视的市民

而市民对于出租车行业的不满、对于"打车难"的长期困窘、对于增加出租车数量的强烈诉求则轻易的被漠视了。关于尽快增加出租汽车数量问题，泰安市交通局在给民革泰安市委提案的答复中是这样写的：

《泰安市客运出租汽车管理办法》（政府令第47号）颁布实施后，泰城组建出租汽车公司10家，出租汽车的数量控制在1 292辆，车辆产权归业户个人所有，挂靠公司从事营运。随着泰城城区面积和城市人口的不断增加，导致出租汽车需求比例逐年增加，特别是在节假日和上下班期间，社会各界及广大市民普遍反映"打的难"。由于客运出租行业是一个非常敏感的行业，增加出租汽车数量既是出租汽车业户十分关注的热点问题，又是一项系统工程，出台相关政策只要涉及现有出租业户利益，就容易引起行业不稳定。目前，市政府尚未对泰安客运出租汽车"总量控制"的政策作出调整。下一步，为解决泰城"打的难"问题，我局将根据《山东省道路运输条例》有关规定，在借鉴外地经验的基础上，提请市政府修改《泰安市客运出租汽车管理办法》，并调整泰城出租汽车管理"总量控制"政策，探索建立符合我市实际的客运出租市场准入和退出机制，待条件成熟并确保行业稳定的前提下，适时组织开展泰城出租汽车运力扩容工作，实现行业发展动态平衡。①

然而，自1997年开始，泰城1 292辆出租车一直没有变化。据交通部门统计，2014年全省17市城区出租车总量，青岛市以9 000多辆排名第一，济南市以8 043辆排第二，泰安市排名倒数第四。菏泽市主城区人口仅70余万，而出租车为2 315辆。东营主城区人口近60万，出租车总量2 800辆，德州主城区37万，出租车总量2 405辆。临沂出租车数量为2 750辆，主城区人口110余万。泰城主城区人口近100万，出租车的数量却仅有1 292辆。泰安市作为著名的旅游城市，出租车总量、万人拥有量明显少于同省大部分地市，与泰安在全省的经济地位很不相称，严重滞后于经济与社会的发展。②

---

① 详见附录3：《关于对市政协十二届一次会议第121号提案的答复》。
② 详见附录4：山东17市建成区面积、市区人口和出租车数量对照表。

五、求索：出租车行业改革路在何方

城市出租车，不仅是城市交通运输体系的组成部分，更是向外界展示城市综合实力的窗口。这些年来，全国各地出租车管理体制的各种痼疾引发的罢运风波此起彼伏，如果不进行根本性的改革，谁能保证下一次"罢运"不会很快到来呢？

（一）改革势在必行

泰安市出租车行业管理的乱象绝不是一个孤本。曾经深入研究、报道一系列城市出租车行业问题的《中国经济时报》记者王克勤根据多年来对100多个城市出租车行业的调查发现，各地出租车行业存在一系列各方利益主体交织的矛盾：对出租车经营权的争夺；行政管理上的各种冲突与矛盾；出租车与"黑出租"间市场争夺的矛盾；上升的成本转嫁给公众还是由经营者自己消化的矛盾等。[①]

"数量控制是万恶之源。"有业内人士称，要彻底解决出租车行业的问题，需要放松出租车行业的数量控制。以泰安市为例，自1997年开始，泰城实施了出租车总量控制政策，直到现在的19年间，泰城出租车数量一直没有增加。然而，泰城城市面积却在不断扩大，统计部门最新数据显示，泰城中心城建成区面积已经达到了110.9平方千米，比1994年时44.3平方千米的面积大了接近3倍。有数量控制，就有高额利润，出租车行业就成了一个暴利行业，由此也就产生了利润分配方面的争夺。

那么，出租车市场乱象、黑车的泛滥怎么管？供需矛盾日益凸显说明了什么？种种疑问直指本该兼顾各方、实现共赢的利益平衡机制，触及出租车行业管理体制改革不到位的深层原因。合法运营权被出租车公司和车主垄断，市场竞争很大程度上被抑制，公共资源在垄断权力的配置下变得日益稀缺，价格不断扭曲。如果不进行深层次的变革，出租车整个行业的混乱以及为群众生活造成的各种不便必将成为和谐社会建设的一个瓶颈。

出租车管理改革喊了多少年，行政管理、行业组织以及社会公众早有共识。多年来，群众对出租车需求不断增大，然而由于行业垄断，出租车数量在很多城市已经多年没有太大变化，供需矛盾越来越突出，导致群众打车难。对此，群众意见很大，对出租车改革的呼声很高。

[①] 王克勤.垄断是中国出租车业问题祸根[EB/OL]. http://news.sina.com.cn/z/jzzfwkq/，2013-01-16/2016-10-01.

近年来，随着互联网的广泛应用，基于"互联网+"的专车正在对出租车行业形成颠覆性的冲击，一场由互联网+引发的"行业市场、危机"、新旧经济形态碰撞，正在"倒逼"出租车行业改革。2016年7月28日，国务院办公厅发布《关于深化改革推进出租汽车行业健康发展的指导意见》，一场酝酿了近300天的出租汽车"新政"落地，营运市场这块蛋糕将迎来更多的分享者，出租车车主的包车模式、司机的流动方向或将迎来一场新的变革……

（二）他山之石

他山之石，可以攻玉。各地的改革经验以及世界上先进国家和地区的成功管理范例，对于小城泰安来说都具有很好的启发意义。

1. 义乌破冰

浙江义乌2015年5月初出台《出租汽车改革运行方案》的举动，被媒体称为中国出租车行业的"破冰"之举。义乌改革的亮点在于，放开市场和降低"份子钱"：2016年全部取消出租车营运权使用费；2018年起不再管控出租车数量；车费由市场定价；鼓励与互联网结合的"专车"。

2015年5月21日，交通运输部在21日召开的新闻发布会上明确表达了中央层面对义乌出租车改革方案的支持，并称义乌的尝试为全国出租汽车行业改革提供了借鉴和起到示范作用。

中国道路运输协会秘书长王丽梅表示，义乌的出租车改革方案在中小城市有可能复制，在交通制约、环境制约不严重的城市有可能复制，但对于大城市来讲，没有太多借鉴意义。

2. 广州筹划

广州也在筹划出租车业改革。2015年5月19日，《广州市出租汽车客运管理条例》在广州市人大常委会进行第二次审议。

据报道，广州的条例草案内容显示，"从事预约出租汽车经营的，应当经交通行政主管部门批准，即必须是依法取得营运资格的"。同时，只能通过预约方式为乘客提供运营服务，在约定的地点待客，不得巡游揽客；预约出租汽车信息化服务平台经营者应当按照行业信息化接入技术标准的要求，建立信息化服务平台，并与市交通行政主管部门实现信息共享、互联互通。

3. 香港模式

在全国各地纷纷出台新政，进行出租车管理改革的阵阵喧嚣声中，不如让我们暂时冷静下来，看一些域外成功的范例，如"香港模式"：

第一，政府根据需求控制出租车牌照总量，既避免出租车过多堵车，又避免出租车数量不足影响市民出行。

第二，市民个人或公司都可以作为主体自由进入出租车行业，只要有能力买到出租车牌照，就可以从事出租车营运业务，进行自由竞争，使一些出租车司机成为出租车真正的老板，为自己"打工"，降低经营成本，以保障出租车司机的最大利润，还能减轻乘客负担。

第三，政府开放出租车牌照自由买卖业务，价格自由浮动，不过实行最高价限制。当然出租车行业的监管以政府职能部门和出租车行业协会监管为主，改变由与出租车司机为利益共同体的出租车公司管理出租车的制度。[①]

六、结语

就在国民经济中的地位而言，出租车仅仅是一个很小的行业，但在中国却显得十分重要而且敏感。这是由于出租车具有很强的流动性、窗口性与信息传播性。城市出租车行业改革的方向应当是理顺各方面关系，激发参与要素的市场活力，摒弃原有管理弊端的同时，建立一套顺畅有序的管理机制。

和全国许多地方一样，小城泰安出租车频繁罢运的背后，涉及政府、部门、企业、业主、从业人员等多方面因素，折射的是各种利益群体的利益纠葛。城市出租不仅事关市民出行环境优劣，更涉及城市发展和社会稳定。出租车"新政"的落地，对于小城的管理者来说，也许是解决出租车管理难题的一个契机。

小城"的"事看起来是小事，但却事关广大群众的切身利益，在全面深化改革、政府简政放权，以及"互联网+"的时代背景下，出租车管理改革应当顺应广大群众的期待，适应社会发展的节奏，让人民群众有更多获得感。对于小城的管理者来说，出租车管理改革，考验着相关职能部门的智慧，任重而道远，而对于出租车行业健康、有序发展治理目标的追求，则是一个永恒的课题……

思考题：

1. 泰安城市不断长大，市区人口不断增加，为什么泰安市出租车"总量控制"的政策一直没有改变？出租车数量十几年一直没有增加？

2. 在出租车政策的制定和执行过程中，出租车司机、出租车公司和个体车主、黑车群体和普通市民是如何表达他们的利益诉求的？

---

① 张楚.透视香港出租车行业：已十几年未增发牌照[EB/OL]. http://auto.people.com.cn/n/2015/0121/c1005-26421762.html，2015-01-21/2016-10-01.

3. 泰安市政府在制定出租车政策的过程中是如何协调、平衡各方权利主体的利益要求的？

4. 公众参与决策的利弊有哪些？

5. 全国许多地方都在酝酿出租车运营管理体制的改革，你对泰安市的相关改革有何建议？

附录

附录一

泰安市城区客运出租行业质量信誉考核暂行办法（征求意见稿）

第一章 总 则

第一条 为进一步加强泰安市城区客运出租市场管理，建立健全行业诚信服务体系，根据《山东省道路运输管理条例》《山东省道路运输企业质量信誉考核实施办法（试行）》和《泰安市客运出租汽车管理办法》有关规定，制定本办法。

第二条 本办法所称的客运出租行业质量信誉考核包括客运出租汽车公司质量信誉考核和从业人员服务质量信誉考核。从业人员包括出租汽车经营业户及其聘用驾驶员。

第三条 市交通行政主管部门所属的运输管理机构（以下简称运管机构）负责客运出租汽车公司质量信誉考核管理及从业人员服务质量信誉考核监督管理；客运出租汽车公司负责从业人员服务质量信誉考核管理。

第四条 凡在本市泰山区、岱岳区所辖区域内从事客运出租汽车业务的公司和从业人员，均必须遵守本办法。

第五条 客运出租行业质量信誉考核工作应当遵循公开、公平、公正的原则。

第二章 出租汽车公司质量信誉考核

第六条 市运管机构建立出租汽车公司质量信誉考核档案，对出租汽车公司质量信誉每季度考核一次。各出租汽车公司按照市运管机构要求，于每季度首月 5 日前将上季度考核情况汇总上报。

第七条 出租汽车公司质量信誉考核实行记分制，考核总分为 1 000 分。由市运管机构依据公司年内四个季度的考核平均记分情况，评定质量信誉等级。等级分为优秀、合格、基本合格和不合格，分别用 AAA 级、AA 级、A 级和 B 级表示。

第八条 出租汽车公司质量信誉考核指标：

（1）安全生产管理指标：安全生产管理机构设置、安全生产管理制度落实、安全设施配备及交通责任事故率等。

（2）经营行为指标：车辆违规违章率、从业人员服务质量投诉率等。

（3）公司管理指标：制度建设、车辆管理、从业人员管理等。

（4）基础建设指标：办公场所、办公设备、档案管理等。

（5）社会责任指标：组织开展或参加展示行业形象的公益性和行业精神文明建设活动，服从县级以上人民政府及交通部门的统一调度、指挥。

第九条 出租汽车公司质量信誉考核评定标准：

（1）年度考核得分在900分及以上的，公司质量信誉等级评定为AAA级。

（2）年度考核得分在800分及以上，900分以下的，公司质量信誉等级评定为AA级。

（3）年度考核得分在700分及以上，800分以下的，公司质量信誉等级评定为A级。

（4）年度考核得分在700分以下的，公司质量信誉等级评定为B级。

第十条 出租汽车公司有下列情况之一的，年内质量信誉考核直接评定为B级：

（1）所属出租汽车年内累计发生死亡3人或重伤10人及以上道路交通责任事故的（责任事故是指公安交警部门责任认定为同等以上责任）。

（2）公司管理不到位，出现扰乱客运出租市场秩序、危害社会公共秩序、影响行业稳定的。

（3）在考核过程中弄虚作假、隐瞒事实，情节严重的。

（4）未按要求建立质量信誉档案，未开展对出租汽车从业人员服务质量信誉考核，影响质量信誉考核工作正常开展的。

第十一条 出租汽车公司应督促出租汽车经营业户与所聘用驾驶员订立书面聘用合同，加强对聘用驾驶员的培训教育，监督其经营行为，并依法承担相应责任。

第三章 从业人员服务质量信誉考核

第十二条 出租汽车公司负责建立从业人员服务质量信誉考核档案，对所属出租汽车从业人员服务质量信誉每月考核一次，并张榜公示。

第十三条 市运管机构加强对客运出租从业人员的监督检查，接受新闻媒体和社会各界的监督，将客运出租从业人员的好人好事及违规违章经营行为记录备案，并及时通报给所属公司。

第十四条 出租汽车公司应当配备专职人员，依据《从业人员服务质量信誉考核记分标准》（见附件）开展考核工作，并于每月 5 日前将上月所属出租汽车从业人员服务质量信誉考核情况报市运管机构。

第十五条 出租汽车从业人员服务质量信誉考核实行加减分制，基本分为 0 分。市运管机构依据从业人员年内 12 个月的考核记分情况，评定服务质量信誉等级。等级分为五个级别，一级为优秀，二级为良好，三级为合格，四级为基本合格，五级为不合格。

第十六条 从业人员服务质量信誉考核指标：

（1）车容车貌指标：车辆外观良好，车内干净整洁、无杂物、无异味，车辆设施齐全有效。

（2）营运标识指标：车体颜色、门徽、监督电话、车辆号牌、租价标准等标识、标志规范清楚，车辆顶灯、计价器、待租显示器、服务监督卡座等设施安装到位，使用规范。

（3）安全运营指标：严格遵守交通安全法律法规，安全设施齐全有效，按时参加公司月检，定期维护车辆，确保车辆技术状况良好。

（4）经营行为指标：按规定办理各种证件，服从管理，合法经营，严格执行运价标准，规范使用出租客票。

（5）文明服务指标：文明礼让，热情周到，拾金不昧，助人为乐，争做泰安优秀的"宣传员""导游员"，争创"泰山文明号"。

第十七条 从业人员服务质量信誉考核评定标准：

（1）年度考核得分在 20 分及以上的，评定为一级。

（2）年度考核得分在 10 分及以上，20 分以下的，评定为二级。

（3）年度考核得分在 0 分及以上，10 分以下的，评定为三级。

（4）年度考核得分在负 10 分及以上，0 分以下的，评定为四级。

（5）年度考核得分在负 10 分以下的，评定为五级。

第十八条 从业人员有下列情形之一的，其服务质量考核等级直接评定为五级：

（1）利用出租汽车进行违法犯罪活动的。

（2）发生恶性服务质量投诉事件，给行业造成恶劣影响，被市级及以上新闻媒体曝光的。

第四章　质量信誉考核奖惩措施

第十九条 市运管机构依据每季度考核情况，于每年 1 月份综合评定上年度出租汽车公司质量信誉考核等级，并予以公示。

第二十条 出租汽车公司年内质量信誉考核等级为 AAA 级的，给予相应奖励；连续两年考核等级为 B 级的，收回公司车辆总数 5% 的星级较高的挂靠车辆，重新选择优秀公司投放。

第二十一条 市运管机构将年度出租汽车从业人员服务质量信誉考核等级，作为评优依据。

（1）经营业户及其聘用驾驶员考核等级均为一级的，所驾车辆悬挂三星级服务标志。

（2）经营业户及其聘用驾驶员考核等级均为二级的，所驾车辆悬挂二星级服务标志。

（3）经营业户及其聘用驾驶员考核等级均为三级的，所驾车辆悬挂一星级服务标志。

（4）经营业户及其聘用驾驶员考核等级不同时，按低级考核等级悬挂相应星级服务标志。

（5）聘用驾驶员年度考核连续两年为一级的，市运管机构对其发放"诚信服务卡"，有效期内持卡可在行业内随时接受聘用。

（6）出租汽车从业人员年内服务质量信誉考核一次或累计记分在负 6 分及以下的，所属公司应对其停业整顿 7 天。经公司培训考试合格，报市运管机构考核合格后，方可继续从业经营。

（7）出租汽车从业人员年度考核等级为五级的，由市运管机构收回从业人员服务资格证及服务监督卡。申请继续从事经营的，需重新办理从业人员服务资格证和服务监督卡。

第二十二条 出租汽车从业人员年度服务质量信誉考核等级为四级、五级的，取消"泰山文明号"评选资格。

第二十三条 对不遵守本考核办法，违反《山东省道路运输管理条例》第五十条、第五十一条有关规定的，市运管机构应采取相应行政处罚措施，直至扣缴《道路运输证》，吊销《道路运输经营许可证》。

第二十四条 客运出租行业质量信誉考核结果，有效期为一年。自考核结果公布之日起计算。

第五章 附 则

第二十五条 本办法由泰安市交通局负责解释。

第二十六条 本办法自发布之日起施行。

附录二

《关于对市政协十二届一次会议第121号提案的答复》

民革市委：

您提出的"关于加强出租车运行管理的建议"收悉，现答复如下：

一、关于尽快增加出租汽车数量问题

《泰安市客运出租汽车管理办法》（政府令第47号）颁布实施后，泰城组建出租汽车公司10家，出租汽车保有量控制在1 292辆，车辆产权归业户个人所有，挂靠公司从事营运。随着泰城城区面积和城市人口的不断增加，导致出租汽车需求比例逐年增加，特别是在节假日和上下班期间，社会各界及广大市民普遍反映"打的难"。由于客运出租行业是一个非常敏感的行业，增加出租汽车数量，既是出租汽车业户十分关注的热点问题，又是一项系统工程，出台相关政策只要涉及现有出租业户利益，就容易引起行业不稳定。目前，市政府尚未对泰城客运出租汽车"总量控制"的政策作出调整。下一步，为解决泰城"打的难"问题，我局将根据《山东省道路运输条例》有关规定，在借鉴外地经验的基础上，提请市政府修改《泰安市客运出租汽车管理办法》，并调整泰城出租汽车管理"总量控制"政策，探索建立符合我市实际的客运出租市场准入和退出机制，待条件成熟并确保行业稳定的前提下，适时组织开展泰城出租汽车运力扩容工作，实现行业发展动态平衡。

二、关于严打出租汽车拒载问题

客运出租汽车拒载问题的原因主要是部分驾驶员受利益驱使，跑长不跑短、跑畅不跑堵，缺乏起码的职业责任感。为此，我局印发了《好客泰山人，满意在泰安——致全市营业性道路运输驾驶员的一封信》，在全行业倡导诚实守信、优质服务，文明经营、礼貌待客。同时，加强源头管理，督促出租汽车公司利用驾驶员例会和月检时机对驾驶员进行教育引导，提高驾驶员职业认识，杜绝拒载行为。下一步，我们将加大现场稽查和投诉查处力度，严格执行《出租汽车驾驶员从业资格管理规定》，对发现或查实有拒载行为的驾驶员，一律予以停业整顿并处相应罚金,对拒载行为情节严重或屡教不改的,坚决取消其从业资格。

三、关于打击非法营运问题

为维护泰城客运出租市场秩序,打击"黑车"非法营运,我局和泰山区、岱岳区交通运输局抽调专人组成打击非法营运联合执法队伍,在火车站、长途客运站、泰城各重要旅游景点以及出租车驾驶员举报的相关区域进行巡逻查控,严管重罚,形成了打击"黑车"的高压态势。今年以来,已查处非法营运车辆31辆。由于"黑出租"受利益驱使存在较大的市场空间,而在执法、取证、处罚等方面存在很大困难,仅靠交通运输部门查处效果不理想,需要政府多个部门实施集中整治。下一步,我局将继续把打击非法营运作为净化出租汽车运输市场的重点工作常抓不懈,采取有效措施改善市民出行环境。一是大力发展城市公交。继续加大公交投入,合理布局公交线路,优化公交网络,扩大公交覆盖面等,为市民的出行提供便捷舒适的出行条件,大力压缩"黑车"生存空间。二是加强与公安等部门联合执法,对"黑车"进行严打重罚,特别是对"黑车"聚集点进行重点打击。三是加大宣传力度,营造依法打击"黑车"的舆论氛围。

四、关于加强出租汽车卫生管理问题

目前,我们借助出租汽车载体资源广告招商,为泰城全部出租汽车免费更换了新式标志灯和印有星期标示的座套,套头每天一换,座套随时换洗。下一步,我们继续强化措施,加强泰城出租汽车卫生管理。一是将出租车卫生管理列入对企业质量信誉考核的内容,督促各公司健全完善出租汽车月检及卫生情况检查管理制度,督促驾驶员自觉做好车辆卫生保洁工作。二是落实出租汽车车容车貌及车内卫生考核办法,规范建立相应的考核标准,引导广大出租汽车驾驶员自觉保持车辆整洁,为乘客提供洁美的乘车环境。三是执法人员在开展现场稽查中,侧重加强车辆卫生监管,对不符合要求的出租汽车一律暂扣其营运证件,督促其立即整改,整改后仍不合格一律进行停业整顿学习。

五、关于规范驾驶员文明服务问题

泰城出租汽车驾驶员队伍约3 600人,人员流动性强,管理难度较大。为此,我们以打造诚实守信客运出租行业形象为目的,围绕"做文明使者、为泰山增辉"的文明创建理念，积极开展形式多样的优质服竞赛活动，引导出租汽车公司创建了以"爱心车队""雷锋车队""和谐车队"等为主要代表的品牌车队，组织开展了"爱心送考""关爱儿童""学习雷锋"等社会公益活动，充分调动了出租车业户文明经营、热情服务的积极性。

六、关于制定车辆淘汰规定问题

目前，泰城客运出租汽车实行 8 年报废更新制度。2009 年，我局借泰城部分客运出租汽车到期更新之机，实施了泰城客运出租汽车改色换型。更新后，出租汽车颜色有两种，以银灰色为基色，分别搭配翡翠绿色或亚洲黄色；出租汽车车型主要五种，分别为东风悦达起亚、桑塔纳畅达、现代伊兰特、捷达前卫、深圳比亚迪 F3，整体性能比上述车型高者亦可。截至目前，我们按照"报废一辆、更新一辆"和更换颜色与更新车辆同步进行的原则，完成改色换型车辆 970 多辆。

感谢您对交通运输事业的理解、关心和支持！

二〇一二年六月十三日

附录三

山东省 17 市建成区面积、市区人口和出租车数量对照表

城　市	建成区面积 / km²	市区人口 / 万人	城区出租车数量 / 辆
济南市	295	260	8 043
青岛市	230	239	9 000
淄博市	229.5	179.5	2 850
烟台市	172	170	2 100
潍坊市	118	97.6	2 203
临沂市	116.4	136.8	2 750
枣庄市	114	76	1 540

续　表

城　市	建成区面积 / km²	市区人口 / 万人	城区出租车数量 / 辆
泰安市	93	72.5	1 292
东营市	85	60	2 800
威海市	67	53	1 543
日照市	58	41	968
滨州市	58	39	714
聊城市	56	48.7	1 416
莱芜市	55	40	1 600
济宁市	52	51	1 560
菏泽市	51	45	2 315
德州市	42	40	2 405

说明：本表中建成区面积和市区人口数量来自 2010 年全国人口普查数据《山东版》，此后，各地城市规模均有较快扩张，建成区面积不断扩大，市区人口快速增加，相关数据均有较大幅度提高。

案例说明书

一、课前准备

（1）布置学生进行案例准备和理论准备。提前将案例主体发给学生，让学生先熟悉案例以及自主查阅相关资料及理论，初步了解案例内容以及政府与治理、公共决策中的公众参与、利益表达和利益综合等方面的相关理论。

（2）布置学生收集整理关于小城泰安出租车运营史上两次罢运（2009 年 5 月、2014 年 6 月）的有关新闻报道和相关史料，重点整理两次罢运中出租车从业人员的利益诉求、市民的相关态度、利益表达方式和表达困境以及政府的回应和决策等。

（3）安排学生利用网络、报刊等文献，综合收集、跟踪关于全国各地近年来出租车罢运、出租车管理改革等的案例报道，从深层次分析出租行业动荡背后的利益冲突和体制弊病，研究探索解决相关问题的方案。

（4）教师准备PPT，简要介绍案例的内容和利益表达与利益平衡的相关理论。

（5）如果案例教学活动选择案例讨论的方式，应当将学生提前分组，并布置讨论问题；如果选择模拟听证会的方式，应当对参与的学生进行角色分配。同时应根据不同活动方式的具体要求安排教学场所。

二、适用对象

本案例主要为MPA学员学习开发，适合有一定工作经验的学员和管理者学习。适合在《政治学》《公共管理学》《公共政策分析学》等课程的教学中选择需要的角度使用。

三、教学目标

（1）让学生了解出租车行业存在的特许经营模式，熟悉"黑车"泛滥下政府高昂的治理成本，以及由此衍生的乘客、司机、政府相关部门与出租车公司利益冲突等问题。

（2）培养学生发现、分析和解决实际政策问题的能力，教给学生一种政治、利益和科学多元平衡的分析视角。增强学生的公共政策理论素养和实践技能，训练学生的自学、吸取知识、口头表达和独立思考等方面的能力，并培养学生的团队合作精神。

（3）培养学生的理性思维、辩证思维和批判反思的思维方式，追求公共价值、公共利益的公共精神，以及在特定社会背景下，面对诸多诉求，平衡各方面利益的决策能力。

（4）让学生理解和掌握当前社会参与的必要性、复杂性，探讨公众参与的起点和参与路径、有效性有序性。深度探讨公共权力与公民权利间的良性互动模式。

四、要点分析

本案例让学生掌握的重点问题是公共政策制定执行过程中的利益表达、利益平衡和利益整合问题。案例中的线索指引学生重点思考的问题是为什么泰安市政府对泰安客运出租汽车"总量控制"的政策能实行18年？当人数众多的时候，像泰安市的普通市民和外来游客，表达他们对增加出租车数量的诉求为什么那么艰难？

（一）利益表达和利益平衡

利益表达是社会中不同利益群体提出各种要求的过程。美国著名政治学家阿尔蒙德在1966年与鲍威尔出版的迄今已成为政治学经典的《比较政治学：体系、过程和政策》一书中，将某个集团或个人"提出要求的过程称为利益表达"。我国学者朱光磊教授在《当代中国政府过程》一书中使用的是"意见表达"概念。他对这一概念的含义的表述与阿尔蒙德的表述大致相当：不同社会利益群体的群众，以及代表这些群众的党派团体等"提出不同的政治要求的过程，在政治学上，被称之为'意见表达'或'利益表达'。"

各种利益群体都会根据利益关系而提出自己的要求，或者对其他利益群体的要求做出相应的反应。在提出利益要求的同时，还通过各种途径对政策决策者施加影响，试图使政策的决策者通过对自己有利的决策，有的利益群体还会对政治系统提出各种各样的解决方案（即政策规划）。政策制定者需要在制定过程中充分考量各方面的利益需求，进行利益的整合、平衡。

我国改革的过程就是典型的利益整合过程。它不仅使经济利益关系发生了巨大的变化，还使政治关系和政治结构发生了巨大的变化，社会的流动性大大增加，缓和了原有的阶级矛盾和社会矛盾，使社会得以有序和快速地向前发展。在改革过程中，任何利益群团都会主动地表达自己的利益要求，如果利益表达的渠道通畅，政治权力的掌握者都会看到这种要求，如果表达渠道不通畅，说明政治制度存在问题；如果表达渠道通畅，则主要是看利益各方能否相互妥协。如果利益各方都不愿妥协，最后有可能会导致强制性的解决。

在出租车罢运事件中，相对于政府，从业者们并不具备对等的利益博弈能力，利益表达能力孱弱而不具备影响力，他们以集体停运的方式加强影响力，以期政府引起重视并得以改变。而对于广大普通市民而言，其利益表达面临更多的困境，人大代表制度发挥的作用有限、听证会流于形式、个体的表达难以有效传达、群体的力量难以积聚，使他们的利益更容易受到忽视，从而成为决策中被歧视的大多数。现代政府的行事路径，要建立在对各方利益充分尊重的基础上，在对话机制上多方努力，让各方面的诉求尽可能走上理性程序，声音得以表达，处境得到关切，利益得以保障。

（二）公共政策中的利益表达

从政策制定的角度看，利益表达是公共政策制定的基础。众所周知，现实社会中的公共问题是层出不穷、比比皆是的，但并不是所有问题都会进入决策者视野中。在这些形形色色、纷繁杂呈的问题中，只有一小部分经过一定渠道或方式，才能引起决策者的注意和重视，并进入政策或立法议程。

美国政策学者安德森认为，政策制定（或称政策规划、政策形成）涉及三个方面的问题：公共问题是怎样引起决策者注意的；解决特定问题的政策意见是怎样形成的；某一建议是怎样从相互匹敌的可供选择的政策方案中被选中的。阿尔蒙德认为，虽然利益表达同把它们成功地转换为权威性政策，是完全不同的两码事，但如果没有基于利益分化基础上充分的利益表达，就不可能有在广泛的利益综合基础上而形成的政策。因为"每个利益集团都面临着来自其他利益方面的竞争，包括新的或旧的，现行的或潜在的利益。这个利益集团的要求成功与否，取决于利益综合、政策制定和政策执行的整个过程。"只有不同党派、社会团体、新闻媒介等利益集团和普通群众根据自己的观察、观点和利益，提出认为应该通过政策来解决的若干重要问题，在此基础上通过利益综合和相应的政策过程，才能使公共问题真正进入政策程序，最终形成公共政策。

就我国现行政治体制来说，客观而论，并不是没有利益表达机制。例如，在我们的制度设计中，人大代表、政协委员会、各级党组织、工会组织等都是作为利益表达机制而成为我国政治体制的重要组成部分。他们均以社会经济发展为己任的，竭力反映社会公众共同关注的热点、焦点和难点问题，表达绝大多数人民群众的利益要求，履行自己的职责。虽然这种制度安排在我国政治生活中发挥着重要的作用，但在实际运作中明显地存在着诸多不足和缺陷。即使有时也举行过听证会等类似的利益表达方式，但因其听证范围、听证程序、听证结果没有明确的法律规定和制度性保障，其作用和效果也不能令人满意。

（三）公众的表达困境——"一袋马铃薯"和"沉默的大多数"

马克思在《路易·波拿巴的雾月十八日》中指出："小农人数众多，他们的生活条件相同，但是彼此间并没有发生多种多样的关系。他们的生产方式不是使他们互相交往，而是使他们互相隔离。……这样，法国国民的广大群众，便是由一些同名数简单相加形成的，就像一袋马铃薯是由袋中的一个个马铃薯汇集而成的那样。数百万家庭的经济生活条件使他们的生活方式、利益和教育程度与其他阶级的生活方式、利益和教育程度各不相同并互相敌对，就这一点而言，他们是一个阶级。而各个小农彼此间只存在地域的联系，他们利益的同一性并不使他们彼此间形成共同关系,形成全国性的联系,形成政治组织,就这一点而言,他们又不是一个阶级。"(《马克思恩格斯文集》第2卷,第566－567页,人民出版社2009年12月)

马克思用"一袋"这个词,他要说明的是,当时的法国农民既是一个阶级(放在一个袋子中,都是相同的马铃薯),又不是一个阶级(只是人为地用袋子"汇集"起来的,但它们意识不到自己的共同性,也就是说,没有自己的"阶级意识")。

此外,政治学中有一个重要的现象叫"沉默的大多数",赞同的话,就不发言了;赞同的大多数都在沉默,而那少数的反对派却把声音放到最大,希望引起社会各个方面的注意。由此,人们接触到的民意,可能恰恰是少数人的民意,是对社会危险的民意。因此,我们要积极运用各种手段和动员方式让"沉默的大多数"说话,让正义的力量、善良的力量、诚信的力量成为前进的主要力量。

在现实社会中,大部分情况下,公众有时表现得也如"一袋马铃薯",虽然他们在某个领域具有共同的诉求并与其他群体形成利益上的此消彼长甚至于敌对关系,但由于彼此的分割,他们利益的共同性并不能使他们形成共同关系,很难有一种形式将他们聚合起来,从而形成利益诉求表达上的困境,在政策制定过程中,他们的利益就很容易被忽视了。实际上,对于增加出租车数量,绝大多数和市民都有着强烈的诉求,但是在影响公共政策过程中,他们成了"一袋马铃薯",成了"沉默的大多数",而出租车从业者由于彼此之间紧密的联系和利益的一致性,他们虽然相较于市民而言只是少数,但他们更容易向决策者发出他们的声音,从而影响公共政策制定朝着他们希望的方向运行。

(四)对多数人的歧视

1998年8月份,泰安市政府出台"按照总量控制、调整结构的原则,在今后一段时间内不再新增客运出租车辆"的管理政策,坚持冻结客运出租车审批手续,出租车数量十多年来一直控制在1 292辆没有变化。尽管近年来有不少市民或各界代表通过多种方式咨询过出租车运力增加问题,要求增加出租车数量的呼声越来越高,但目前,市政府尚未对泰城客运出租汽车"总量控制"的政策做出调整。

这么样一个政策,为什么能实行18年?是因为目前出租车公司、车主使用的出租车经营权是政府以"特许经营"方式转让的,最初多为无偿或低价转让,但却被作为稀缺垄断资源高额炒卖,目前一辆出租车经营权已经被炒到五六十万元。这些出租车公司和车主成为一个利益集团,他们是绝对不愿意增加出租车数量的,所以这些人当然就结成了非常强的利益集团,一旦政府决定增加出租车数量,"动了他们的奶酪",就必然遭到他们的强烈反对。

政治学中还有一种现象叫对多数人的歧视，反映的是一个经典的集体行动的难题，当人数众多的时候，像泰安市这些倍受"打车难"折磨的普通市民和外来游客，要组织起来表达他们对增加出租车数量的诉求，实际上是非常困难的。人数太多，利益很分散，反倒是已经因出租车经营权垄断而获得巨大利益的这些人，他们结成了很强的利益集团，然后来要求政府继续维持这么一个政策。

五、课堂安排

本课程可以采用讨论式、辩论式或场景模拟式教学方式。下面仅以场景模拟式教学进行课堂安排。教学时间为2课时。

（1）全班成员按照听证会的要求进行角色模拟，分别扮演听证会主持人、出租汽车驾驶员代表、出租汽车企业代表、消费者代表、公交企业代表、专家代表、人大代表、政协委员代表、物价部门代表等，模拟一场"泰安市城区新增客运出租汽车400辆"或"泰安市上调出租车运营价格"的听证会。

（2）将案例主体提前分发给学生阅读，布置学生收集相关资料，熟悉听证会流程。要求每个学员（尽管有的角色可能需要几个不同的学员扮演）都要根据自己的角色进行前期调研，了解所代表的利益群体的诉求和态度，了解各自所代表的角色的立场、责任，准备在听证会上的发言和辩论提纲。

（3）上课时，老师再简单介绍案例，重点将教学模拟活动的主题点明，以避免脱离主题。接下来，老师组织学生按照听证会的规范程序让学生自主主持完成一场模拟的听证会。老师在旁听的过程中，应从全局观察学生的表现，把握学生表达的立场和观点，为后面相关知识的讲解做好铺垫。

（4）老师对模拟听证会的情况进行点评，对案例中体现的相关政府治理、政府决策中的公众参与、利益表达和利益整合等相关理论问题进行讲解。

案例讨论时间：课堂时间控制在80～90分钟。如下是按照时间进度提供的课堂计划建议，仅供参考。

案例概述：带领学生回顾案例内容，明确主题。5～10分钟

模拟听证：由学生自主主持按照角色分配完成。50～60分钟

评价与总结：对知识点进行梳理与案例总结。5～10分钟

问答与机动：回答学生的一些额外问题等。5～10分钟

六、其他教学支持

（1）需要将多媒体教室按照举行听证会的要求进行布置，学生提前准备座位名牌等。

（2）为了使学生全面了解泰安市近年来出租车管理方面的政策变迁，便于学生深度挖掘政策制定过程中各方利益的博弈与平衡，提前将近年来泰安市人民政府及相关部门制定的相关办法、规定以及对代表、委员提案议案的答复等材料的电子版发到班级邮箱，供学生分析使用。

（3）网络对泰安市出租车罢运事件报道和讨论的相关网页链接。http://paper.dzwww.com/jjdb/data/20140519/html/2/content_4.html；

http://tieba.baidu.com/p/3041674601。

七、说明

（1）本案例授权"全国公共管理案例中心案例库"及教育部学位与研究生发展中心的"中国专业学位教学案例中心案例库"收录。

（2）本案例只供课堂讨论之用。

案例二

滕州弊案中的"塔西佗陷阱"
——政府公信力缺失及其后果[①]

案例主体

摘要：2015年山东省滕州市事业单位招聘考试出现高分井喷现象，引发社会各界广泛质疑，经公安相关立案侦查，证实系社会人员利用高科技手段作案的结果。案例介绍了滕州弊案的发生和处理经过，重点描述了弊案演进的各个环节中公众对政府的不信任，试图呈现政府公信力缺失而陷入"塔西佗陷阱"的窘况。本案例可适用于公共管理、公共管理伦理与道德等课程，尤其适合在公共危机管理、公共部门的道德规范与道德评价、政府公信力与执行力等内容的教学中使用。

关键词：滕州弊案；塔西佗陷阱；政府公信力

一、引言

滕州市现为山东省枣庄市代管的县级市，是一座历史悠久的文化名城，考古发掘的距今7 300年的"北辛文化"遗址，表明这里是中华民族最早的人类文明发源地之一。这里是古薛国故地，物华天宝，人杰地灵，历史上名人辈出、人文荟萃，是墨子、鲁班、孟尝君、毛遂等历史名人的故里。滕文公礼聘孟子

---

① 本案例的撰写基于网络媒体对滕州弊案的跟踪报道、网民在论坛及贴吧发帖等资料，以及笔者对滕州市人力资源和社会保障局工作人员、部分考生及网民的访谈。

施善政、成善国，墨子止楚攻宋、兼爱非攻，孟尝君门客三千、广纳贤才，毛遂自荐的故事广为流传，成为千古佳话。

厚重的历史文化积淀、丰富的先贤事迹遗存，使滕州自古就有尊师重教、科举入仕的传统。到了现代，科教文化教育事业更加繁荣。据滕州市2015年3月公布的数据，滕州市2014年高考考生中本科录取率达到54.67%，考取北大、清华15人，连续两年摘取山东省理科状元、枣庄市文科状元。

而在随后进行的2015年事业单位招聘考试中，滕州市更是呈现出高分井喷之势，往日宁静的古城滕州也陷入了一片喧嚣，成为公众关注的中心。但随着社会各届的质疑声起、公安机关的介入调查，高分奇迹开始幻灭，真相终于大白于天下，高分逆天原来系社会人员高科技手段作弊的结果，滕州事业单位考试高分云集的背后，是一场彻头彻尾的弊案。

滕州弊案虽已尘埃落定，相关人员也已得到法律的惩处，但事件本身的一波三折，政府部门的力证与公众的质疑，其背后折射出来的政府公信力缺失总会让人觉得余波未了，树欲静而风不止……

二、风乍起，高分齐聚滕州引发质疑

2015年5月23日，按照山东省规定的统一时间，滕州市事业单位人员公开招聘笔试在滕州一中东校考点举行。

经过紧张的阅卷、成绩复核整理，6月15日，滕州市人社局向社会公布了笔试成绩，这也意味着进入面试人员名单的基本确定。与此同时，山东省大部分地区也先后公布面试成绩。相比山东其他地区和枣庄其他区进入面试的名单，滕州市高分考生数量有些离谱。

因为是全省统考，考生使用同一张试卷，分数具有可比性。在省属事业单位公开招聘进入面试范围的人员名单中，综合类考生进入面试的有1 755人，其中笔试分数超过80分的考生有3人，80分以上比例不到千分之二，而滕州市综合类考生进入面试的有183人，笔试成绩超80分的考生就有22人，80分以上比例为12%。加上教育类3名获得80分以上的考生，滕州共有25人笔试成绩超过80分。而这25人当中，又有近半数考生的笔试成绩高达85分以上。更让人感到惊讶的是，滕州"环境卫生管理处"岗位进入面试的6位考生均超过80分，最低分为81.20分。①

---

① 樊思思，孟令洋. 滕州事业编考试公开面试名单 异常高分考生"消失"[EB/OL]. http://zibo.dzwww.com/sdxw/201512/t20151206_13454377.htm，2015-12-06/2017-11-12.

与此形成鲜明对比的是，在枣庄市直事业单位进入面试范围人员名单以及薛城区、山亭区的面试名单中，市直单位面试名单仅有 1 人超过 80 分；薛城和山亭均无考生超过 80 分。

"一石击起千层浪"，面对滕州考区的"逆天成绩"，不少考生都质疑滕州高分集中背后有"猫腻"。2015 年 6 月 16 日，大众论坛中一位网名"逆倒尘光88"的网友发帖《2015 滕州事业编考试异常》，在帖子中，该网友帖出了滕州市事业编考试的成绩排名，并与山东省全省考试情况进行了对比分析，指出"成绩明显异常！有好多同学还沉溺在难过之中没有发现问题，也有同学有所发觉了在 QQ 群里议论这是怎么回事，觉得无能为力，因为我们没有证据没有抓到他们现行"。

帖子发出后，引来大量网友跟帖，在对滕州考区成绩表示质疑的同时，也透出许多无奈，也有少数网友强烈要求有关部门进行调查并做出说明，以平息公众的质疑。有考生表示，自己辛辛苦苦准备了一年多，最终考了 65.8 分。"和我一样辛苦准备很长时间的朋友，大都考了六十多分，有的考了五十多分，大家都能感觉出来，怎么可能考到 80 分以上，竟然还有 22 个，肯定不正常。"该考生说。更有山东其他地区考生调侃滕州考生赤裸裸地"侮辱"了其他地区考生的智商，因为他所在的地区综合类岗位中没有人超过 80 分。

三、定风波，滕州招考单位发声力证

为了解除公众的疑惑，6 月 17 日，大众网记者曾到滕州市人力资源和社会保障局。"枣庄其他地区都是 6 月 17 日公布的，滕州是在全省比较早进行面试名单公布的，这正说明部门对于所负责的考务工作是坦坦荡荡的。"该局工作人员说。

"我们也对出现高分的考场调取了监控录像进行查看，考务环节不存在问题。"滕州人社局负责人事的工作人员说，"这 22 个高分考生分布在 8 个岗位，其中 19 个考生集中在 5 个岗位，这 5 个岗位不限专业，报录比达到 213:1，其中对于大家提到的环卫处的一个岗位，达到 398:2，这个比例在全省都是很高的，容易出高分"。

同一天，就在猜疑四起之际，滕州招考办方面迅速发声，滕州市人社局在官方网站上发布了《滕州市事业编单位公开招聘笔试情况说明》（以下简称《笔试情况说明》），就高分考生的分布情况及岗位情况告知社会，力证笔试环节无异常现象，所有程序均符合规定。[①]

[①] 樊思思，孟令洋. 滕州事业编考试公开面试名单 异常高分考生"消失"[EB/OL]. http://zibo.dzwww.com/sdxw/201512/t20151206_13454377.htm，2015-12-06/2017-11-12.

滕州市事业单位公开招聘笔试情况说明

滕州市事业单位人员公开招聘笔试按照全省统一要求，5月23日在滕州一中东校唯一考点举行，监考老师从部分市直小学及镇街教师中抽取。经调阅监控录像，各考场未出现异常现象。此次招考我市严格按照全省统一要求，各项程序和环节均符合规定。

本次笔试由省统一命题、阅卷，我市笔试成绩超过80分以上共25人，其中综合类22人，教育类3人。综合类22人涉及岗位8个，其中不限专业要求岗位5个，涉及80分以上19人。19人所报考岗位，考生人数与招聘计划比约为213:1（考生1703人，招聘计划8人）。经查，22人分布在20个考场，一个考场超80分最多的为2人，不存在高分集中在少数考场现象，考生父母工作单位分布在各个行业，不存在考生父母集中在某一个单位的现象。

如存有质疑，请拨打电话588522咨询。

滕州市事业单位公开招聘考试录用小组办公室
2015年6月17日

2015年6月17日，滕州市就事业编单位公开招聘笔试情况作出说明

《笔试情况说明》称，滕州市事业单位人员公开招聘笔试按照全省统一要求，5月23日在滕州一中东校唯一考点举行，监考老师从部分市直小学及镇街教师中抽取。经调阅监控录像，各考场未出现异常现象。此次招考我市严格按照全省统一要求，各项程序和环节均符合规定。

《笔试情况说明》介绍，本次笔试由省统一命题、阅卷，我市笔试成绩超过80分以上共25人，其中综合类22人，教育类3人。综合类22人涉及岗位8个，其中不限专业要求岗位5个，涉及80分以上19人。19人所报考岗位，考生人数与招聘计划比约为213:1（考生1703人，招聘计划8人）。经调查，22人分布在20个考场，一个考场超80分最多的为2人，不存在高分集中在少数考场现象，考生父母工作单位分布在各个行业，不存在考生父母集中在某一个单位的现象。

这份由滕州市招考办发布的《笔试情况说明》，从试题、现场监控、高分

考生考场分布、考生父母工作单位等多个方面进行了解释说明，明确表示本次笔试"符合规定"，没有问题。

既然招考方未出现纰漏，那么，会不会是考生本人有违规违纪行为呢？《说明》公布当天，大众网记者就此事采访了滕州市事业单位公开招聘考试录用小组办公室，对于考场中可能存在无线设备的质疑，工作人员回应称，滕州一中东校作为唯一考点，考场按照高考标准设置，考试期间屏蔽通信讯号，并设置了金属探测仪。

四、生疑窦，面试名单推迟半年公布

坊间对于本次笔试成绩的猜疑并未因滕州招考办发布的一纸说明而消解，尤其是广大网民充分利用微博、论坛等方式，继续表达他们对官方说明的质疑。

6月17日，一名网名"毛遂自荐"的网友发帖《关于滕州事业编考试的一些看法》，引来网友跟帖评论。

网民"潇潇～风"跟帖评论："某局的公告已经出来了，不到半天就调查清楚并把'真相'公布出来，真是效率，在这说也没用，上报中纪委网站吧"。

甚至有网友进一步怀疑高分背后是否有某局的参与，认为这样的作弊某局不尽力帮忙都不可能完成。

潇潇～风

某局的公告已经出来了，不到半天就调查清楚并把"真相"公布出来，真是效率，在这说也没用，上报中纪委网站吧。

xiaomi50981557：早就说了，这样的作弊某局不尽力帮忙都不可能完成，还找他们举报，举报时说得越详细，他们的对应措施就越周密，这点儿事儿还用想？

2015-6-17 12:54 回复

资料来源：网络截图自百度贴吧·滕州吧：http://tieba.baidu.com/p/3832115654

接下来的几个月里，本该"按照全省统一规定"进行的面试环节迟迟没有到来更使公众的疑问不断升级，特别是广大考生对面试持续关注，并纷纷打电话或在官网留言，询问最后的面试名单以及面试时间。与此同时，"滕州市事业单位考试要重考"的消息不胫而走。

11月3日，滕州市人社局官网"热点问题"栏目中，有网友咨询"听说滕州事业单位面试取消，要重考，请问这是真的吗？"也有网友表示"广大考生

都是刻苦学习才进入面试的,有的甚至辞去工作专心备考,迟迟不面试是对广大考生的不负责任,希望尽快予以答复,保障大家的知情权。"

对此,滕州市人社局均回复称:目前,针对笔试所反映的情况,有关部门正在调查核实,面试的具体时间将在市人社局网站发布,请耐心等待。

其后就是漫长的等待和持续的质疑,对相关部门的不信任也在不断升级……

"千呼万唤始出来,犹抱琵琶半遮面"。距离第一份面试名单公布半年之后,12月3日,滕州市人社局官方网站发布《2015年滕州市事业单位公开招聘公告第4号》——一份全新的面试名单。与半年前的第一份面试名单相比,新名单中笔试成绩超过80分的考生仅剩3人。而在高分异常集中的综合类岗位,有27个岗位面试人员名单发生变化。原先22名成绩在80分以上的考生集体消失,5名70分以上考生也消失。

尽管未说明那27名高分考生从何而来,为何会考取高分,有无"猫腻",但这批考生的名字从新面试名单中集体消失,本身已经反映了一些问题。公众期待有关部门尽快公布调查结果,给广大考生,也给全社会一个明明白白的解释。

五、揭真相,违纪作弊考生涉嫌犯罪

12月7日,即新名单公布五天之后,滕州市人社局发布《关于2015年滕州事业单位公开招聘笔试有关情况的说明》(以下简称《说明》),称滕州事业单位招聘考试中有人利用高科技手段作案,所有违纪作弊考生全部取消资格,另有苗某某等涉案嫌疑人被捕。

《说明》称,公安机关根据犯罪嫌疑人供述及掌握的相关证据,集中时间对违纪作弊考生逐一核实认定。根据《2015年滕州市事业单位公开招聘高校毕业生简章》规定,对所有违纪作弊考生,取消考试资格。

说明发出后,社会各界不断猜测试题是提前泄露还是临场泄露。"如此数量的考生集体作弊事件,会不会有监考人员参与?"有网友发出这样的疑问。

/案例二/

关于2015年滕州市事业单位公开招聘笔试有关情况的说明

日期：2015-12-7　　　　　　　　　　　　　　　　　　　　浏览次数：3027

一、笔试基本情况

按照省、枣庄市部署，2015年滕州市事业单位公开招聘参加全省统一笔试。笔试于2015年5月23日进行，考点设滕州一中东校，我市参加笔试考生人数5396人，分综合、教育、卫生3类，共183个考场。

二、笔试问题调查及处理

2015年6月15日，市招考办公布了进入面试人员名单，针对个别岗位考生笔试成绩高分相对集中的情况，为严肃考风考纪，维护考试公平公正，市招考办会同公安机关进行立案调查。经查，犯罪嫌疑人苗某某等利用高科技手段作弊，目前犯罪嫌疑人已被公安机关逮捕。

公安机关根据犯罪嫌疑人供述及掌握的相关证据，集中时间对违纪作弊考生逐一核实认定，根据《2015年滕州市事业单位公开招聘高校毕业生简章》规定，对所有违纪作弊考生，取消考试资格。

12月3日，市招考办发布了2015年滕州市事业单位公开招聘进入面试人员名单，并于12月5日至7日进行了资格审查，目前正按招聘程序组织进行。

市招考办
2015年12月7日

2015年12月7日，滕州市就事业编单位公开招聘笔试情况再次作出说明[①]

12月9日，滕州市人社局工作人员介绍，在报考阶段，犯罪团伙就安排人员以考生名义报考滕州事业单位招聘岗位，携带伪装隐秘的微型扫描设备进入考场，获取试题后借故离开。此时在滕州一中新校考点附近租住宾馆的犯罪团伙已精心安排，组织"枪手"答题，而花钱购买答案的考生携带微型接收器，通过基站接收答案。经滕州招考办和公安机关联合调查，试题为临场泄露，监考人员是在考前通过抽签分配的考场，不存在监考人员参与案件。

六、起余波，树欲静而风不止

按理说，2015年滕州事业单位考试弊案已交由司法机关依法处理，事件至

---

① 樊思思，孟令洋. 滕州事业编考试公开面试名单 异常高分考生"消失"[EB/OL]. http://zibo.dzwww.com/sdxw/201512/t20151206_13454377.htm，2015-12-06/2017-11-12.

143

此应该尘埃落定，但是也许因为此案一波三折，加上人社部门当初信誓旦旦的说明考试一切正常，社会各界对事件的处理方式及结论仍然心存疑惑。

首先是对以考生名义参加考试的作案人员能够提前离开考场的质疑。有网友指出："考场上是不准任何人提前离场的，对不对？这个提前离场值得怀疑"。更有网友发出质问：高科技作案是避无可避，还是故存漏洞？认为考试现场布有无线电拦截装置，依旧有大批考生作弊成功。这是政府科技不及私人水平，还是故意放出漏洞，方便他人，相关政府仍然有待查证。

其次，还有一些网友死死揪住人社局当初面对公众质疑时做的《笔试情况说明》不放，指出应该对仓促做出结论，力证笔试环节无异常现象，所有程序均符合规定的行为人进行追责。认为这些年来，正是部分政府机关有权任性、掩耳盗铃、暗箱操作、言而无信，严重损害了政府公信力，导致了政府的"信任危机"。当初面对社会上的质疑，滕州市录用小组办公室很快做出了笔试情况说明，言之凿凿、信誓旦旦。在此之前，有没有认真进行调查？对高分考生集中的情况是真的认为一切正常还是试图混淆视听、蒙混过关？对整个笔试过程的组织是真的高度自信还是色厉内荏、敷衍塞责？

还有没有漏网之鱼？这也是广大网友依然质疑的问题。最后，公布的名单中，原来22名成绩在80分以上的考生5名70分以上考生集体消失。除了这些人之外，还有没有其他高分考生甚或是低分入围考生"成功"躲过了公安机关的侦查，除了滕州市之外，枣庄市的其他地方的个别高分逆天考生是否也存在问题？诸如此类的质疑远没有随着滕州弊案的侦破而尘埃落定。

我的歌驴来：回复 滕州第一水帖号：考场上是不准任何人提前离场的，对不对？这个提前离场值得怀疑
调查还是不彻底，还是有漏网之鱼，估计能避开的调查，也已经用钱把犯罪嫌疑人的嘴封牢啦！
反正天很蓝：回复 七月小小静：
滕州市一开始公布的说不存在异常，这个是谁来担责？
旧滕县：回复 彼岸L繁华：不仔细调研，匆忙下结论说正常的人没有点责任？

以上资料来源：百度贴吧 滕州吧 2015.12.09

daveking0007 发表于 2015-12-4 11:26
对外宣称这么公平公正客观的考试都能出现作弊问题，实在是应该对外公布调查结果，是谁泄露的考题，是谁在作弊，是谁帮助作弊，不然怎么打消质疑，怎么维护政府公信力 枣庄还有个全省最高分88.8呢，又怎么了？期待公平公正。

网络截图自大众论坛：http://bbs.dzwww.com/thread-46805028-1-1.html

在这样一个政府失去公众基本信任的时代，无论政府怎样发声力证，总会有各种怀疑相伴而生，"不管你信不信，反正我是不信"……

思考题：

1. 面对社会上的质疑，滕州招考办方面迅速发声，滕州市人社局在官方网站上发布了笔试情况说明，就高分考生的分布情况及岗位情况告知社会，力证笔试环节无异常现象，所有程序均符合规定。运用所学理论，试对滕州市人社局的行为进行评价。

2. 在省其他地区的面试名单陆续公布后，人社局发现分数的异常现象后是如何应对的？如何评价？

3. 从招考办发布笔试情况说明，到最终重新公布面试名单，间隔5个多月，其间人社局是如何应对网友咨询和记者采访的？如何评价？

4. 2015年12月7日，滕州市人社局发布《关于2015年滕州市事业单位公开招聘笔试有关情况的说明》，该说明在平息社会舆论质疑中所产生的效果？

5. 滕州市人社局对此次事业单位招考弊案的处理对政府机关面对和处置舆情方面有何启示？

6. 试分析政府陷入"塔西佗陷阱"的机理并就政府如何提高公信力提出对策建议。

案例说明书

一、课前准备

（1）布置学生进行案例准备和理论准备。提前将案例主体发给学生，让学生先熟悉案例以及自主查阅相关资料及理论，初步了解案例内容以及公共危机管理、公共部门的道德规范与道德评价、政府公信力与执行力（可根据教师的授课内容选择，下同）等方面的相关理论。

（2）布置学生收集整理关于2015年山东省滕州市事业单位招聘考试弊案的有关新闻报道和相关史料，重点整理社会各界对笔试成绩、面试名单、有关部门所做声明的质疑以及政府的回应和决策等。

（3）安排学生利用网络、报刊等文献，综合收集、跟踪关于全国各地近年来社会群体突发事件中政府陷入"塔西佗陷阱"的机关报道，从深层次分析政府公信力缺失的原因及其后果，认识在传播方式变迁的网络时代政府日常社会管理中需要面对的挑战。

（4）教师准备PPT，简要介绍案例的内容和公共危机管理、公共部门的道德规范与道德评价、政府公信力与执行力相关理论。

（5）将学生提前分组，并布置讨论问题，根据讨论的需要安排教学场所。

二、适用对象

本案例主要为MPA学员学习开发，适合有一定工作经验的学员和管理者学习。适合在《公共管理伦理与道德》《公共政策分析》《公共危机管理》等课程的教学中选择需要的角度使用。

三、教学目标

（1）让学生了解当前互联网快速发展、网民广泛参与时代背景下我国政府公信力状况以及公信力缺失所导致的严重后果，深刻认识政府陷入"塔西佗陷阱"的内、外部原因，思考破解"塔西佗陷阱"的对策。

（2）培养学生发现、分析和解决实际政策问题的能力，增强学生的公共政策理论素养和实践技能，训练学生的自学、吸取知识、口头表达和独立思考等方面的能力，并培养学生的团队合作精神。

（3）破解培养学生的理性思维、辩证思维和批判反思的思维方式，追求公共价值、公共利益的公共精神，培养良好的公共伦理操守，塑造清廉形象，提高处理复杂舆情、公共群体事件的能力。

四、要点分析

本案例让学生掌握的重点问题是政府公信力的下降使政府极易陷入"塔西佗陷阱"。案例中的线索指引学生重点思考的问题是为什么社会公众对政府产生严重的不信任？政府公信力的下降的严重后果是什么？如何走出"塔西佗陷阱"？

（一）关于"塔西佗陷阱"

塔西佗陷阱"得名于古罗马时期的历史学家塔西佗，通俗地讲就是指当政府部门失去公信力时，无论说真话还是假话，做好事还是坏事，都会被认为是说假话、做坏事。这个卓越的见解后来成为西方政治学里的定律之一——"塔西佗陷阱"。

这一定律在近年来的社会群体突发事件中有充分的体现。在网络时代，"塔西佗陷阱"正随着传播方式的变迁成为日常社会管理中需要频繁面对的挑战。网络舆论事件频发，已成为民意聚散的一个重要平台和渠道。"塔西佗陷阱"有可能因漠视民意，信息淤塞而急速放大，也会在及时合理的应对中逐渐消弭。保障人民群众的知情权、参与权、表达权、监督权，正是网络语境中社会管理的一项指导原则。

在滕州弊案整个过程中，无论政府相关部门进行怎样的解释和说明，总有各种质疑，社会公众对政府失去了最基本的信任。从笔试成绩和面试名单发布到引发质疑后政府做出说明，再到最后公安机关查实案件真相并予以公布，整个过程中，总相伴各种不信任的声音在网上此起彼伏，从而在潜移默化中影响公众的判断趋向，互联网就有可能发酵公众对政府的不信任情绪，形成"塔西佗陷阱"的舆论土壤。

（二）关于政府公信力

公信力是政府的影响力与号召力，它是政府行政能力的客观结果，体现了政府工作的权威性、民主程度、服务程度和法制建设程度；同时，它也是人民群众对政府的评价，反映了人民群众对政府的满意度和信任度。

政府公信力涉及两个主体：信用方（即政府），信任方（即社会公众）。它包含公众对政府的信任和政府对公众的信用，其中政府信用是政府公信力的核心内容。政府信用是社会组织和民众对政府信誉的一种主观评价或价值判断，是政府行政行为所产生的信誉和形象在社会组织和民众中所形成的一种心理反应，它包括民众对政府整体形象的认识、情感、态度、情绪、兴趣、期望和信念等，也体现出民众自愿地配合政府行政，减少政府的公共管理成本，以提高公共行政效率，是现代民主和法治条件下的责任政府的重要标识。政府公信力体现政府的信用能力，它反映了公民在何种程度上对政府行为持信任态度。政府公信力的强弱，取决于政府所拥有的信用资源的丰富程度。这种信用资源既包括意识形态上的（如公民对政府的政治合法性的信仰，公民对政府制度及公共选择过程的公正性、合理性的认可程度等）、物质上的（如政府的财力），又包括政府及其工作人员在公民心目中的具体形象等。

（三）政府公信力是执行力的基础

政府执行力是指以政府为主的公共部门以强制力为后盾，贯彻执行国家大政方针政策、法律法令，以及上级指示、决定、决议，从而实现战略目标和任务的能力。

作为社会活动的主要组织者和监督管理者，作为诚信环境最重要的建设和保障力量，政府的行为具有强烈的示范效应和重要的引导作用，一旦失去公信，随之失去的就是影响力和权威性，没有人愿意听其号召，在落实各项政策措施时，群众阻力相对增大，甚至出现对抗行为；群众中的我行我素、自由主义言行就会漫延，丧失对社会的信任感和归属感，削弱政府的合法性，导致整个社会秩序失范。

由此可见，公信力是执行力的前提和基础。公众对政府的信任程度直接关系到政府执行力的强弱，政府的各项政策、计划、规划如果得到了民众的高度认同，那么在执行的过程中就会没有阻力或阻力很小，反之，就很难执行。

（四）网络舆情监控与危机管理

网络舆论监测，即网络舆情监测，是通过对互联网传播的公众对现实生活中某些热点、焦点问题所持的有较强影响力、倾向性的言论和观点的一种监视和预测行为。

网络舆情监测主要通过 BBS 论坛、博客、新闻跟帖、转帖等实现并加以强化。由于互联网具有虚拟性、隐蔽性、发散性、渗透性和随意性等特点，越来越多的网民乐意通过这种渠道来表达观点、传播思想。当今，信息传播与意见交互空前迅捷，网络舆论的表达诉求也日益多元。如果引导不善，负面的信息将对社会公共安全形成较大威胁。对于相关政府部门来说，如何加强对网络舆论的及时监测、有效引导，以及对网络舆论危机的积极化解，对维护社会稳定、促进国家发展具有极其重要的现实意义，也是创建和谐社会的应有内涵。

舆情的联动应急机制，指政府管理部门及其他相关职能机构，对网络舆情尤其是负面舆情的监测预警与控制，从而实现有效化解网络舆论危机的目的，包括监测、预警、应对三个环节。在监测环节，有关人员和系统对网络舆情的内容、走向、价值观等方面进行密切关注，将最新情况及时反映到有关部门；在预警环节，对内容进行判断和归纳，对这些正在形成、有可能产生更大范围影响的舆论进行筛选，为接下来可能发生的网络舆情走向做好各种应对准备；在应对环节，当网络舆情变为现实的网络舆论危机事件后，有关政府部门采取的具体行动，化解危机、消除不良影响。这三个环节有机组合，从整体上构成了网络舆情联动应急机制。

五、课堂安排

本课程可以采用讨论式、场景模拟式教学方式，教学时间为 2 课时。

案例讨论时间：课堂时间控制在 80～90 分钟。如下是按照时间进度提供的课堂计划建议，仅供参考。

案例概述：带领学生回顾案例内容，明确主题。5～10分钟
案例讨论：由学生自主主持完成。50～60分钟
评价与总结：对知识点进行梳理与案例总结。5～10分钟
问答与机动：回答学生的一些额外问题等。5～10分钟

六、其他教学支持

（1）需要将多媒体教室（或专门的MPA案例分析室）按照举行讨论会的要求进行布置，学生提前准备桌牌、发言席等。

（2）为了使学生全面了解滕州市2015年事业单位招聘考试弊案的演进过程，便于学生深度挖掘政府面对社会各界广泛质疑时的应对策略，提前将滕州市人社局先后发布的面试名单、说明等的电子版发到班级邮箱，供学生分析使用。

（3）网络对滕州市2015年事业单位招聘考试弊案报道讨论的相关网页链接：大众论坛 http://bbs.dzwww.com/thread-48616245-1-1.html；百度贴吧 http://tieba.baidu.com/p/4204592924；大众网 http://www.dzwww.com/dldc/。

七、说明

（1）本案例授权"全国公共管理案例中心案例库"及教育部学位与研究生发展中心的"中国专业学位教学案例中心案例库"收录。

（2）本案例只供课堂讨论之用。

案例三

如此征地何时休
——平度事件中的地方政府行为

案例主体

摘要：随着城镇化进程的加快，越来越多的村庄将面临征地或者拆迁。本案例描述了2014年山东省平度市杜家疃村村民因对开发商征地手续有异议，没有拿到征地补偿，在已被圈占的被征地施工入口搭建的帐篷遭遇起火。由于事发突然，火势太大，结果酿成1死3伤。整个事件反映了地方政府在行使国家赋予的公共权力过程中，由于背离公共利益对土地使用者造成伤害，引起征地纠纷和矛盾的问题。本案例期望引导学员深入思考如何跳出"平度式征地"模式，构建失地农民突发事件防控机制，如何在土地利用管理过程中进行全程实时监督并建立有效预防机制等问题，规范政府行为。

关键词：治理理论；征地；突发事件；地方政府行为

2014年3月21日凌晨1点50分左右，山东省平度市杜家疃村村民因对开发商征地手续有异议，没有拿到征地补偿而在已被圈占的被征地施工入口搭建的帐篷遭遇起火。由于事出突然，火势太大，守地村民没来得及逃生，结果酿成1死3伤的惨剧。

从抵制强征地的村民被烧死，到"火灾"的官方说法，再到承认"有纵火嫌疑"；从当地警方半夜"抢尸"，到"家属自行运尸体"……事件的发展跌宕起伏。平度这座山东省青岛市下辖的小城顿时成为全国舆论的焦点。

一、背景

杜家疃村位于青岛平度市城区南部,耕地面积0.191平方千米,居民187户,农业人口593人。村庄北侧是平度市内交通主干道青岛路东西贯通,村里的耕地都在村子南侧,被厦门路分成南北两块。路南的那块就是此次村民"保卫"的土地。

杜家疃周边的大官庄、西凤台、东盘疃、西盘疃、大窑村、李官庄等诸多村庄,也都面临征地或拆迁的局面。近年来,平度市委市政府强势推进城镇化,征地拆迁力度非常大。目前,平度市辖区内,共有超过90个村镇正在推进类似的城镇化工程。

2012年3月22日,平度召开加快推进新型城镇化动员大会,市委书记王中说,要排除干扰,破解制约,强化"抓拆迁就是抓改造、抓项目、抓超常规跨越发展"的意识,以坚定不移的决心"强力"推进新型城镇化。

2013年11月12日,号称青岛最大新农村社区的幸福里社区奠基。这个属于凤台街道的社区占地近2.0×10^5平方米、总建筑面积323万平方米,涉及周边5个村庄1 100余户村民。而这样的新农村社区,平度2013年共规划建设261个。

2006年7月,平度市人民政府拟征收香店办事处杜家疃村农用地125 055平方米等四块地,并发布《征收土地预公告》。当年12月31日,山东省人民政府批复了香店街道办事处等农用地转为建设用地。上述农用地转用后同意征收,用于该市的城市建设。这是事情的起点。

平度有关部门介绍,按规定,政府征收土地程序合法。2006年,平度市政府就要求土地征收后村委要做好村民工作,对上述土地进行勘测定界,进行现场调查。但一些村民不愿失地,在政府部门组织土地征收过程中,一直"不配合"。2007年开始,凤台街道和村委会数次去清点地块,一些村民不到场。按法律要求在村委会张贴的《征收土地预公告》《征收土地公告》和《征收土地补偿公告》,一些村民也反映没看到。

直到2013年矛盾集中暴露出来。当年春节后,杜家疃村委根据上级要求,通知村民清点地上附属物,当时村两委提前开会做了安排。清点评估的钱拨付到村里后,村民都按户领取了青苗费。因本宗地块属经营性用地出让,根据平度市的规定,除土地种植户应获得的青苗及地上附属物补偿外,村集体还将获得两块补偿,分别是土地安置补助费和土地出让收益。这两笔钱于2013年5月底前全部拨付村委账户,且青苗费在2013年5月30日前足额完成兑付,第二块钱已有分配方案,并发放了一部分。

至于第三块款项——土地出让收益，才是引发矛盾的焦点。杜家疃村地块当时拍出了1个多亿，去掉成本、税费后，净收益的30%由村民共享。这笔钱的数目为1 527.9万。据该村干部讲述，得知这块收益后，多数村民主张"分光1 527.9万"，留在村集体"不保险"。而村委、街道的多数干部认为，这笔钱应该作为集体资产集中起来统一管理。对于这笔钱，窦伟志坦承"村里出现了两种声音"：有人想"一次性分光"，有人主张保值增值，永续受益，"但想一次性分光的人占多数"。街道办和村委希望大部分放在村委，但是村民希望分了。1 500多万，分还是不分？是一次性分光还是村集体管理？如何选取分钱的时间节点？成为摆在街道、村委面前的难题。2014年3月初，凤台街道尚在研究分配方案，部分村民已经行动起来，驻守田间，自发保地。这为后来的惨案埋下了隐患。

二、过程

（一）"毫不知情"的征地

2013年3月的一天，村书记通知村民去地里清点各自的庄稼，并声称只是清点数量而不是卖地，事情似乎并没有这么简单。最初，村民们担心签字意味着同意卖地，因而都不肯签字领钱。但村民李冒说，村支书江胜军告诉他，"青苗费是青苗费，地钱是地钱，卖地必须大家同意签字才行，价钱不合适咱不卖。如果不行，到时候我带着大家，扛着铁锨跟他们去拼命。"多位村民表示，之所以签了保证书，是受了江胜军和杜群山的欺骗。他们认为，土地并没有被卖掉，青苗费只是"提前领取"而已。

大约一个月以后，村委会通知村民去领取每亩地2.5万元的青苗补助，村民们这才知道原来自己的地已经被政府征用了，而且高价卖给了开发商。这块属于"基本农田保护区"的村民的口粮地除了2.5万元的青苗补偿外，政府没有给村民任何形式的补偿。该村所有的村民领取了2.5万元青苗费，并签订保证书，按了红手印。

2013年4月20日，有村民看到一辆铲车开进麦地，四五十名村民跑进地里，阻止铲车铲地。李冒站在铲车前，称要铲地"先从我身上压过去。"当日，铲车离去。尽管保证书上说领了青苗费就自动放弃地上附属物，但他们没料到这么快就要清理土地。"这意味着土地可能被卖掉了。"村民们询问村长和支书，但"他们就说不知道"。村民们商量后决定，"不说清楚谁也甭想动地"。

2013年麦收后，村民屡屡遭到骚扰，他们向街道办反映土地问题，但一直未得到答复。街道办出示的收款收据显示,涉及青苗补偿费 340 余万和土地征收补偿安置费 604 万均已在去年四五月份拨付到村委会,根据山东省政府令 226 号精神,604 万中的 20% 款由村委扣留作为集体经济积累。上述两项费用已分发到户。一位已领取补偿款的村民说,尽管自己没有同意卖地,但还是签字领取了部分补偿,"我担心如果不领,可能就会一无所有"。

2013 年麦收后,依照农例,地里种植了玉米和大豆。2013 年 8 月的一天晚上,即将成熟的玉米在一夜之间被挖掘机铲平。部分村民家里也开始遭遇骚扰。村民杜建青家晚上被扔了两个大礼炮,村民王霞的轿车玻璃被砸碎。村民怀疑是开发商雇人搞的破坏,但没能证实。并且出现了捆绑村民、抢手机等恶劣的现象,矛盾被进一步激化。

多位村民称,直到此时,大家仍不知道土地为何被圈、圈走后的用途、如何赔偿等事宜。"没贴过告示,没用大喇叭喊过,也没开过村民大会。"村民李亚林说。2013 年年底,李冒、杜建青、王霞等十多人到凤台街道办反映,地是不是被卖了,为何没开村民大会,工作人员将上述问题登记后,一直未予答复。村民们对新京报记者表示,对于征地本身,大家还是很渴望的。李冒说:"我们村一个人平均也就 4 分地,种麦子不赚钱,一征地,大家就有钱了。"但村民们无法接受"毫不知情的征地",地卖给谁了、卖了多少钱都不知道,这意味着土地的收益可能被个别村干部拿走。

街道办决定将土地增值收益存银行,村民担心钱不分配到人会被村委会贪污。凤台街道办一名负责人认为,此事的核心不是征地程序的问题,"根上还是如何分钱的问题"。

2014 年 2 月 27 日,招拍挂后的土地增值收益费 1 500 余万拨付到村,部分村民提出分发到户,遭到村委拒绝。

杜家疃村支书江胜军坦言,他个人是想把钱分下去,"按照我个人想法,这部分钱留 20% 在村委,剩余的 80% 返回给村民"。但街道党委没有同意。江胜军称,街道党委开会时称:"这块土地增值收益费坚决不能分。我不能违背党委的决定"。

杜群山称,3 月 15 日,他接到崔连国的电话,表示上级领导对其的工作不满意,尤其是村里有反对征地闹事的,让他想办法解决问题。对于土地增值收益,杜群山说,"至少 95% 的村民都同意分,但街道办党委书记付某说按照政策不让分。结果村民和上级都对我不满意了"。

凤台街道办负责人说,对于土地增值收益,并无相关规定如何分配。根据街道办党委的意见,这笔资金存入银行,每年能有 90 万的利息,这样每年都能给村民发福利,"惠及子孙"。这名负责人认为,分钱暴富后,会让农民好吃懒做,甚至道德沦丧。"曾有一些村子的村民上访要求分钱,村委会迫于压力就把钱分了,结果村民换车换房换媳妇,有的人还一下买两台电视和一个保险柜"。

尽管街道办对拒绝给村民分钱给出了理由,但杜家疃村民们表示他们另有担心。"以前叫不患寡而患不均,现在是患贪污",村民李冒说:"这么多钱放在村委会,我不相信他们不贪污不挪用"。

在此期间,时任办事处书记付某、主任吕中某、杜家疃村管区书记顾秀某等多次召集会议,要求杜群山等杜家疃村干部做阻止施工的村民的工作。

杜群山称,对于杜家疃村民阻止征地一事,凤台街道办党委书记付某、片区书记顾秀某三天两头给他打电话施压,给他带来巨大压力。在事发前,顾秀某曾频繁找杜群山,告诉他这是重点工程,让他想办法,"没有过不去的火焰山","他让我不管用什么办法,确保开工"。

(二)矛盾升级,惨案发生

2014年3月初,村民们开始聚集抗议阻止施工,还搭建起帐篷晚上轮流留守地,他们要求政府归还土地或依法给补偿,政府部门没有采取相应的措施化解这场官民矛盾。去年冬天项目建设开不了工,春天一到,要动工了,开发商憋不住了,于是冲突升级了。2014年3月3日,印有楼盘广告牌的围挡将耕地圈起,村民认为卖地已成既定事实。3月5日,村民们在围挡的入口处支起帐篷,日夜轮流派人值守,阻止开发商施工。村民约定,一旦有危险,鸣锣为号。3月15日左右,曾有大约二三十位社会青年,前往事发地点滋事威胁,村民鸣锣,其他村民聚集,并持铁锹等农具来到事发地,这群人才离开。多名村民称,有施工队人员告诉他们,施工队接到了上级命令,3月25日之前,必须动工。

3月21日凌晨1点50分左右,守地帐篷失火,造成1死3伤。村民耿福林被烧死在帐篷门口,村民李崇南、李永军等被烧成重伤。

三、事件后续发展

平度市政府为了安抚村民,防止事态进一步恶化,立即派驻地工作队到杜家疃村。3月21日下午,村镇和街道办干部开始对家里有在政府部门工作的亲属做"思想工作"。

3月22日凌晨死者耿福林的妻子和妹妹来到冰棺前大哭了一场,并对在场的村民说了一句"我的兄弟已经和政府谈妥,老少爷们儿,对不住了"。大约2点,数百名手持盾牌和警棍的防暴警察包围了盛有耿福林遗体的冰棺，逼退守护冰棺的村民，将尸体强行运走。

当日上午 11 时 09 分，平度对"抢尸事件"发布消息称，"网传的'抢尸'消息属不实报道"，"3 月 22 日晨，死者家属自行将尸体从现场运走，现场执勤民警维持秩序"。

3 月 22 日上午，耿福林的遗体被火化。

3 月 23 日下午，耿福林出殡。

随着媒体的深入调查，许多关于征地工作的细节，如征地文件存在造假、村民签名是伪造等，也随之浮出水面，同时记者在采访中发现纵火指使人工地承建商崔连国是村主任杜群山的亲戚，村民怀疑村主任在征地、卖地过程中个人谋利。记者先后采访了 20 多位村民，他们都提到，2011 年杜群山是通过贿选当上村主任的。李国良等村民反映，村里选举存在贿选，当选村干部要靠"买票"。多位村民指证，2011 年的选举，村主任选票每张约 1 000 元钱，杜群某总共花了 30 多万元。

四、事件调查结果

3 月 25 日公安机关侦破此案：3 月 21 日凌晨的失火案，是王月某指使李某等 4 人窜至现场实施纵火，案发后逃跑。

王月某又是受工地承建商崔某和杜家疃村主任杜某的指使实施犯罪的。最终王月某、杜某等 7 人被检查机关控诉以放火罪和寻衅滋事罪提起诉讼。

青岛市纪委在 2014 年 8 月 27 日公布的《平度"3-21"事件相关责任人受责任追究》显示，凤台街道办事处党工委书记付强，对该村集体资产收益内部分配问题决策不当，未认真落实对该村的信访重点督办函，负有主要领导责任，给予撤销党内职务处分。

凤台街道办事处主任吕中科（无党派），未能正确履行职责，工作方法简单，致使矛盾逐步升级，负有主要领导责任，给予行政撤职处分。

凤台街道办事处党工委委员兼杜家疃村所在管区书记顾秀军，对该村上访问题重视不够，化解矛盾措施不力、方法不当，负有直接责任，给予撤销党内职务处分。平度市两名副市长在内的 12 名相关责任人员受到责任追究。

另据报道，前述处理意见已于 2014 年 4 月底落实到位。

五、平度事件中的政府行为过程

（一）反应

3月22日，平度警方发布消息称，经公安机关初步侦查，发现有纵火嫌疑。

（二）过程

3月22日下午，也就是在深夜"抢尸体"之前，村镇和街道办干部开始对家里有在政府部门工作的亲属做"思想工作"，这就不难理解，死者家属为何在现场大哭、在这桩"有纵火嫌疑"的案件的背后，抛开刑事案件调查程序，在谈什么？谈妥了什么？火灾发生，纵火嫌疑尚缺调查，尸体却在第一时间火化，这似乎可以部分解释当地村民的不安与不信任。

3月23日凌晨，平度市委宣传部通过其官方微博称，该事件涉及的拟施工地块围挡面积83 573.33平方米，严格按照程序公开出让的土地为54 393.33平方米。同时平度市委宣传部官方微博专门发布消息称，"近日，网上有不少关于321事件涉及非法征地拆迁等议论。经平度市国土部门调查核实，该地块土地手续合法，征地补偿均已到位，不存在非法征地、非法拆迁问题"。这种回应与记者调查到的关于土地征收是否合法的结果并不相符，与村民反映则恰恰相反。记者在采访过程中了解到，在当地的土地征用过程中，政府给街道施压，街道压村委的现象屡见不鲜。多数村民表示对土地征用并不知情，并且征地手续上的村民签名和手印大多是村委或者街道办伪造的。

3月24日和25日的凌晨，政府的工作组再次进村进行调查，主要了解村民亲属的工作单位和联系方式，试图通过亲属给村民施压，并且要他们在一张十六开的空白纸上签字。村民认为，这样的调查是"株连"、有名村民说，"我们把工作组撵走了，这样的调查是'株连'，是欺骗，征地的时候，政府不和我们谈，现在，我们也不和他们谈"。

（三）结果

3月25日晚，经过公安机关四天努力，平度市公安局官方微博"平度公安"称，轰动全国的山东平度因征地引发一死三伤纵火惨案告破。公安机关查明，3月21日凌晨，李某等4人受王月某指使，窜至现场实施纵火后逃跑。王月某是受工地承包商崔连某和当地村主任杜群某的指使实施犯罪。

六、平度纵火案，村民自治为何失灵？

考察此案，从2006年征地到如今，村民长期不知情，赔偿款没有补偿到位，甚至村民举报受到威胁、打压。长达8年的时间里，村民处置集体财产的权利被架空，村民自治的权利被窃取。

平度纵火案背后是村民自治的失灵。问题在于，谁应当为此负责？当然，杜家疃村的很多村民要承担一定的责任。出卖手中的权力，让不合格的人看守村民利益，而且民主意识不强，没有充分利用手中的罢免权等权利来终结这一恶性循环。但是，村民并不承担最主要的责任。

最应该为此负责的是当地政府。地方政府征地本当依法进行，对失地农民做出合理补偿。但是，在实际操作中却呈现出利益至上、征地至上的一面，无视征地过程中村民签字被伪造的事实，甚至不让村民知情，违背了基本的程序正义。而当地政府以建设、教育的名义征地，却又以房产开发的方式卖出。

"征农民一头牛，补给一只鸡"，大发土地之财。其实这种不平等的土地征用乱象，在各地的城镇化进程中并不鲜见。为何征地拆迁冲突不断、血案频发？其错并不在于中国农村的城镇化发展方向，而在于一些地方由于法治不彰、权力践法产生的"与民争利"。农民的土地愿不愿被征、以什么价格被征用，不是由广大农民说了算，而是由权力说了算。而"说了算的权力"，又不愿将其侵吞农民的利益部分告知民众。可叹的是，这种权力与平民利益的抗争，每每是以民众的生命被践踏为代价才引起社会的广泛关注。

地方政府对村民选举中出现的贿选，也有监督和依法追究之责，但是平度方面似乎选择了无视。征地往往牵涉巨大的利益，如何保证地方政府认真对待村民自治的各项权利？而村民一旦发现权利被侵犯，又该向谁寻求公道？很遗憾，事实表明，当地政府没有成为村民自治权益的保护者，反而成为破坏者。

七、平度血案，背后凶手绝不仅仅是村主任

近年来，在农村土地纠纷中，仅被媒体所报道的死伤事件已经发生多起。山东平度的这起纵火案，再次印证农村征地矛盾重重。

随着城镇化和工业化进程的加快，相当多属于农村的集体土地不可避免要变身为城市国有土地盖住房、建工厂。这个土地性质变更的过程，有着让人难以置信的利润空间，充满层出不穷的违法违纪。

地方政府为何"热衷"于在土地利用上出问题？人民日报官方微博就平度

纵火案，用数字把道理阐释得十分清楚明白："从农民手里征收一亩地不足 8 万元，转手卖给开发商 123 万。这笔'生意'真'划算'"！

这样一段话近些年来被反复引用，"……有 50% 的利润，资本就会铤而走险；为了 100% 的利润，资本就敢践踏一切人间法律；有 300% 以上的利润，资本就敢犯任何罪行，甚至去冒绞首的危险"。当征地的利润率高到让人难以置信时，发生意外恐怕是难以避免的。

地方政府可能也感到很委屈，他们支付的补偿标准是有法律依据的。《土地管理法》第 47 条规定，"土地补偿费和安置补助费的总和不得超过被征收前三年平均年产值的 30 倍"；"被征用土地上的附着物和青苗的补偿标准由省、自治区、直辖市规定"。而平度政府的回应中，还称已经按照"上限"支付了补偿。

因此，不合理的首先是相关的补偿规定。而看到这一规定存在问题的大有人在，公众舆论也反复呼吁，但到现在还未能出台《农民集体所有土地征收补偿条例》。

平度血案的发生，来自征地冲突。按照平度官方的说法，所涉征地属于"合法征地"，125 亩（约 83 333.33 平方米）共补偿农民 944 万元（每亩合 7.5 万元），而卖给开发商 1 亩就飙升到 123 万元。政府仅仅倒一倒手，就能获得如此暴利，而除了 7.5 万元的补偿外，卖地的收益有多少能落到村民手里？在整个卖地事件中，地被卖时，村民不知情，卖地的收入，村民没有处置权，利益被剥夺要么成为现实，要么成为心中挥之不去的忧虑。颇有讽刺意味的是，现任村主任杜群某在 2011 年竞选时，给村民们作出的书面承诺，其中有一条是"坚决不卖一分地"。在这封散发于 2011 年的《致杜家疃全体村民的一封信》上，第一条就是"土地是祖祖辈辈留给我们的共同资产，也是杜家疃老少爷们的家园，更是我们世世代代赖以生存和发展的唯一空间……谁打杜家疃村土地的主意，谁就是杜家疃的罪人！绝不卖一分一厘土地是我庄严的承诺！"这庄严的承诺怎么就成了过眼云烟，反而对付起守着家园的村民？这里面有没有官商勾结？有没有利益输送？有必要查一查。

一个村委会主任，就敢指使人放火行凶。谁给了他这样的胆色和底气？村民们回忆，村主任说征地是政府行为，是哪一级政府的行为？纵火事件后，警察迅速赶来"维稳"，这是一个村委会主任能够调动的吗？纵火案之前，质疑征地的村民，常年受到"痞子"的袭击，有的村民还被"痞子"塞进面包车里，拉到荒地上殴打，为什么没人来保护他们的人身安全？这些"痞子"为何没被绳之以法？早在 2013 年年底，村民们陆续起诉了平度市国土资源局，为何至今也没有一起进行审理？在平度，看到的是法治不彰，看到的是权力横行，看到的是生命受到威胁、权益遭到践踏。

平度仅仅是众多强行征地、强行拆迁引发血案的一个缩影。一个村委会主任，可以为这起纵火案负责。可是这背后，强征农民土地所带来的巨大利益诱惑，以及巨大利益面前结成的官商勾结的利益链条，才是最大的凶手，才是最应该绳之以法的。如果有些地方的法治依然脆弱，无法守护村民的家园，无法保护村民的财产权利，无法束缚攫取利益的权力之手，那么，血案不会止于平度，凶手也不会止于一个村委会主任。

八、小结

按照国家相关规定，地方政府在征地中，必须充分确保农民的知情权，尊重民众意愿。但新华社记者采访了当地40余户村民，都对征地毫不知情。在8年的时间里，杜家疃村村民四处投诉举报，但征地却一路绿灯。被征的农民土地先是以工业和教育用地为名，后来却偷天换日，变成了商业用地。

这起纵火案将平度征地的混乱掀开一角。2011年，中纪委监察部曾专门下发文件，其中要求，"对因工作不力、简单粗暴、失职渎职引发恶性事件和群体性事件的，对违法违规征地拆迁行为不制止、隐瞒不报、压案不查的，要严肃追究有关领导人员的责任"。

对于纵火嫌犯要依法严惩不贷，而征地暴力案发，显然非单纯出于一时之恶念，更需深究凶案发生的根源，依法展开调查、问责。

"平度事件"的发生，说明官民冲突由于暴力征用土地和拆迁愈发严重。在征地矛盾和纠纷不断升级的情况下，梳理"平度事件"的进程，地方政府的行为在"平度事件"中发挥了重要的"作用"。地方政府的行为虽然不以营利为目的。但却表现出理性经济人驱利性的特征，具有明显的利益取向。地方政府正是在利益的驱使下，才会做出利己行为，这种利己行为在"平度事件"中表现得更为明显。

平度事件是一个血的代价，地方政府必须从中吸取血的教训，彻底终结暴力拆迁事件的发生。

九、思考题

1. 平度事件中，地方政府行为失范表现在哪些方面？导致了什么后果？
2. 平度事件对地方政府处理信任危机的反思与启示。
3. 如何跳出"平度式征地"模式，构建失地农民群体性事件防控机制？

案例说明书

一、课前准备

（1）熟悉《中华人民共和国土地管理法》中关于征地、保护耕地和土地利用总体规划方面的条文，了解关于地方政府、政府行为的概念以及公共选择理论、责任政府理论等相关知识。

（2）准备其他与教学相关的材料以及硬件设施。

二、适用对象

本案例主要为 MPA 开发，适合有一定工作经验的学员和管理者学习。此外，也可以用于公共管理各本科专业相关课程。

三、适用课程

公共管理学、公共危机管理。

四、教学目标、目的与用途

（一）教学目标

（1）基于"社会善治理论"所提出的善治是一种政府与公民对公共生活进行合作管理的新型治理模式，使学员理解善治的本质特征就在于它是政府与公民对公共生活的合作管理，是政治国家与公民社会的一种新颖关系，是两者的最佳状态。善治实际上是国家的权力向社会的回归，善治的过程就是一个还政于民的过程。

（2）基于公共选择理论所提出的寻租、博弈相关理论，分析平度事件中地方政府行为过程中存在的"失范"表现以及相关对策。

（3）基于社会冲突管理理论，使学员能够进一步了解社会冲突的涵义与功能，进而学习如何规范政府行为，化解社会冲突，应对突发事件。

（二）教学目的

本案例总结平度征地纵火案的背景、经过和结果，以平度事件的发展过程为主线,对地方政府行为失范引发的社会冲突事件进行分析。对如何防范此类事件发生、解决政府信任危机以及在城镇化进程中征地问题等具有启示和借鉴意义。

五、启发思考题

本案例的启发思考题主要对应的是案例教学目标,启发思考题与案例同时布置,另外要让学生在课前阅读熟悉相关背景材料和知识点。因此,在案例讨论前需要布置学生阅读公共管理学教材中治理理论及公共危机管理教材中社会安全事件、群体性事件以及社会冲突理论等相关内容。

(1)平度事件产生的原因?
(2)平度事件中,地方政府行为失范表现在哪些方面?导致了什么后果?
(3)平度事件对地方政府处理信任危机的反思与启示。
(4)如何跳出"平度式征地"模式,构建失地农民群体性事件防控机制?

六、理论依据与要点分析

(一)理论依据

(1)社会善治理论。
(2)地方政府行为理论。
(3)社会冲突的相关理论。

(二)要点分析

从公共管理的视角审视平度事件,其实质是地方政府行为失范导致信任缺失,信息不对称,从而引发群体性事件,酿成人员死伤的惨剧。

1. 由失范到规范,地方政府应切实依法行政

长期以来,土地征收征用多是政府强制性行为。城镇化的效率在一定程度上牺牲了弱势群体的利益,如果长期积累的征地问题得不到解决,将会影响到区域性的社会稳定。

平度事件中,地方政府行为失范主要表现在政府有关集体建设用地使用权转让行为不规范、不符合集体建设用地政策精神与目标,表现形式一般有角色错位、越位等,典型的行为出发点是与民争利。地方政府自利性战胜公共性,"土地财政"现象频现。征地过程中暴力行为凸显,严重损害农民利益,引起农民极大不满。地方政府治理方式简单粗暴,地方政府失范行为,致使地方政府与民众关系紧张,民众对政府的不满情绪不断上升,在缓解机制缺乏,沟通不畅的情况下,一些局部性的个别分歧演化为群体性的冲突事件,这已经成为影响我国社会稳定的突出问题。地方政府的一些失范性行为,损害了人民的利益,损害了司法公正,损害了政府在公众中的形象,歪曲了公共政策,阻碍了地方政府与民众的沟通互动,使政府失信于民,使一些地方官员为所欲为,权力异化。这极易激起公众的不满,引发社会冲突。

由失范到规范,地方政府应切实依法行政:

(1)完善相关法律制度,健全失地农民权利法律保障机制。

(2)严守农村土地制度改革的"红线",也是底线。

(3)征地拆迁过程中必须严格执法,切实保障被征地者的合理合法权益。

(4)完善地方政府的政绩考评机制,不以经济绩效为唯一考量标准,从根本上杜绝"政绩工程"和"与民争利"现象。

(5)完善政府问责机制,将其常态化运行,对不作为的干部及时严肃处理。

2. 避免"塔西佗陷阱",地方政府需要重塑官民信任的行政环境

"塔西佗陷阱"得名于古罗马时期的历史学家塔西佗,是指当公权力遭遇公信力危机时,无论政府发表什么言论,颁布什么样的政策,社会都会给以负面评价。当政府失去公信力时,无论他们说真话还是说假话,都会被认为是在说假话。

近年来,由于地方政府行为失范、新媒体的推波助澜、公众的"凡官必贪,凡商必奸,凡警必黑"推论定式等的影响,造成官民之间出现信任危机,绝大多数公共政策的出台及推行都是在信任缺失的情况下实施的。

信任危机是指在危机状态下由政府责任导致的,或在纠纷状态下由群众误解导致的信任问题。地方政府的行为失范,往往导致严重侵犯群众的权利,而侵犯公众的基本权利,就等于是侵犯了政府与公众订立的契约,地方政府率先违约,公众就会怀疑政府的契约精神,正是由于公众的习惯性不信任心理和对政府质疑的固化,即使政府拿出真实有效的证据回应质疑时,部分公众依然不信。在一定程度上,"假证据"的出现加剧了公众对公共部门、企业等的不信任。长此以往,民众就不会相信政府,政府将面临信任危机。

在平度事件中,第三块款项——土地出让收益,1 527.9万才是引发矛盾的焦点。根据凤台街道办的意见,这笔资金存入银行,每年能有90万的利息,这样每年都能给村民发福利,"惠及子孙"。这种死钱变活钱,钱生钱的做法无疑是一本万利的最优选择,但是大多数村民不同意。因为他们不相信政府,担心这笔钱会被挪用、被贪污,还是分了放在自己手里放心。这就是信任缺失的后果和代价。

应对信任危机要依据相关的法律法规来开展,包括法律、行政法规和部门规章、地方性法规和地方政府规章等。在处理由政府责任导致的信任问题的过程中,问责的合法合规备受公众关注。在处理由群众误解导致的信任问题时,危机主体要处理好矛盾纠纷,做好群众工作。当前,信访是群众的重要救济渠道,群众对政府、企业等主体产生不信任时,容易出现较为极端的行为,在处理过程中,危机主体要依据法律法规开展工作。只有这样,地方政府才能避免"塔西佗陷阱",重塑官民信任的行政环境。

3. 善用媒体,建立信息沟通机制,有效预防和处置社会冲突

媒体即信息,在新媒体环境下,政府与公众的对话格局发生了实质性变化,政府不再是信息的主要提供者和发出者。媒体是双刃剑,既可解疑释惑,又可飞短流长,推波助澜,关键是要善用媒体,扬长避短。

平度事件中,政府的信息的发布和回应不及时。

一是在征地前没有借助媒体对征地的有关法律法规广而告之,尊重村民的知情权。导致信息不对称,村民对征地的进程及相关补偿一无所知或一知半解。

二是在惨案发生后,地方政府先是称"失火",后又称"有纵火嫌疑",致使政府权威性备受质疑。在全国舆论已成哗然之势时,政府没有召开任何新闻发布会回应和说明平度事件的起因和处理结果,而仅仅发布了八条微不足道的微博进行回应。当地政府对信息发布的滞后、迟钝和回应的冷漠,把媒体逼成一个联盟,致使在网络上关于平度事件的舆情讨论十分热烈,绝大多数媒体一边倒地对平度政府表达了不满和愤懑的态度。

三是在事件善后处理中失声。平度事件举国关注,公众持续关心其后续工作如何开展?有无道歉?如何补偿等等,但是基层政府对此缄默不语。

由此可见,基层政府处理失误激化了事态,引发危机。危机发生前,政府缺乏危机意识,错失阻止事件发生的有利时机。危机发生时,信息不灵,思想准备不足,没有应急预案。事件失控时,基层政府领导退缩,没有在第一时间出现在群众面前安抚群众。在善后处置中,基层政府没有借助媒体表明态度,赢得理解和认同。

七、教学安排

本案例可以作为专门的案例讨论课来进行，以下是按照时间进度提供的课堂授课建议，仅供参考。

整个案例课的课堂时间控制在80～90分钟。

课前计划：提出启发思考题，请学生在课前完成阅读和初步思考。

课堂前言(2～5分钟)简单扼要、明确主题。

分组讨论(30分钟)发言要求：准备发言大纲。

课间休息（15分钟）。

小组发言（每组5分钟）幻灯片辅助，控制在30分钟。

教师主持引导全班进一步讨论，并进行归纳总结(15～20分钟)。

课后计划：请学生上网搜索该案例的相关信息资料，尤其是最新信息，采用报告形式给出更加具体的解决方案，或写出案例分析报告(1 000～1 500字)。

八、补充材料

（一）相关概念

1. 地方政府

地方政府是中央政府以下各级行政机关的统称。2004年修订的《中华人民共和国宪法》中规定地方政府是地方行政机关，是设置于地方行政区区域内负责行政工作的国家机关。

2. 政府行为

政府行为是指国家行政机关运用公权力实施的行政管理活动的总称。对政府行为的概念可以从以下三个方面理解：一是政府行为的主体是政府；二是政府行为与外部环境之间的关系；三是政府行为对经济和社会发展的反作用。

（二）相关理论及法律法规

1. 公共选择理论

狭义上的公共选择理论主要以布坎南为代表，而"从方法论研究范式来讲（完全以经济人假设为出发点、以方法论的个人主义为原则）。"主要内容一是研究政府经济行为、集团分利倾向、民主决策和民主选举行为。它的核心在于对现实的分析，更多地考虑到政府、集团、个人、政党等作出具体行为的原因。

二是以经济学为视角，以"经济人"假设、交易政治学和个人主义方法论为出发点，把经济市场中的个人选择行为与政治市场中的公共选择行为纳入统一分析模式，称之为经纪人模式。

2. 责任政府理论

所谓政府责任，是指政府在进行公共管理的活动中依据法律、运用公共权力、处理公共事务、提供公共产品和公共服务、实现公共目标的过程中应该履行的积极职责和义务，以及政府未能履行相应责任时必须承担的惩罚性后果。"权责一致"是政府责任及其履行责任的重要特征。

3. 相关法律法规和重要决定

"中华人民共和国实行土地的社会主义公有制，即全民所有制和劳动群众集体所有制。全民所有，即国家所有土地的所有权由国务院代表国家行使。任何单位和个人不得侵占、买卖或者以其他形式非法转让土地。土地使用权可以依法转让。国家为了公共利益的需要，可以依法对土地实行征收或者征用并给予补偿。"

——《中华人民共和国土地管理法》第 2 条

"国家征收土地的，依照法定程序批准后，由县级以上地方人民政府予以公告并组织实施。被征用土地的所有权人、使用权人应当在公告规定期限内，持土地权属证书到当地人民政府土地行政主管部门办理征地补偿登记。"

——《中华人民共和国土地管理法》第 46 条

"征地补偿安置方案确定后，有关地方人民政府应当公告，并听取被征地的农村集体经济组织和农民的意见。"

——《中华人民共和国土地管理法》第 48 条

"在符合规划和用途管制前提下，允许农村集体经营性建设用地出让、租赁、入股，实行与国有土地同等入市、同权同价。缩小征地范围，规范征地程序，完善对被征地农民合理、规范、多元保障机制。扩大国有土地有偿使用范围，减少非公益性用地划拨。建立兼顾国家、集体、个人的土地增值收益分配机制，合理提高个人收益。"

——《中共中央关于全面深化改革若干重大问题的决定》

"推行地方各级政府及其工作部门权力清单制度，依法公开权力运行流程。完善党务、政务和各领域办事公开制度，推进决策公开、管理公开、服务公开、结果公开。"

——《中共中央关于全面深化改革若干重大问题的决定》

（三）课前阅读推荐文章及书目

[1] 刘田. 征地问题沉思录 [J]. 中国土地，2002（8）：13-16.

[2] 马融. 地方政府行为与社会冲突关联性研究［D］. 长春：吉林大学，2011.

[3] 胡茂. 我国现行土地征用制度安排下的政府行为分析 [J]. 农村经济，2006（10）：19-21.

[4] 廖魁星. 土地征收中政府行为失当的原因分析［J］. 成都行政学院学报，2010（1）：82-85.

[5] 鲍海君，叶群英，徐诗梦. 集体土地上征收拆迁冲突及其治理：一个跨学科文献述评 [J]. 中国土地科学，2014，28（9）：82-88.

[6] 达伦多夫. 现代社会冲突［M］. 林荣远，译. 北京：中国社会科学出版社，2000.

（四）相关视频链接

[1] 平度纵火案宣判后村民仍有情绪 墙上贴讽刺字画 标清 (270P).qlv

[2]150319 新闻 1+1 标清 (270P).qlv

[3]3.21 平度征地纵火案今日开审 标清 (270P).qlv

九、说明

（1）本案例授权"全国公共管理案例中心案例库"及教育部学位与研究生发展中心的"中国专业学位教学案例中心案例库"收录。

（2）本案例只供课堂讨论之用。

案例四

H 铝业集团的西进之"殇"
——邻避冲突的地方立法规制研究[①]

案例主体

摘要：近些年来，国内重工企业发展十分迅速，然而，随着公众环保意识的提高，此类企业的发展开始遭遇重重阻力。环境利益与企业利益之间、地域利益与行业利益之间存在着内在的冲突，这些利益矛盾集中表现为多地频发的邻避事件。案例选取 F 省 H 集团引发的邻避冲突，运用涂尔干的社会学理论与协作型法概念，分析事件背后深层次的利益矛盾，厘清环境利益与企业利益、地域利益与行业利益之间的关系，为地方立法治理环境问题提供解决思路。本案例可适用于宪法学、行政法与行政诉讼法学、政治学、公共管理学等课程，适合在地方政府法治建设、地方立法、公共决策等内容的教学中使用。

关键词：邻避冲突；地方立法；地域利益；行业利益；协作型法

一、引言

H 集团总部位处 F 省 C 市 S 县，始建于 1972 年。该集团现有所属企业及控股公司 50 余家，职工 15 000 余人，是一家集发电、供热、电解铝、氧化铝、碳素、氟化盐、中高密度板、味精、铝深加工等十大产业链条于一体的现代化

---

① 本案例的撰写基于山东农业大学 MPA 教学资料，以及孙成、侯广红、邵荷花等同学对 H 集团的调研材料。

大型企业集团，是中国铝加工行业民营企业的翘楚。2013年H集团位居中国铝工业百强第二位，F省纳税百强榜第25位。①

2007年H集团在X省投资建厂，开启西进之旅。随后，H集团于2010年进军E省市场，接手M集团项目；继之投资Q项目超过400亿元，Y铝电综合循环项目超过800亿元。H集团投资G省W市的110万吨电解铝及深加工项目，规模达到200亿元。K项目是H集团企业西进布局的又一枚重要棋子，已经形成80万吨原铝生产能力和140万千瓦自备电装机容量。

除了在国内扩大投资之外，为了获得稳定廉价的铝土矿资源，H集团在国际上对铝土矿资源展开了大规模的收购。②

H集团的成长史是近三十年中国快速工业化、城镇化的一个缩影。这种发展既创造了巨大的社会财富，推动了社会经济的进步，又伴随着一些工业化、城镇化过程中不可避免的消极乃至灾难性的后果。作为高能耗、高污染企业，H集团对其所在地的环境与生态造成沉重的压力，触发企业与当地社会激烈的"邻避"冲突。③"邻避"冲突是企业利益与地方民众环境利益的冲突，根本上是行业利益与地域利益的冲突。

如果将企业利益与地方民众这两者的利益关系置于城市化的背景下考察，那么，某些特定类型的邻避冲突也具有城乡矛盾的性质。如果说工业企业集中的城市利益关系主要体现了"分工的连带关系"，④偏重于行业性、部门性与

---

① 资料来源：参见F省H集团官网首页的"公司简介"。
② 资料来源：参见F省H集团官网首页的"公司简介"。
③ 1977年迈克尔·奥哈尔 (Michael O'Hare) 提出邻避这一概念。邻避是指公众对于负外部性公共设施存在嫌恶情绪，从而产生强烈而坚决的集体反对或者抗争行为。参见O'HARE M. "Not on My Block You Don't: Facility Siting and the Strategic Importance of Compensation" [EB/OL]. Public Policy, （1997-24-04）[2009-12]. 何艳玲：《"中国式"邻避冲突：基于事件的分析》.
④ "社会连带关系理论"即涂尔干社会分工理论。"社会连带关系"其实是涂尔干在《社会分工论》里作为关键概念之一进行论证的"社会团结"，或社会连带法学的创立者狄骥所说的"相互关联性或社会相互依存性"。"同求的连带关系"与"分工的连带关系"分别对应着"机械团结"与"有机团结"或"契约团结"两种社会类型。参见[法]埃米尔·涂尔干. 社会分工论 [M]. 梁东，译. 北京：生活·读书·新知三联书店，2000：163. [法]莱昂·狄骥. 宪法学教程 [M]. 王文利，庄刚琴，译. 郑戈校. 沈阳：辽海出版社，2000：8. 另参见吕世伦. 现代西方法学流派（上）[M]. 北京：中国大百科全书出版社，1999：360-362. 谷春德. 西方法律思想史 [M]. 北京：中国人民大学出版社，2000：322-323.

开放性，是横向的扁平化的利益关系。那么，传统农牧业集中的乡村利益关系则体现了"同求的连带关系"，偏重于地域性与封闭性，是纵向的垂直的利益关系。环境治理立法过程中的企业与地方关系，既包括"分工的连带关系"，又包括"同求的连带关系"，前者体现为行业利益的立法表达，后者体现为地方利益的立法诉求。以H集团与地方民众的关系为例，运用涂尔干社会学的协作型法概念，分析并厘清行业利益与地域利益的关系，可为环境治理过程中的邻避冲突提供一个解决思路。

二、H集团的邻避风险

（一）T市J县风波

2007年5月，H集团在X省T市J县投资建设的电解铝、氧化铝、热电厂同时开工。一年之后，氧化铝一期工程正常投运，创下氧化铝工业史发展的速度奇迹，但与当地居民因为环境问题而矛盾日深，酿成2010年7月双方激烈冲突的群体性事件。

2010年7月11日，H铝厂试图在L村开辟新的运矿道路，与村民发生争执。H铝厂的运输道路被水淹没，开辟新路势在必行；村民则担心水位还在不断上涨的水库会把整个村庄淹没，建议深挖河道让水库的水位下降，原先道路仍可用。

水库原本位于L村的邻村P村，但现在P村的水库正在逐渐干涸，而原本没有水库的L村却凭空出现一个水库，而且积水日渐增加。

L村村民认为，是H铝厂无序采矿、生产以及后来围堵废水过程中导致了地下河道阻塞、中断，致使水库平移，村落被淹。而当地唯一的地表河也出现严重污染，暗红色的河水不再适宜饮用、灌溉。

争执很快演变成打斗：H铝厂调集两辆重卡满载300余人持水管、木棍进攻山村，后被自发聚集的上千村民用土制钢弹、汽油弹、石头击退。

村民们愤怒的情绪被点燃，并得到周边十余村落的援助，几千村民迅速包围了H铝厂、H铝厂D洗矿场等地点，攻击并打砸厂内部分设备。

7月12日上午，H铝厂与村民又进行了一系列交锋。下午，H铝厂已经由政府派出的武警守卫。县政府派出的工作组也进入村民中间了解情况。……

冲突发生不久，H铝厂原总经理Z被调回总部，X省H铝厂总经理一职由H集团副总经理B代替。厂区中央的宣传栏，在不断滚动播出打造与村民"鱼水关系、共荣共富"的新理念。经历了重重波折，这个厂子已经恢复了正常的生产运营。"一把手的调动和发展理念的改变显示了H铝厂积极示好的态度，现在铝厂与村民关系和谐。"……

而在"和谐"背后，河流污染，村庄被淹，千余村民继续住在帐篷，强迫征地后的补偿问题依然存在。①

X省T市J县村民与H集团的矛盾由来已久，主要矛盾集中在环境污染方面。H集团对因地质灾害造成破坏的J县矿区运输通道进行改道施工，与当地村民发生冲突。而在E省诸项目中，H集团也遭遇环保方面的极大阻力和质疑。在H集团的起源地F省C市S县，环境问题更为严重，主要表现为地下水遭到工业污染，基本的生存环境恶化，S县民众对H集团情感复杂，这种心理虽然没有外化为与H集团之间激烈的冲突，却具有邻避心理的特点。②

（二）S县地下水污染

H集团在F省S县造成的地下水污染等环境问题有多严重呢？我们跟随记者到H集团的发家之地一看究竟。

F省C市S县是一座明星县城，这里不仅是附近少有的经济"全国百强县"，还曾捧得"全省人居环境范例奖"以及"全省城乡环境综合整治先进县"等桂冠。然而，当地多名村民向媒体反映，在这个桂冠加身的县城周围，数十个村庄的地下水遭遇严重污染，成为缺"血"的村庄。

当地居民投诉称，伴随S县经济腾飞的，还有地下水的污染，以及当地居民癌症、肾病高发。面对可怕的污染和莫名的疾病，当地村民大多表现得无奈、麻木。当地环保部门则回应称，S县不存在地下水污染的问题。

为核实S县地下水污染的情况，记者赶赴当地进行调查。记者来到S县城西边的R街道I村。在该村开阔的村部广场，众多村民向记者证实，七八年前，村里已全部安装自来水，村民几乎都不再吃地下水。

记者走访附近数个村庄，村民无一例外地表示，地下水遭遇污染，人不能喝、庄稼不能浇，这在当地几乎家喻户晓。

污染到底来自何方？村民将矛头指向近在咫尺的"四百"工厂，上述村庄均分布在"四百"周围，有的仅是一墙之隔。

驶离S县城，沿着309国道向西走，5千米的范围内几乎全是H集团所属企业。沿途烟囱林立，高压线密布，各种大型冶炼设备轰鸣声四起，电解铝、

---

① 引自凤凰网"财经"资讯报道。
② 据笔者调查，H集团附近很多居民在有了一定经济实力后都会逃离S县，选择去C市区购房置业安居。

氧化铝、发电、供热等企业一字排开，绵延数里。来到此处，俨然进入一个大型工业区。据出租车师傅介绍，309国道旁的这片厂区只是H集团在S总厂区的五分之一。①

蹊跷的是，H集团在其起源地S县造成的环境问题比X省T市更为严重，然而S民众的反应似乎平和得多。当然，对于H企业造成的地下水污染，S县民众虽然没有激烈的发声与抵制，但并不意味着他们没有抱怨与反对，只不过，这种消极情绪里面，更多伴有对H集团的无奈与同情，毕竟H集团是本地创设的企业，与S县的地方利益存在着千丝万缕的联系，H集团的企业利益与S县的地方利益存在较高的融合度。而T市J县村民对于H集团的投资与入驻，更多的是将其看成一个外来者，无论是情感还是利益，J县民众与H集团之间都需要长期的磨合。比较S县与J县两地民众的行为与态度，前者消极，后者激进。无论如何，两地都面临着同样的矛盾与问题，两地民众的态度与行为方式虽然有很大不同，但无论是暴力抵制还是消极抱怨，都无助于问题的真正解决。

F省与X省两地的地方政府治理H集团环境问题的方式各异。不像X省T市J事件那样通过地方政府强势介入平息群体性纠纷，在H集团总部所在地的F省，省和市县主管部门试图以常规行政监管解决该企业的环境污染问题，防止或减少激烈的邻避冲突发生的可能性。

（三）环保行政处罚

2013年F省环保厅公布的14家违法排污企业名单中H集团在列。省环保厅认定，H集团下属的S县H集团HR氧化铝业有限公司位处环境重点保护地区，即处于地下水污染防治单元及补给区，该公司利用防渗措施不完善的赤泥存放池贮存赤泥附液，因而环保厅责令立即整改并立案处罚。②

2015年4月7日S县环境保护局第一季度违法企业处罚案件公告显示，H集团的污染问题仍然严重。详见表案例4-1。

---

① 引自《中国青年报》报道。
② 臧立中．山东14家违法排污企业名单曝光［EB/OL］．http://finance.sina.com.cn/china/dfjj/20130513/102015440891.shtml?from=wap

表案例 4-1　S 县环境保护局 2015 年第 1 季度违法企业处罚案件公告[①]

时间	违法企业名称	违法行为	罚款数额（元）	缴款时间
1月份	H 集团 HF 铝业有限公司	超标排放污染物	5万	1月19日
	ED 包装厂	新建项目未评先建	5万	1月19日
	XR 木业有限公司	新建密度板生产线未批先建	3万	1月21日
	BI 交运建材院内化工厂	新建项目未评先建	3万	1月26日
2月份	KC 化工有限公司	违法处置生产过程中产生的危险废物	5万	2月4日
	H 集团 HF 铝业有限公司	超标排放污染物	5万	2月12日
	H 集团 HR 氧化铝业有限公司	超标排放污染物	5万	2月12日
3月份	DN 复合肥有限公司	未采取有效措施，向大气排放恶臭气体	1万	3月13日
	XR 木业有限公司	未批先建	5万	3月30日
	H 集团 YZ 新型建材有限公司	试生产超过三个月，未申请环保设施竣工验收	1万	3月30日

2016 年 10 月 18 日，因污染物排放浓度严重超标，C 市环保局依法对 S 县 H 集团旗下的 HF 铝业、HY 铝业两家企业做出行政处罚，罚款总数达 200 万元。T 市群体性事件是较为激烈的邻避冲突，政府的强势干预解决是权宜之计，而 S 县的常规环境行政执法也难以从根本上解决 H 集团的环境污染问题。这是因为 H 集团引发的邻避冲突折射出的是整个工业化与城市化进程中的问题，是行业利益与地域利益相互缠绕、相互依存、相互冲突的问题，涉及复杂的利益博弈。

（四）复杂的利益博弈

在 X 省 T 市冲突事件中，H 集团的西进与当地政府的招商引资政策可谓一拍即合，H 集团需要丰富的铝土矿资源，地方政府则寄希望于 H 集团的投资拉动经济的发展。与政府的积极态度一样，贫穷但没有出路的当地村民最初也对 H 铝厂抱有良好的期待，他们认为可以借此机会脱离贫困。

---

① 资料来源：《S 县环境保护局第一季度违法企业处罚案件公告》。

从最初的愿景看，企业、政府、民众三方利益似乎能够得到完美的调和。H集团的企业生产获得丰富的铝矿资源，T市地方政府通过招商引来了金凤凰，当地居民经济条件、生活水平的提高指日可待。由此，H集团的西进道路被认为是一条正确的道路，然而现实崎岖坎坷，出乎意料。环境利益与企业利益、地域利益与行业利益的矛盾随着H集团的快速发展而日渐积累，最终以激烈的邻避冲突形式显现，违背了人们良好的初衷。

其实，同样的利益纠葛早就存在于H集团的起源地。H集团在F省S县造成的地下水污染触目惊心，然而也正是H集团成就了S县"铝城"的美誉。地方财政需要H集团的纳税支撑，百姓虽然心忧工业污染，但是不能没有工作，没有经济收入。

显然，冲突的发生与平息是不同利益博弈的结果。H集团的企业利益、当地居民的环境和生存利益、地方政府的利益，每一方的利益都有其正当性，但H集团的自身发展利益会威胁当地居民的环境及生存利益，彼此难免会产生冲突。地方政府从其公共职责出发，居中调停斡旋，平衡各方利益，经过一番博弈，此事暂时归于平静。

三、邻避冲突的背后

邻避事件的实质是企业利益与环境利益、行业利益与地方利益之间的矛盾。H集团进驻X省T市，当地村民为保护生存环境免受工业污染，必然会以'邻避'方式加以抵制。如果H集团承诺将环境污染控制在村民可接受的范围内，同时满足当地村民的"福利"期待，即解决地方的就业问题、占用耕地予以补偿等，那么两者之间即行业利益与地方利益之间或许会达成一定程度的妥协。然而，事实上双方的博弈并不总是互利共赢。

（一）企业的困境：行业利益

H集团扩张商业版图是其追求利益最大化的理性选择。但是，公众的环保意识也在不断提高。这使企业的利益诉求面临着地方公众邻避抵制的困境。

一如前述，工业企业生产是社会劳动分工的产物，是劳动分工基础之上的生产行业分化的表现。因此，企业的利益实质是行业利益，正如H集团所代表的利益是铝制品工业利益一样。这种行业利益随着社会分工的深化而发展，它所塑造的社会分工关系是涂尔干所说的"分工的连带关系"，这种利益连带关系意味着行业之间相互促进、相互依赖，一荣俱荣、一损俱损。

然而，这指的是社会的各个生产部门之间的行业依存关系，而不是行业利益与地方利益的关系。

行业利益依托于特定的地域，势必与地域利益存在着一定程度的相互依存，这突出表现在 H 集团与其起源地 S 县的复杂关系上。但是，从根本上看，行业利益又是超越某一特定地域利益之上的，这是因为行业利益本身具有超越性。以 H 集团为例，其投资逐利并不限定于某一地，而是从成本效益的考虑出发，只要能够盈利，就投资，甚至可以越出国界，不受地域限制地扩大生产。

当然，如果企业或行业利益的发展造成了普遍的地域利益损失，那么最终企业利益也会受到损害。就此而论，行业利益与地方利益从根本上是一致的。然而，这种根本利益的一致性并不妨碍行业利益忽视或牺牲某一特定地域利益。H 集团在 X 省 T 市的投资开矿显然轻忽了当地民众的生态与环境利益，从而激起强烈的民怨反弹，T 事件成为 H 集团的西进之"殇"。

（二）村民的困惑：地方利益

无论是 T 市 J 县的村民还是 C 市 S 县的民众，他们赖以生存的基本环境权益是地域性的利益，尽管这一地域利益有时能够通过 T 事件那样以激烈的方式得到维护，然而，地方利益在日益强大的行业利益面前是普遍较为脆弱的，而且对于某一特定地域而言更是承担着行业利益集团的巨大压力。村民的困惑是如果生态环境权益仅属于地域利益，那么这种利益是否非常脆弱？如果答案是肯定的，那么进一步的追问就是如何有效地保障这一利益？

首先，逻辑上，地方利益局限于某一特定地域，具有封闭性、狭隘性与有限性。这与行业利益形成鲜明的反差。由于行业利益是超越特定地域的，所以其突出的外向性特点表现在行业利益更倾向于超地域的更大范围的聚集与联合，从而形成更为强大的力量。

其次，乡镇级以上的地域由次级行政区域构成，而次级行政区域之间存在着冲突与合作，其整合难度也高于行业团体。尽管行业利益也不断地分化，导致力量分散的问题，然而，相比而言，由于行业之间的相互依存高于次级行政区域之间的相互依赖，总体而言，地域利益难以与行业利益抗衡。

再次，行业利益对地方利益具有分化作用，这使地方利益更难整合。也就是说，地方利益并非铁板一块，它本身不仅为次级地域利益所分化，还为行业利益所分化。只有当行业集团如 H 集团的生产与排污行为触及地方民众的生存底线时，才会显示出生存环境利益的一致性，民众因利益一致而联合起来抗争。

总括而言，随着经济社会的发展，以劳动分工为基础的行业分化日益加深，行业利益日趋强势。地域利益与行业利益相比，不仅越来越依附后者，难以与之相争，而且如前所述，地域利益的整合难度高于后者。T市J县村民对于H集团的抗争，凭借的是原始村社宗法血缘组织，数千村民所采用的非理性暴力方式并不能真正解决问题；身居宗法力量解体的北方S县村民显然也缺乏有效的发声管道与组织形式，用以表达与实现自己的利益诉求。尽管我国行业组织的发展或者行业利益的整合机制尚不健全，但相比之下，行业力量相对于地域利益仍是处于上风的。

如前所述，T市与S县的邻避问题既不能通过激烈的群体性抗争方式解决，又不能仅以常规的行政执法手段面对，这是由邻避问题背后深刻复杂的利益博弈关系所决定的。我们对邻避问题所折射的利益关系的分析表明，只有地方立法才是根本解决的方法，但地方利益相对脆弱，地方立法必须考虑借重其他行业利益的力量，通过引入更多的行业利益实现多种行业利益相互之间的竞争，从而真正实现对地方利益的保护。就环境治理而言，H集团的发展势头并非某一特定地域利益能够限制，避免或减少H集团的环境损害，或许只能引入其他环境产业如绿色食品、旅游业、废物循环利用、洁净产品等行业的力量与之相抗衡。

四、域外邻避冲突的化解之道

避免和化解邻避冲突的可能路径是构建邻避项目的选址程序与相关利益博弈机制。H集团是重工企业，环境影响堪虞，选址建厂实际上是复杂的利益博弈过程，必须构筑相应的各方利益参与平台和程序。选址机制应规定选址机构的组成办法、选址程序和方法，实现企业利益与公众利益、行业利益与地方利益的共赢。

（一）法国公众参与和法律监管

法国已经建立以核电为核心，规模庞大、成熟完善的电力工业体系。法国核电站向全国提供逾75%的电力供应。法国对核电邻避冲突的处理经验是将公众参与和法律监管相结合。

第一，制定健全的法律法规。着力推进核工业监管的法治化，逐步制定了覆盖范围广、分类详细的大量法律法规，建立了行之有效的核能监管体系。

第二，设立独立的专门监管机构。法国核安全局不隶属于任何政府部门，其主要职责是监管法国民用核设施安全和辐射防护，实施事故调查和应急管理，向议会提交核安全年度评估报告，为政府相关法律法规的制定提供专业建议，保障从业人员、公众健康及环境不受核能的危害等。

第三，公众参与。2015年颁布《绿色发展能源过渡法》强化核安全局在公众沟通领域的职责。《核透明与核安全法》规定，公众有权准确、及时获取与核项目相关的信息，任何核项目的开展都必须与公众沟通。

第四，成立核设施"地方信息委员会"。这一机构最初旨在根据自愿原则监督核设施安全，促进核电企业和居民之间的沟通；《核透明与核安全法》进一步确定委员会的法律地位，并提供经费，让其更好地在核电企业与核电站周边居民之间发挥桥梁作用。

（二）韩国选址程序与环境补偿

韩国在公共设施选址上认真对待社会的邻避心理。1997年，韩国立法研究所会同韩国环保部共同发布《促进区域性垃圾处理设施建设法》。该法细致规定了垃圾处理设施的选址程序：

第一，主管部门公布垃圾处理设施的建设计划和符合标准的备选场址方案。

第二，由设施服务区域内居民组成选址委员会。委员会的职能是选择专业机构对备选场址的适应性进行论证筛选；监督选址论证工作，公开论证过程，公示论证结果。

第三，征地和环境补偿。首先，设施所在地的居民代表、议会成员以及政府与居民共同推举的专家组成"居民支持顾问团"，由顾问团选择专业机构进行环境影响测评，确定处理设施的"直接环境影响范围"和"间接环境影响范围"。属于"直接影响范围"内的居民可要求依法购买其土地；购买后的土地应配套建设服务于居民的便利设施、公益设施。其次，设立"居民支持基金"，以补偿生活环境受影响的居民。

五、地方立法的利益协调功能

法国、韩国通过立法协调利益关系解决邻避冲突，意味着立法是邻避问题的根本解决之道。我国2015年修改的《中华人民共和国立法法》（以下简称《立法法》），将过去49个较大的市享有的地方立法权扩大至所有284个设区的市、30个自治州和4个不设区的地级市。包括环境保护、历史文化保护和城乡建设与管理在内的三类事项是这些新近获得立法权的城市的重要立法权限。"立良法以行善治"，2016年是C市地方立法的开局之年，市人大常委会2016年地方立法计划就确定了9件立法项目。

F省十二届人大常委会第十五次会议通过了F省14个设区市分两批行使地方立法权的决定，自2015年8月1日起，F省9个市人民代表大会及其常务委员会可以制定地方性法规。自2015年12月1日起，C市在内的5个市人民代表大会及其常务委员会可以制定地方性法规。加上原来3市已经享有地方立法权。至此，全省17市均可行使地方立法权。

为顺利承接地方立法权，市人大常委会于去年8月至9月，向各县（市、区）人大、市直机关单位等发出函件，向社会各界发出公告，征求到地方立法项目建议30件。省人大常委会决定C市于2015年12月1日起行使地方立法权后，再次征集并初步确定了7件地方立法备选项目，经征求各层级意见后，经省人大法工委审核，最终确定了9件项目并形成C市2016年地方立法计划草案。

立法是极其复杂而审慎的公共事务。国家立法如此，地方立法也不例外，以环境地方立法解决邻避冲突，必须认真对待复杂的利益关系，建立与完善利益表达机制，建构环境协商治理制度，提高地方立法能力，克服行业保护主义与地方保护主义，如此才能真正守宪、行宪，协调各方利益关系，切实保障利益相关各方的权利。

（一）环境协商治理机制的建构

X省T事件和F省S县地下水污染的发生都表明我国的环境协商治理基础存在问题，其中最重要的一环即公众有序参与不足，利益相关方的诉求没有完备的表达机制，当然更谈不上得到有效回应。环境协商治理机制即确定环境利益相关主体，按照既定程序和方案共同做出环境决策，贯彻执行相关决议，并使全过程得到有效监督的环境资源调配过程。环境协商治理机制吸纳民众的意愿，能够保障公民的基本环境权利，公众能够通过这一机制充分表达自己的利益诉求。

虽然我国有《环境保护公众参与办法》，但在实践中未能真正实现公众的直接参与。《环境保护公众参与办法》第4条明确规定，环境保护主管部门可以通过征求意见、问卷调查，组织召开座谈会、专家论证会、听证会等方式征求公民、法人和其他组织对环境保护相关事项或者活动的意见和建议。第7条规定，参加专家论证会的参会人员应当以相关专业领域专家、环保社会组织中的专业人士为主，同时应当邀请可能受相关事项或者活动直接影响的公民、法人和其他组织的代表参加。环保执法如此，环保地方立法更应该广纳良言，开门立法。C市在获得了地方立法权后试图从立法层面根治水污染问题。

C市是著名的水城，水是C市之魂，爱护一方碧水人人有责，任何人都不能随意破坏，且每年都要进行海河迎检。基于这种需求，C市立法的第二件计划就是《C市水污染防治条例》，它包括水资源的开发、利用、保护和惩戒措施等诸多方面，目的是加强水污染的预防和治理，促进生态和谐。

目前,《C市制定地方性法规条例》(草案)已提请市人大常委会会议进行了一审,正在向社会公开征求意见;《C市水污染防治条例》和《C市道路交通安全条例》法规草稿正在起草中,不久会通过报纸、电台、电视台、网络等新闻媒体向社会广泛征求意见,严格做到每一步法规都要向社会征求意见至少一个月。

然而,实际上,普通公众的意见并不容易进入立法程序。无论是行政执法还是地方立法,都需要行政相对人与公众的积极参与和合作,公众或利益相关方的参与是环境协商治理机制的基础。环境协商治理机制的不健全突出地反映在地方立法能力的严重滞后上。

(二)地方立法能力问题

地方人大及其常委会的立法能力建设是其立法正当性与合法性的保证。虽然设区的市享有了地方环境立法的权限,但是这些市大多缺乏法律专业人才,也缺乏专门的立法机构与相应的制度设施,立法能力不足,只是临时组建机构来响应《立法法》的放权。

为让新承接的地方立法权更好地运转,2015年12月,市人大常委会组建了法制工作委员会,增加行政编制4人,配备了3名法律专业的工作人员。2016年2月,在市人代会上选举成立了法制委员会,为地方立法工作开展奠定了组织基础。

为了尽快提升立法机构的立法能力,2016年1月7日,市人大常委会法工委全体成员到省人大进行学习座谈,省人大常委会法工委负责人对C市地方立法进行了答疑解惑。2016年1月11日—13日,市人大、市政府共计18人到本省其他4个市学习立法程序、立法技术、立法要求、立法经验等,从而理顺了工作关系,明确了职责定位。

据透露,为加快C市地方立法进程,2016年3月17日,由42个市直有关单位参加的C市地方立法工作联席会议召开,标志着C地方立法工作全面启动,并对当年9件立法项目进行了具体部署。

目前,C市地方立法工作联席会议制度、地方立法服务基地管理办法及立法咨询专家库工作规则等已经制定,其他立法制度也在酝酿起草中。

可见,C市的立法机构在组织准备上实际并不充分。而地方立法工作联席会议、地方立法服务基地及立法咨询专家库等都是市人大及其常委会开展立法工作的配套设施,这些专门机构与相关制度或者新近完成,或者正在酝酿,立法能力与立法需求不相适应。由于地方立法能力不足,很多时候地方立法部门只能"委托立法"或将立法事务"外包"。

就H集团邻避问题的立法而言，C市人大及其常委会、市政府的立法不但可能受到地方保护主义的困扰，而且这些立法机构孱弱的立法能力可能面临行业保护主义的挑战。

（三）行业保护主义和地方保护主义

地域利益之间的关系、行业利益之间的关系以及地域利益与行业利益之间的关系三者相互缠绕，异常复杂，构成了地方环境立法的重点与难点。由于相应的立法监督机制不完备，地方环境立法过程中的行业或部门保护主义与地方保护主义显得尤为突出。有的立法偏向既得行业利益集团，干预市场，造成不公平竞争；有的搞地方保护主义，限制外地企业进入本地承揽业务，在监管中不一视同仁，对外地企业搞歧视性政策。因此，地方立法程序既要整合地方共同体各组成部分的次级区域的利益关系，又要协调平衡行业利益之间的竞争。

（四）地方环境立法的宪法界限

地方立法根治邻避冲突具有极大的法治价值，但是不乏对地方立法合宪性的质疑与担心，如"危及法制统一""产生地方保护主义""要么重复法律，要么违反法律"。这些批评源于对地方立法的宪法界限的思考。"自治性事务"是地方立法的权力边界，然而，衡量"自治性事务"的标准是什么？环保事务或涉及区域性的地方利益，或牵涉全国性的行业利益，两者缠绕纠结，难以区分，合宪性审查的程序与实体标准因而不易确定。地方立法面对跨地域的行业利益，如何确定利益相关者？利益相关者能否有效参与立法过程？这两个问题既是宪法监督的程序难题，又是实体难题。例如，对于X省T市而言，H集团是外来企业，即便其利益主体的身份能够得到地方政府的认可，但是H集团是否能够实质性地参与并影响T市的地方环境立法？这是一个必须从宪法监督层面思考的问题。

六、结语：协作型法的概念与意义

据涂尔干的社会学理论，法律的本质在于其所蕴含的法律制裁，压制与协作是法律制裁的两种基本功能。据此，可将法律分为压制型法与协作型法两种基本类型。刑罚是压制性制裁，以剥夺行为人的生命或自由实现其功能，旨在维系传统社会的道德秩序。协作型法的制裁则以民事制裁为典型，以界定协调权利关系实现其功能，将变得混乱的权利关系恢复到正常状态。协作型法是社会分工高度发达的表征与产物。劳动分工推动的行业分化日趋深入细致，行业利益集团之间的关系随之日趋繁密而复杂，行业利益之间的竞争与协作也因而需要协作型法进行调整。以宪法、程序法、契约法为代表的协作法不再以报复为目的，而旨在恢复协调复杂的社会分工关系。

T市邻避事件与S县地下水污染问题均源于企业利益与环境利益、行业利益与地域利益之间的矛盾。行业利益与地域利益冲突的根本解决之道不在于行业利益与地域利益之间的矛盾本身，这是因为地域利益尤其是特定的地域利益在总体上处于弱势地位。只有引进或发展多种行业利益，通过不同行业利益相互之间的竞争与制衡，地域利益才能真正从中得到维护。

从地方立法层面规制邻避冲突，必须鼓励地方上多种行业利益的发展，协调行业利益彼此之间的竞争。同时，改革地方人大及其常委会组成与工作方式，提高人大代表和委员的法律素质；地方党政机关、政协、利益团体等应该共同参与立法，使立法成为彼此协商协调平台；建立立法联系点制度、征求人大代表意见制度、立法项目征集与专家论证制度等，协调地方利益之间、行业利益之间、地方利益与行业利益之间的关系，完善地方立法的利益表达与协调机制。唯其如此，才能使地方立法发挥规制邻避冲突的作用，才能使其所立之法成为整合复杂利益关系的协作型法。

思考题：

1.H集团环境侵权造成的X省T市风波与F省S县地下水污染两起事件中，前者以群体性事件的激烈方式表现出来，后者则表现为当地民众消极的抱怨，造成这种区别的原因有哪些？可从地方文化、利益关系、社会组织、政府治理等方面进行分析。

2.行业利益与地方利益之间存在错综复杂的关系，两者既相互依存，又相互冲突，总体而言，行业利益强于地方利益，两者的博弈该如何进行调和？能否通过行业利益之间的竞争来保障或强化地方利益？

3.据社会学的"连带关系"理论，基于地域利益的地方团体（"同求的连带关系"）的重要性呈下降趋势，而行业团体（"分工的连带关系"）随着社会分工的发展日益重要，后者与地域利益存在着内在的冲突，具有跨地域的特点。实践中地方立法因而面临着如何区分地域利益与行业利益的问题？解决此问题是界分中央与地方立法权限的关键。

4.地方立法解决邻避冲突问题，实际上即协调企业利益所代表的行业利益与以环境利益为表征的地方利益之间的关系，考虑到这两种利益的复杂关系，以及它们表达能力的不足，如何构建与完善地方立法的民主协商机制？

5. 地方环境治理与保护立法面对跨地域的企业或行业利益，如何确定利益相关者？利益相关者能否有效参与立法过程？

案例说明书

一、课前准备

（1）布置学生进行案例准备和理论准备。提前将案例主体材料发给学生，让学生先熟悉案例，同时自主查阅相关资料，学习并初步掌握邻避冲突、社会分工论、地方立法等方面的概念与理论。

（2）安排学生利用网络、报纸、期刊等媒体，收集近年来全国各地发生的比较典型的邻避冲突事件报道材料，并设计相关问题的对策方案。

（3）建议学生课前登录邻避问题网络论坛或贴吧，充分了解公众舆情与专家观点。同时，登录中国知网下载、收集政治学、社会学、宪法行政法学、公共管理学领域的期刊论文、硕博学位论文，从跨学科、多学科角度探讨邻避冲突问题。

（4）教师准备 PPT，简要介绍案例内容，讲授邻避冲突、社会分工论、地方立法等概念与理论。

（5）案例教学活动既可选择案例讨论会的方式，又可选择模拟立法听证会的形式。两者都应当预先设计具体的研讨方案，列出问题清单，分配学生角色，做好讨论记录。案例研讨教学活动结束后，及时加以整理与总结。

二、适用对象

本案例主要为 MPA 学员学习开发，适合有一定工作经验的学员、管理者、法律工作者学习。适合在《政治学》《宪法学》《行政法与行政诉讼法》等课程的教学中选择需要的角度使用。

三、教学目标

本案例选取 H 铝业集团邻避冲突事件，运用涂尔干社会学的协作型法概念，分析邻避冲突的实质，探索地方利益和行业利益的协商与表达机制；探索地方环境立法的经济社会背景、理论逻辑与制度路径。

（1）引导学生关注社会热点事件与公共事务。通过对 F 省 H 铝业集团邻避事件的教学研讨，了解邻避冲突发生的社会经济背景、原因、过程、结果与后续影响。要求学生注意将邻避冲突与我国工业化、城市化进程相联系，将微观问题与宏观视野相结合，以小见大，见微而知著。

（2）激发学生的学术研究兴趣与热情。引导学生将公共事务与自己的切身利益相联系，培养学生对公共利益、法治价值、宪法精神的热爱与追求，从而能够积极投身公共问题研究，学以致用、学用相长。

（3）培养与训练学生运用理论解决实际问题的能力。通过本案例教学强化学生在学习研究过程中的问题导向意识；提高学生收集、整理、分析文献资料的能力；提高实地访谈、深入调研、选择与采编案例的技能技巧；训练学生对课堂知识进行整理、概括、消化、吸收的逻辑能力，以及课后扩展知识领域的自主学习能力；增强学生公共管理专业理论素养与实践技能，同时引导学生形成跨学科、多学科研究意识和开阔的理论视野；既养成对公共事务与公共问题进行独立思考的能力与习惯，又具备科研学术活动中不可或缺的团队意识与合作精神。

（4）锻炼学生的观察与批判反思能力。培养学生理性思维、法治思维、宪法意识与公共精神，提高学生对复杂公共问题的感知能力与判断能力。

四、教学内容及要点分析

本案例重点是讨论邻避冲突的立法规制，以及协作型法对调整此类冲突背后利益关系的价值与意义。在分析 H 集团邻避问题背后的地域利益与行业利益之间的复杂博弈关系的基础上，借鉴法国公众参与和法律监管制度、韩国公用设施选址程序与环境补偿制度，完善我国在环境治理领域的地方立法制度及相应的宪法监督制度。

（一）邻避冲突的概念

（1）概念：邻避冲突指居民或当地民众因担心建设项目（如垃圾场、核电厂、殡仪馆等邻避设施）对身体健康、环境质量和资产价值等带来诸多负面影响，从而触发人们的嫌恶情结，滋生"不要建在我家后院"的心理，及采取的强烈而坚决，甚至高度情绪化的集体抗争行为。

从迈克尔·奥哈尔"Not In My Backyard"（缩略语 NIMBY）的最初定义看，"邻避"跟环境保护密切相关，强调的是保护地方民众的小环境，而不是人类或整个社会的大环境。

（2）邻避冲突的背景：作为社会热点的公共事件，邻避冲突是我国近三十年快速工业化、城市化过程中多地频发的现象，是城市化进程的衍生物和副产品。透过邻避现象能够发现我国社会从传统向现代转型过程中的利益纠葛、价值纷争、制度缺失等问题。

（3）邻避冲突背后的利益关系："邻避"冲突是企业利益与地方民众环境利益的冲突，根本上是行业利益与地域利益的冲突。如果说工业企业利益关系主要体现了"分工的连带关系"，偏向行业性、部门性与开放性，是横向的扁平化的利益关系，那么传统农牧业利益关系则体现了"同求的连带关系"，偏重于地域性与封闭性，是纵向的垂直的利益关系。环境治理立法过程中的企业与地方之间的利益关系既包括"分工的连带关系"，又包括"同求的连带关系"。邻避矛盾的根本解决之道是立法协调整合地方与地方、地方与行业、行业与行业之间的复杂利益关系。

国内外学者研究的视角丰富多元，运用了社会学、政治学、心理学、公共管理学等不同学科的知识，从多个角度研究邻避冲突。本案例教学主要采用社会学、宪法学概念与理论分析邻避问题。

（二）社会分工理论

（1）法律的变迁：据涂尔干的社会学理论，从传统社会至现代契约社会的历史演进主要源于劳动分工的强力推动，日趋复杂的劳动分工造成了利益与价值分化多元的现代契约社会。古今社会均须依靠宗教、道德、伦理、法律等形式协调利益纷争，这些利益协调的形式同样经历了历史的变迁，法律经历了从压制型法到协作型法，从以刑法实行道德专制到以程序法进行利益交易的转型，取代宗教、道德等成为现代社会主要的利益与价值整合形式。契约法、程序法等协作型法能够适应多元社会利益团体对话、沟通与整合的需要，建构与维系作为法治国家重要基础的公共价值认同。

（2）劳动分工的意义。劳动分工促进生产发展，提高了人类交易合作的深度与广度，极大增进人与人之间的相互依赖与团结互助。一方面，分工不同的所有社会部门相互依赖，共生共荣；另一方面，同业竞争者或者因胜利而继续从事原职业，或者因失败而转换新职业。人们在生存竞争中通过劳动分工维系着彼此的团结，因为分工就是去分担以前的共同职能，一种职能分化为两种职能后，两种职能相互需要、相互依赖、相互适应，却不能相互替代。劳动分工能够促使人们"不同而和"。

（3）压制型法与协调型法：人类历史依劳动分工程度之高低分为传统机

械社会和现代契约社会。法律具有确定、实在、可见的形式，足以表征社会类型，法律类型的演进则表征社会类型的变迁。法律演进是社会变迁的表征。从压制法到恢复法或协作法的演进，表明工业社会完成了对传统社会的更新替代。压制法以刑法为主，协作法则以宪法、民商法、行政法与程序法为主。压制型法对应农耕传统社会，协作型法对应工业契约社会。

（4）社会分工论视域下的邻避冲突利益关系：首先，地方利益局限于某一特定地域，具有封闭性、狭隘性与有限性。行业利益则倾向跨地域的大范围的聚集与联合，从而形成更为强大的力量。其次，乡镇级以上的地域由次级行政区域构成，而次级行政区域之间存在着冲突与合作，其整合难度高于行业利益。再次，行业利益对地方利益具有分化作用，这使地方利益更难整合。地方利益本身不仅为次级地域利益所分化，还为行业利益所分化。最后，随着经济社会的发展，以劳动分工为基础的行业分化日益加深，行业利益日趋强势。由于地方利益的相对脆弱，地方立法必须考虑借助其他行业利益的力量，通过引入更多的行业利益，实现多种行业利益相互之间的竞争，以此实现对地方利益的保护。就本案而言，H铝业的发展势头并非某一特定地域利益能够限制，只有引入其他环境产业的力量与之相抗衡，才能避免或减少其造成的环境损害。

（三）协作型法的功能

（1）协作型法的概念：分工发达社会的主导规则是协作型法，这种规则调整行业或职业群体之间的利益关系。社会分工的深化会使行业更加细分，产生更多的"子行业"，更多的子行业意味着更多的利益诉求和日趋复杂化的"分工连带关系"。协作型法既是调整高度复杂的"分工连带关系"的产物，又是这一复杂利益关系本身的制度表现形式。

（2）协作型法的功能：古今"法"不仅功能不同，从压制转向协作，更重要的是价值取向不同，从身份到契约，相较而言，现代法更尊崇人格与权利。法治作为协作法之治与实在法之治，是近代以来人类政治文明发展的总体趋势。随着人类交往合作秩序的不断扩展，以宪法为核心的协作型法规则的地位与作用在国家治理体系中愈来愈重要。协作型法能够协调基于高度劳动分工的社会连带关系，使整个社会关系由压制转向协作。

（3）邻避冲突的法律协调：就企业与地方在环境保护方面的矛盾而言，企业所代表的行业利益与地方的环境利益并非独立于彼此，如果处理得好，会使双方利益达到最大化；一旦处理不好，便会产生类似于X省T市的邻避冲突。协作型法能够有效地调整行业利益与地方利益之间的关系，缓和双方的利益冲突，防止与减少邻避事件发生的可能性。

（4）程序法作为协作型法：地方立法程序为企业利益与环境利益、行业利益与地域利益提供了理性博弈的平台，通过立法程序这一利益表达与议决机制，邻避设施利益相关各方能够实现互利共赢。

（四）环境保护地方立法及相应的宪法监督

（1）地方立法的范围：《立法法》规定了地方在环境保护方面可以进行立法，却没有规定环境保护的范围。因此，由全国人大常委会对"环境保护"做出清晰界定，既是其职责所在，又是地方环境立法适用宪法与《立法法》的前提。

（2）环境治理协商机制：建立行业利益与地域利益的整合机制是地方立法治理环境问题的基础。地方立法程序必须着力整合地方共同体各组成部分的次级区域的利益关系，以及行业利益相互之间的关系。地方公众参与是地方立法程序的关键，同时必须考虑地方立法的外部效应，尤其是涉及跨地域的全国性的行业利益时。环境治理问题的根本是协调利益关系，平衡地方与地方之间的利益、地方与行业之间的利益、行业和行业之间的利益等。因此，构建与完善利益协调机制、利益表达机制是环境法治领域地方立法的基础。

（3）对地方立法的宪法监督：地方立法权的扩张，将宪法监督提上更紧迫的日程。地方立法可能"危及法制统一""产生地方保护主义""要么重复法律，要么违反法律"，这就要求完善地方立法及相应的宪法监督制度，必须按照"有法必备、有备必审、有错必纠"的要求，建立健全地方立法的监督制度和备案审查制度。由于地方环境立法涉及跨地域的行业利益，因此必须加强宪法监督。宪法监督制度是合法（合宪）性形式审查与实质审查的统一体。形式审查主要是程序审查，实质审查即实体审查。合法（合宪）性审查制度设计要防止地方立法超越立法范围，同时注重对公民权利的宪法保障。对地方立法进行宪法监督的直接目的是实现地方与地方、地方与行业、行业与行业之间的利益平衡，根本目的是实现国家、地方与个人的利益平衡。

五、教学安排

本案例可以作为专门的案例讨论课进行，如下是按照时间进度提供的课堂计划建议，仅供参考。

整个案例课的课堂时间控制在 80～90 分钟。

课前计划：提出启发思考题，请学生在课前完成阅读和初步思考。

课中计划：

课堂前言（2～5 分钟）简单扼要、明确主题。

分组讨论 (30分钟) 发言要求：准备发言大纲。

小组发言（每组5分钟）幻灯片辅助，控制在30分钟。

引导全班进一步讨论，并进行归纳总结 (15～20分钟)。

课后计划：布置学生上网搜索H铝业集团邻避问题的信息资料，采用报告形式给出更加具体的解决方案，或写出案例分析报告(1 000～1 500字)；如果对此案例有兴趣跟踪，建议联系案例作者或企业负责人，进行实地深入调研。明确具体的职责分工，为后续章节内容的撰写做好铺垫。

六、说明

（1）本案例授权"全国公共管理案例中心案例库"及教育部学位与研究生发展中心的"中国专业学位教学案例中心案例库"收录。

（2）本案例只供课堂讨论之用。

案例五

消失的低保
——以甘肃农妇杀子案反思精准扶贫的识别机制

案例主体

摘要：本案例是以甘肃康乐县景古镇阿姑山村发生的震惊全国的"甘肃农妇杀子案"为切入点，缓缓展开，梳理一系列事件，揭示杨改兰杀子后又自杀的背景。极度贫困的杨改兰一家，对生活无望，家庭矛盾层生，当得知自己家的唯一"救命稻草"——低保名额被取消后，这位年轻母亲彻底绝望，选择用死亡结束贫困。纵观事件，我们可以发现，阿姑山村在识别贫困户的过程中存在许多问题，如村民通过民主评议的方式选取贫困户、村民收入核算难、村干部存在精英俘获等。这些问题的产生使像杨改兰这样真正的贫困户被拒之"扶贫门外"，关系户、假贫困户则霸占扶贫资金，与村干部分摊了扶贫款项。本案例主要探讨当前精准扶贫政策在基层落实中存在的问题，并结合社会保障学和公共政策学的知识进一步探寻解决问题的途径，为政府决策提供案例支持。

关键词：精准扶贫；民主评议；多数人的暴政；精准识别

一、引言

2016年3月7日，习近平在中央扶贫开发工作会议上强调，消除贫困、改善民生、逐步实现共同富裕，是社会主义的本质要求，是我们党的重要使命。

他强调要坚决打赢脱贫攻坚战，确保到 2020 年所有贫困地区和贫困人口一道迈入全面小康社会。

2016 年 8 月 26 日，甘肃省康乐县景古镇阿姑山村老爷湾社 28 岁的年轻母亲杨改兰用斧头亲手砍死四个孩子后，服农药自杀。几天后，她的丈夫、入赘的李克英也服毒死在小荒林里。四个孩子中最大的 6 岁，最小的 3 岁。作为孙女、"儿子"、母亲、妻子等多重身份的年轻女性，身处怎样的乡村环境，最终选择自毁，这里试图触摸这个招赘、超生、贫苦家庭背后难言的伤痛。

为什么这位母亲要如此凶残地杀死自己的孩子呢？这桩残局的背后究竟要谁来买单？

二、阿姑山村简介

2015 年以来，全国各地都投入到扶贫大行动中来。作为全国贫困发生率最高、返贫率也最高的省份之一，甘肃 2016 年就扶贫大攻坚全面布置。康乐县所属的临夏自治州还将任务表提前，要求 2017 年完成减贫 31.23 万人，2019 年实现整体脱贫。甘肃省和临夏自治州都意识到，扶贫剩下的都是难度最大、成本最高、最难啃的"硬骨头"，而阿姑山村就是一个"硬骨头"。

阿姑山村是景古镇最贫困的村，乡村随处可见的标语口号，除了"大力打好精准扶贫攻坚战"，还有"控辍保学，人人有责"。该村位于景古镇东北面，距镇政府 6 千米，全村共有 10 个社、191 户、841 人。2013 年全村建档立卡贫困户 73 户、281 人，占总户的 38%。低保户 56 户、152 人，占总人口的 18%。有教学点 1 个，学前班 30 人，小学生 23 人。

2015 年 9 月，阿姑山村已被当地作为精准扶贫的典型加以宣传。康乐县就此次杨改兰事件的通报称：至 2015 年底已经整村脱贫，贫困户仅剩下六户。贫困面从 38% 降为 3.14%。

三、案件导火索

（一）生活多艰

贫穷触目惊心。在院落前面，有一个用水泥修建的牛棚，这是前两年政府资助 1 万元修的。牛住在水泥房里，人住在土泥房里。牛棚不远处有三头牛在悠闲地喝水，它们是杨改兰家最值钱的东西（图案例 5-1）。

/案例五/

图案例 5-1 杨改兰的家

（图片来源：中国江苏网）

修于52年前的土泥房破败不堪，多处破损和坍塌，土泥外墙被烟熏得乌黑，正房的窗户没有玻璃，用塑料薄膜封住挡风。推开门，家徒四壁，仅有一张柜子和几张凳子，柜子上摆着一台旧电视机，是仅有的家电。屋子里不透光，白天也是昏暗的。

东面的厢房是杨改兰和孩子们睡觉的地方，房子不足5平方米，屋顶有一个大窟窿，窗户左上方破损一块（图案例5-2）。平时杨改兰就带着四个孩子挤在一张土炕上。杨改兰家有正房三间，东西厢房各两间，都是土坯房，已经破败不堪。

图案例 5-2 杨改兰家的炕

（图片来源：财新周刊 黄子懿 黄姝伦）

189

从小生活在阿姑山村，因家境贫寒，杨改兰没上过一天学。她19岁时，和本村李克英结婚，李克英入赘到杨家。杨改兰结婚后，先后有4个孩子降生。小两口一家和杨改兰父亲、奶奶住在一起。

李克英打工回家，会给妻子杨改兰打工挣的钱。杨兰芳说，李克英一年打工也就挣6 000～7 000元，给杨改兰3 000～4 000元用作家务开支。村民说，杨家什么钱都交不上，甚至包括新农合医保。生了双胞胎后，计划生育罚款有两千多，更是交不起。杨改兰育有4个孩子，第一个是女儿，生前6岁，今年即将上小学，第二胎是龙凤胎，均为5岁，第四个孩子是女儿，生前3岁。显然，4个孩子的数量是"超标"的。李克英、杨改兰夫妇生育的4个子女因各种原因迟迟没有上户口，当地政府官方发布的消息称，"2015年在全省公安机关开展的无户口人员清查专项行动中，景古派出所民警发现此情况后，积极汇报协调，于2015年9月28日为4个孩子登记了户口"。杨改兰家人证实，因为贫穷，他们的社会抚养费始终没交。

杨家的17亩地主要种的是小麦、洋芋、油菜和豌豆，药材成本高，种不起。小麦、油菜、洋芋主要是自家吃，只有豌豆可以卖1 000～2 000元。今年的豌豆还没有卖，还欠着800元化肥钱。

（二）压抑的家庭

与贫困相伴的，还有家庭内部压抑的气氛。杨改兰10岁那年，母亲不堪忍受家庭的贫困，离家出走。杨改兰的命运早早注定，妹妹杨改青送了人，自己被当成儿子养，以后招上门女婿，支撑起这个家。用邻居的话说，家庭的重担逐渐落在弱小的杨改兰肩上。

2008年，李克英同样因为家里贫穷付不起彩礼，到杨家倒插门。据亲属所述，杨改兰和李克英都是沉默老实人，两人相处不错，很少拌嘴红脸。然而，强势的杨兰芳（杨改兰的奶奶）看不起这个倒插门的孙女婿。一次春节前后，有村民路过杨改兰家，恰好看到杨兰芳用鞋垫子抽李克英，李克英低着头不还手也不躲避。据李克英的弟弟说，去年农忙时节，他到哥哥家帮忙干农活，杨改兰的奶奶当着面说李克英好吃懒做，不会干活，李克英也不反驳。由此可以看出，杨改兰的奶奶对上门孙女婿不好，因为他没本事，干活不利索，所以他们关系不好。每次杨兰芳骂李克英，杨改兰沉默，并不与奶奶顶嘴。由此可知，这个原本就不完整的家庭，平时的生活也并不平静，充满着家庭内部的矛盾。

在妹妹杨改青眼里，杨改兰是个内向沉默的人，从小到大有干不完的活，如家里的牛一样沉默勤劳。杨万荣说："杨改兰一家很少和村民打交道。收割季节，相邻的几户人会互相帮忙割麦子、打谷子，杨改兰家则独自收割麦子。他们一家都不怎么和人来往。"

在压抑的家庭气氛中，杨改兰越来越沉闷。2016年4月杨改兰曾对邻居杨雪丽说，觉得家里很闷，想到外面透透气。但四个孩子和家务牵扯着，杨改兰并没有外出，最远的就是到景古镇赶集。

（三）低保被取消成为"压死骆驼的最后一根稻草"

杨改兰家曾领过低保。据康乐县政府对这一事件的通报，杨改兰家在2014年之前，曾纳入农村三类低保（虽有劳动力，但因家庭成员残疾或多病，导致维持基本生活困难较大的家庭）。2013年，杨改兰家一年3 000多元的低保补助对于这个贫困的家庭而言是一笔不小的数目，杨改兰要靠它买种子、化肥、一些日用品。2014年，杨改兰家的低保被取消了。杨改兰的爸爸杨满堂说："没人告诉我们为什么。我们对这些政策不懂，有了就去领，没有就算了，没有主动要。"个人性格的内向，加之贫困在物质上的束缚，使杨改兰家丧失了为自己发声的机会。

对此，阿姑山村村委会主任魏公辉解释，2013年定低保资格时，由村里组成了一个评定小组，挨家走访后，根据家庭情况决定低保户。魏公辉说："当时评定小组到杨家，看到家里房子很差，看着确实困难，就定了他家为低保户"。

2014年，阿姑山村评定低保户的政策改变。新政策需要全村集体提名、商议并经公示无异议后，再上报乡镇，经乡镇审核公示后确定名单。村主任魏公辉说："在由村民代表、村支部、村委会和村监委会召开商议低保资格的会议时，30多名参会者关于低保资格的提议中没有杨改兰家，因此这一次就取消了他家的低保资格。"

在同年开展的精准扶贫建档立卡行动中，杨家同样没有进入精准扶贫建档立卡户之列。因为当时精准扶贫的标准是全年人均收入为2 300元，低于这个标准就能进入建档立卡户。

由此可见，杨改兰一家在2013年被取消低保，精准扶贫建档时未纳入贫困户，官方给出的解释为群众评议未通过低保动态管理，贫困户评定需由社员提名，杨家未被提名。并且，杨家年收入超过了低保标准和贫困线标准。且康乐县政府通报资料显示，杨改兰家2013年总收入分别为36 585.76元和39 915.76元，因此明显高于2 300元。

在阿姑山村，如果能进入精准扶贫建档立卡户，就能享受到每户1.2万元的建房款，发展畜牧买牛每头可有1万元的补助，盖牛棚国家补贴1万元，还能享受4万元的无息贷款。由于未能进入精准扶贫建档立卡户，杨家不能享受这些优惠。杨改兰曾说过"他们把我逼上了""你们不理解，全村人告了我"等话。

根据当地警方提供，2016年8月26日18时许，杨改兰在其家房屋后一小路上用斧子将自己的4个子女：杨某帆（女，6岁），杨某利（女）、杨某清（男）为双胞胎（5岁），杨某福（女，3岁）致伤后服农药自杀。杨某利、杨某福当场死亡，杨某清在送往医院途中死亡，杨改兰、杨某帆被送往县医院进行抢救，杨某帆抢救无效死亡，杨改兰于当晚12时转往兰州大学第二附属医院进行救治，于29日凌晨0时55分死亡。杨改兰等5人相继死亡。

据警方调查显示，杨改兰用斧头钝面击打孩子头部和身体，孩子们没有逃开，杨某帆死于钝性物体作用头部，致颅脑损伤死亡，胃液没有中毒迹象。杨改兰死于除草剂成分2.4-D丁酯中毒。至此，杨改兰亲手杀死自己4个孩子，并自己服毒自杀。一夜间，五个鲜活的生命转瞬即逝。

（四）事件升级

29日，杨改兰死亡后，她的遗体被火化，骨灰被撒入河中。杨改兰的叔爷爷说，此前没有看到李克英哭，下葬时他嗷嗷痛哭。李克英料理妻子、儿女的身后事后，曾回老家，后又返回杨改兰家。9月2日，李克英在离家不远的树林，喝下了高毒杀虫剂甲拌磷。9月4日，在阿姑山村树林发现李克英尸体，经公安机关侦查系服毒身亡。

（五）事件处理

案件发生后，康乐县委、县政府高度重视，立即启动突发事件应急预案和命案侦破机制，采取了以下主要措施：

一是迅速展开救治工作。案件发生后，康乐县立即派5名县级领导分别带领景古镇和县检察院、公安局、卫计局、安监局、民政局、食药局等相关部门负责人赶赴案发现场和医院救治现场，分头开展相关工作。

二是及时上报信息。接到景古镇负责人报告后，县委办、政府办立即向县委、政府主要领导进行了汇报，县委、县政府第一时间向州委、州政府主要领导汇报了事件情况，并报送了信息。州委、州政府主要领导和值班领导相继做出了指示和批示。康乐县按照州委、州政府领导指示和批示精神，迅速开展伤者救治、案件调查、家属安抚等善后处置工作，并根据案件进展和处置情况及时向州委、州政府连续上报了信息。

三是组织警力全力破案。案件发生后，县公安局立即启动命案侦破机制，组织景古派出所民警保护现场,刑侦大队、技术中队全体民警赶赴现场进行勘查取证,开展全面调查。同时,因案情重大,请求检察机关提前介入侦察工作。州公安局和县公安局法医在检察机关的监督下对杨某利、杨某福、杨某清、杨某帆四个已死亡孩子进行了尸检。经州、县两级公安机关现场勘查、调查取证、尸体检验,初步定性该事件为重大刑事案件。

四是全力做好善后工作。8月27日,公安部门对杨某利、杨某福、杨某清、杨某帆4个已死亡孩子进行尸检后,经镇村干部与家属协商同意,在村民的帮助下全部埋葬。8月29日,杨改兰在兰大二院抢救无效死亡,尸检后经家属同意,在镇、村干部和公安人员的帮助下,将尸体火化,产生费用共计62 698.28元,全部由景古镇政府支付。县、镇、村干部对死者家属杨兰芳、杨满堂、李克英进行了耐心细致的心理疏导和思想安抚。9月4日,在离杨满堂家不远的树林里发现李克英尸体,经公安机关现场勘验,系服毒身亡,镇村干部与家属协商同意后,由镇上出资12 615元将李某英当晚安葬。

四、案件反思

"精准扶贫"的重要思想最早是在2013年11月,习近平到湖南湘西考察时首次做出了"实事求是、因地制宜、分类指导、精准扶贫"的重要指示。2014年3月,习近平参加两会代表团审议时强调,要实施精准扶贫,瞄准扶贫对象,进行重点施策。进一步阐释了精准扶贫理念。2015年11月,国务院发布《关于打赢脱贫攻坚战的决定》,以消除贫困、改善民生、逐步实现共同富裕为目标,要求扶持对象精准、项目安排精准、资金使用精准、措施到户精准、因村派人精准、脱贫成效精准。但在杨改兰事件中,我们发现精准扶贫不精准,真正的贫困户被拒之门,"假贫困""关系户"则纷纷加入分肥行列,村干部权力寻租严重等,不禁引起我们深刻反思。

(一)村民收入核算难

村主任魏公辉认为,此次摸底显示,杨家全年人均收入超过4 000元,明显高于2 300元的标准。他说:"他家地多,女婿一年中大部分时间在外打工,还有3头牛,两头母猪。一亩地400~500元收成,打工一年200个工,至少两万多元,一头猪崽当时能卖300~400元。"魏公辉仔细算了一笔账,按当时精准扶贫建档立卡标准,杨家全年人均收入明显高于2 300元。

然而,村民不认可这种算法。"政府是用最好的方式在估算,实际情况并非如此,杨改兰家实际收入很低,肯定是村里最穷的人家之一。"一位村民说。

祁姓村民算了一笔实在账：打零工，现在建筑小工不好找，做一天算一天，很难做到200多个工。去年他带着李克英到外面打建筑工，满打满算做了两个多月，挣了7 000多元，包工头还欠着他2 000元工钱。今年上半年，李克英没有外出打工，出事前不久才由亲戚杨万荣给他介绍了一个养猪的活儿。另外，李克英的堂弟李克义说，李克英的打工收入并不高，他们这样的农村出去的打工者，一天小工工资不过120元左右，有时候一个星期也没有工作。显而易见，农民在外打工的工资具有不固定性，又存在着拖欠工资的情况，因此存在村民外出打工收入难以准确计算的问题。

实际上，种地也挣不上钱。村民说，阿姑山村是山区，土地多是开垦的山地梯田，土壤贫瘠，一般种植小麦、油菜、豌豆、洋芋、药材。种地靠天吃饭，去年大雨冰雹，今年干旱，庄稼收成普遍不好，能保住本就不错了。

（二）精准扶贫对象竟是"关系户"

据相关报道披露一份2013年底阿姑山村精准扶贫建档立卡贫困人口花名册，其中第四社即石磊社，共有9户建档，分别为李进先、李守忠、李进刚、李春生、李海荣、李进忠、李克基、王白秀、李进安。

曾担任阿姑山村主任助理、石磊社驻村帮扶队成员的石兴旺证实了名单上的9人，排在第一位的李进先是石磊社社长。名单上的李进忠为阿姑山村党支部书记李进军的亲哥哥，李进忠的儿子李克基即李进军的亲侄子。父子两人均在名单上。

通过走访了名单中的七户，看到每家都是近年新盖的砖瓦房，均是参加了危旧房改造项目，或者精准扶贫项目中的兜底建设，盖起的新房。

以李进安家为例。2013年，参加危旧房改造，盖起了左边四间，加上政府补贴建房款，一共花了六万。2014年和2015年，分别盖起另外两面房，一共11间，加起来花了十六七万，用的是多年打工的积蓄。花了十几万盖起新房之后，2016年初，李进安拿到了精准扶贫的五万贴息贷款，买了1头牛，3只羊，扩大了种植面积，除了冬麦豌豆，又种了三亩当归。李进安家里3口人，一个女儿已经嫁人，一个儿子还没结婚，在兰州打工。自己也是常年在外打工，从每天"工钱13块"时候就开始了，一直到现在，小工的工钱变成了每天130块。通常，李进安和儿子一年打工的收入各有一万多，老婆留守，伺候家里的十来亩地，农忙时候李进安也回来干活儿，地里能挣上一万。加起来，一共有将近四万块的收入。

另外，据调查发现，阿姑山村二社社长满致功和他的三个儿子满正武、满正卫、满正伦均享有低保和精准扶贫。满致功和小儿子满正伦居住，算一户，有6口人，4个劳动力。在满致功家走访，看到崭新的砖瓦房有5间，外墙上贴着白色的瓷砖，家里有一辆黄绿色的上海五菱牌小轿车；满致功还在景古镇上开了一家沙厂，有一辆价值10多万元的装载车。然而，一位村民说："我是交了2000元才进入精准扶贫户名单的。"

（三）人缘不好，形成多数暴政

阿姑山村党支部书记李进军说，杨改兰家在村里人缘不好，不跟人来往，也不开会，村民没提名他家，是投票把他家低保户资格投掉的。村民杨万年说，自己并没有开过村民会，每个自然村出一个代表去开会，都是村干部。康姓村民也证实，如果村里人一起开会的话，"我们都了解他家情况，不可能投票取消他低保"。

同一个社杨姓村民透露，低保户提名名单主要是村干部拟定的，公示只是走过场。"杨改兰家没有关系，和村干部不熟，和村里人来往比较少，提名没有她家。大家都知道她家确实困难，如果投票，是不会把她家投票选掉的。"①

白文武和李克英相识，也没有深入交往。在他看来，李克英"个子很高，人也不错，但不太愿意说话"。白文武的媳妇也是本村人，对于和年龄相仿的杨改兰，也没有什么交往。白文武说："都是庄稼汉，各干各的活儿，平时也不打交道。"而在一个康姓村民看来，家庭各方面好了，交往的人自然就多了，杨家情况差一些，交往也就少了。

据一些村民反映，在老爷湾社，这些年来，杨改兰家只和几家本家有往来，和其他村民来往很少。

（四）民主评议成为精准扶贫对象选择错误的"挡箭牌"

民主评议方式是经过村党员或村民代表开会讨论决定贫困户能否成为扶贫对象，通过投票的方式，票数达到出席人数的三分之二或一半以上才能顺利成为扶贫对象。

据村主任魏公辉解释在由村民代表、村支部、村委会和村监委会召开商议低保资格的会议时，30多名参会者进行投票决定村里谁是低保资格，以票高者当选低保户，进而享受各种精准扶贫的待遇与各种政策优惠。

实际上，在阿姑山村民主评议中，李进安说他从来没有开会投票过，是乡上村里直接告诉他，要办精准扶贫，就办下来了，自己不清楚程序。53岁的李守忠则说，自己参加过投票表决，举手表决名单通过。由此可知，阿姑山村的民主评议已经成为形式。

---

① 财新周刊 http://weekly.caixin.com/2016-09-16/100988825.html（2016年9月16日）

五、后续处理

2016年9月16日,甘肃省临夏回族自治州康乐县政府新闻办公室发布《康乐县"8·26"特大故意杀人案调查处置情况的续报》。通报称,该事件造成了恶劣的社会影响,对县、镇、村三级工作失职责任人员实施问责,康乐县政府副县长马永忠在内的6名干部被处分。

其官方通报主要包括三个方面:教训、问责和举措。

首先,通报称,这起特大故意杀人案事实清楚,但从中暴露出当地工作中存在着一些不容忽视的问题。

一是矛盾纠纷排查调处不主动、不及时。在案件的调查中,了解到杨家家庭成员之间矛盾复杂、思想隔阂严重,以及同邻里之间关系长期不和谐、与村民很少来往等情况,之前村干部虽然知情,但没有引起足够重视,协调沟通不够,调处化解矛盾不主动、不及时。

二是对杨家危房改造工作不深入。杨家房屋属于危房,居住条件差。虽然县、镇、村干部多次上门动员其进行危房改造,但因杨家家庭成员之间意见相左未能实施。从中反映出镇、村干部没有根据该户家庭的特殊情况设身处地为其着想,缺乏深入细致的思想工作和行之有效的措施办法。

三是对扶贫政策的落实不完全到位。基层在贫困户识别和退出过程中有简单化操作的问题,仅用收入作为衡量标准、用村民投票方式决定是否享受低保,没有综合考虑杨家的实际情况,方法简单粗糙,缺少对杨家有针对性的帮扶措施。

四是对死者家属相关安抚工作不够。案件发生后,虽然对死者家属进行了慰问安抚,但李克英的自杀身亡暴露出对死者家属的思想疏导工作做得不细致、不深入,特别是对李克英在杨家的特殊处境考虑不周,对其失去亲人的悲痛心情重视不够,心理状态了解不透,安抚工作做得不细致。

其次,本次事件的主要负责人进行问责。

通报称,鉴于这起特大故意杀人案造成了恶劣的社会影响,相关方面人员负有不可推卸的责任,临夏州、康乐县纪委和监察部门按照《中国共产党纪律处分条例》《行政机关公务员处分条例》《甘肃省实施〈中国共产党问责条例〉办法(试行)》《甘肃省行政过错责任追究办法》等法规,对相关人员提出了处理意见。经临夏州委、康乐县委研究决定,对县、镇、村三级工作失职责任人员实施问责:给予副县长马永忠党内警告处分;给予景古镇党委书记白仲明,党委副书记、镇长吕强党内严重警告处分;给予景古镇副镇长陈广健留党察看一年处分,建议行政撤职;给予景古镇阿姑山村党支部书记李进军留党察看一年处分（根据规定，党内职务自动撤销）；给予村委会主任魏公辉留党察看一年处分，建议按相关规定予以罢免。通报称，如果发现其他违纪违法问题，当地绝不姑息，严肃处理。

最后，提出开展危房改造工程为举措，进一步解决贫困户的危房等问题。

通报称，按照有关政策，康乐县将积极采取相应措施，对杨改兰遗属生产生活中的困难予以救助，在征得遗属同意后，尽快帮助其进行危房改造。同时，举一反三，在全县全面开展排查整改工作：一是集中开展矛盾纠纷排查调处活动。全面摸排涉法涉诉、征地拆迁、企业改制等方面的矛盾纠纷和隐患，落实责任，建立台账，抓好整改，挂牌销号；二是集中开展危房改造工程。集中时间和力量加快农村危房改造步伐，优先安排 D 级危房改造；三是集中开展城乡低保核查工作。着力核查和解决存在的暗箱操作、优亲厚友等问题，切实保障好困难群众的基本生活。

六、政府的回应

2016 年 9 月 8 日，康乐县政府新闻办公室在其政府网站发布康乐县景古镇阿姑山村 5 人死亡刑事案件初步调查情况。

9 月 9 日康乐县政府新闻办公室在其政府网站发布《关于康乐县景古镇阿姑山村 5 人死亡刑事案件调查进展情况的通报》。该通报对于案件的基本情况、案件采取措施以及对于相关问题进行了澄清。其中对杨满堂（杨改兰的父亲）家庭没有纳入低保的说明、没有纳入贫困户的情况、房子没有改造的情况，关于孩子没有上学、没有新衣裳的情况，关于对死者家属做心理疏导的情况以及孩子户口办理情况做出了官方回应。

9 月 16 日，甘肃省临夏回族自治州康乐县政府新闻办公室发布《康乐县"8·26"特大故意杀人案调查处置情况的续报》，对相关负责人进行了问责。

七、小结

"杨改兰事件"是基层精准扶贫过程中不精准的一个典型案例。这一案例让我们发现，在中央积极号召精准扶贫时，基层落实却存在漏洞。首先，不得不思考通过民主评议的方式来决定贫困户的方法违背了科学与合理的原则，更与事实相背离，出现了真正的贫困户因为没有和其他村民搞好关系而被排斥在扶贫对象之外的"多数暴政"，致使贫困户对未来感到失望，甚至是绝望。其次，精准扶贫过程中的民主评议成为村干部推卸责任的"挡箭牌"。村干部通过召开村民代表会议的形式来推选扶贫对象，表面上看，村干部借助选举体现村民参与村中事务，并实现扶贫对象识别过程中的公开透明。但实际上，被选举的扶贫对象往往与村干部有一定的瓜葛，如村干部与扶贫对象之间存在亲属关系，或属于同一宗族，或者是村干部通过权力寻租，或是与村里的精英瓜分利益。村干部通过村民推选的方式将选择扶贫对象的责任推卸给村民，一旦出现问题，村干部可以斩钉截铁地回答："扶贫对象是村民一起选举的，所以不能追责到我呀。"这种方法可谓"一石二鸟"：一方面照顾到了有关系的贫困户，另一方面村干部的乌纱帽也不至于丢。

最后，基层政府相关部门没有对村干部的精准扶贫工作进行监督，任其发展，是一种严重的失职。毋庸置疑，在本案例中，民主评议导致精准扶贫不精准，最终造成了一家六人丧生的悲剧。

思考题：

1. 基层政府应该如何落实中央政策？
2. 民主方式是否适用于精准扶贫中的扶贫对象的选择？
3. 您认为在精准扶贫方面如何避免农村社会中的血缘、利益瓜葛，使贫困户的识别更加精准？

案例说明书

一、课前准备

（1）熟悉我国扶贫工作的各个阶段以及主要措施，了解我国当前扶贫的相关政策和具体措施，了解基层政府关于精准扶贫落实的举措。

（2）熟悉掌握精准扶贫所包含的三项内容：精准识别、精准帮扶、精准管理，并且要清楚地认识到精准识别是精准帮扶和精准管理的前提。

（3）掌握精准识别的方式与环节。

（4）准备其他与教学相关的材料以及硬件设施。

二、适用对象

本案例适合有一定工作经验的学员和管理者学习。此外，也可以用于公共管理本科或研究生专业相关课程。

三、适用课程

适用课程：公共政策、地方政府学、社会保障学。

四、教学目的与用途

（一）教学目的

（1）基于善治理论，提出打破用民主评议的方式识别贫困户，提出构建多方参与机制。让学员明白善治理论的主要内容，深刻体会扶贫不仅是政府的任务，还是企业、社会组织的任务，动员社会力量参与到精准扶贫体系中来，更加灵活、有效、多方位地帮助贫困户。

（2）根据费孝通的"差序格局"，让学员理解农村社会的人情、血缘与利益的纠葛，并针对乡土社会提出政策彻底落实的建议。

（二）教学用途

本案例梳理了"甘肃农妇杀子案"的发生背景、过程、结果，分析了其发生悲剧的原因。本案例以事件发生的时间为主线，深度剖析村干部在精准扶贫过程中扮演的角色、精准识别的过程以及基层政府在处理本次事件时所做的反应等，对现阶段精准扶贫不当的问题研究具有启示和借鉴意义。

五、教学内容以及要点分析

（一）教学内容

本节课的重点是探究在精准扶贫中如何做到精准识别。民主理论或投票机制不太适合作为精准扶贫中的对象。识别，因为农村有差序格局，因为血缘、人情等而存在着一些事实上的不平等通过善治理论构建多方参与机制，突破"差序格局"对识别扶贫对象的阻碍，才能实现真正意义上的精准识别。

（1）本案例的教学内容主要理论依据：善治理论、费孝通的"差序格局"以及多方参与。

（2）在政策方面，应掌握我国当前的精准扶贫政策，精准识别问题。尤为重要的是，精准识别是精准扶贫的最为最重要的环节，精准识别是精准帮扶和精准管理的前提和基础。了解我国贫困人口的现状与分布、扶贫资金的种类扶贫的特点。

（二）要点分析

（1）"甘肃农妇杀子案"有许多因素造成。一是低保户评选不公平，真贫困选不上，选上的不贫困，"多数暴政"产生。这使原本生活拮据的杨改兰一家生活更加艰难，可谓"永无翻身之日"。二是杨改兰所处的阿姑山村的自然条件恶劣，属于"穷乡僻壤"，不利于经济发展。因此，该自然条件成为一种脱贫的束缚。三是村干部以民主评议为"挡箭牌"，背地里采取权力寻租，造成扶贫对象的名额归于自己的亲属名下、与自己关系好的村民或通过利益买卖获得。这种情况对于杨改兰来说是敢怒而不敢言。四是村干部以杨改兰家的人均收入超过4 000元为由，把真贫困户拒之门外。

（2）反思民主的方式应用在识别贫困户的环节上是否科学合理？我们认为这是不科学的。因为贫困状况是客观存在的，而通过村民投票方式选举贫困户是一种既不科学又不合理的方式。因为此方式掺杂着人情、血缘、利益的因素。像本案例中，杨改兰家平时不太与村民来往，所以就没有村民投她家的票，最终导致惨案的发生。

（3）在本案例中，乡镇政府在识别贫困户的过程中没有监督村干部的行为，没有在阿姑山村进行走访调查，致使村干部权力寻租得逞。

（4）康乐县政府在本次事件中通过政府网站提供案件的信息，但其提供的信息明显存在滞后性，8月26日发生的案件，9月8日才开始发布信息。倘若杨改兰杀子事件，政府处理得当，及时走访与采取措施，或许可以制止杨改兰的丈夫的自杀，减少损失与伤亡情况。

六、教学安排

本案例可以作为专门的案例课程进行讨论，以下是以时间进度提供的课堂授课建议，仅供参考。

整个案例课的课堂时间控制在90～100分钟。

课前计划：提出启发思考题，请学生在课前完成阅读和初步思考。

课堂前言 (2～5分钟) 简洁、明确主题。

分组讨论 (30分钟) 发言要求：准备好发言大纲。

课间休息（15 分钟）。

小组发言（每组 5 分钟）幻灯片辅助，控制在 30 分钟左右。

教师引导全班进一步讨论，并且进行最后的归纳总结（15～20 分钟）。

课后计划：请学生上网搜索该案例的相关信息资料，尤其是最新信息，采用报告形式给出更加具体的解决方案，或写出案例分析报告（1 500～2 000 字）。

七、补充材料

（一）相关概念

（1）精准扶贫。它与粗放扶贫对称，是指针对不同贫困区域环境、不同贫困农户状况，运用科学有效的程序对扶贫对象实施精确识别、精确帮扶、精确管理的治贫方式。一般来说，精准扶贫主要是就贫困居民而言的，谁贫困就扶持谁。

（2）基层政府。基层政府一般指乡镇人民政府。它是指县（县级市）、区级以下，包括乡、镇的，统治阶级行使国家权力、实施阶级统治的国家机关。其职能是代表统治阶级实行政治统治和管理社会公共事务。

（3）村干部。村干部主要是指通过村民自治机制选举产生的、在村党组织和村民委员会及其配套组织担任一定职务、行使公共权力、管理公共事务、提供公共服务，并享受一定政治经济待遇的工作人员，主要包括村党支部（党总支）委员、副书记、书记，村民委员会委员、副主任、主任，其中村党组织书记和村委主任是主要村干部。

（4）权力寻租。权力寻租是把权力商品化，或以权力为资本，去参与商品交换和市场竞争，谋取金钱和物质利益，即通常所说的权物交易、权钱交易、权权交易、权色交易等。

（二）相关理论及政策

（1）善治理论。善治就是使公共利益最大化的社会管理过程，其本质特征是政府与公民对公共事务的合作管理，是政府与市场、社会的一种新颖关系。善治的本质特征就在于它是政府与公民对公共生活的合作管理，是政治国家与公民社会的一种新颖关系，是两者的最佳状态。善治实际上是国家的权力向社会的回归，善治的过程就是一个还政于民的过程。善治表示国家与社会或者说政府与公民之间的良好合作。

（2）差序格局。社会学家费孝通先生在研究中国乡村结构时提出了差序格局的概念,即"每一家以自己的地位作为中心,周围划出一个圈子,这个圈子的大小要依着中心势力的厚薄而定""以己为中心,像石子一般投入水中,和别人所联系成的社会关系不像团体中的分子一般大家立在一个平面上的,而是像水的波纹一样,一圈圈推出去,愈推愈远,也愈推愈薄",这样一来,每个人都有一个以自己为中心的圈子,同时从属于以优于自己的人为中心的圈子。

(3)相关政策文件。1994年,国务院发布《国家八七扶贫攻坚计划》通知,要求到20世纪末的7年时间里,基本解决8000万人的温饱问题;要求加快贫困地区经济和社会发展,逐步缩小东西部地区差距,加强民族团结,促进社会稳定,实现共同富裕。

1997年7月15日,国务院办公厅国办发《国家扶贫资金管理办法》,其主要内容是国家各项扶贫资金必须全部用于国家重点扶持的贫困县,并以这些县中的贫困乡、村、户作为资金投放、项目实施和受益的对象。

2001年5月召开中央扶贫开发工作会议,制定并颁布了《中国农村扶贫开发纲要(2001—2010年)》,对21世纪初的扶贫战略做出全面描述,明确提出了今后十年扶贫开发的奋斗目标、基本方针、对象和重点以及主要政策措施。

2001年10月,国务院发布《中国的农村扶贫开发》白皮书。其主要内容:从1978年到2000年中国的扶贫开发大致经过了三个阶段——体制改革推动扶贫阶段(1978—1985年)、大规模开发式扶贫阶段(1986—1993年)、扶贫攻坚阶段(1994—2000年),坚持以经济建设为中心,发展贫困地区的生产力,走开发式扶贫的道路,通过多种方式和途径,采取综合配套措施,帮助农村贫困人口脱贫。

2010年5月7日,扶贫办、民政部、财政部、统计局、中国残联《关于做好农村最低生活保障制度和扶贫开发政策有效衔接扩大试点工作的意见》明确规定了扶贫标准和扶贫对象。扶贫标准是以国家公布的扶贫标准为准,各省(区、市)人民政府可根据实际情况,自行确定本地扶贫标准。扶贫对象是指家庭年人均纯收入低于农村扶贫标准、有劳动能力或劳动意愿的农村居民,包括有劳动能力和劳动意愿的农村低保对象。

2011年7月14日,国务院发布《中国农村扶贫开发纲要(2011—2020年)》。其目的是为进一步加快贫困地区发展,促进共同富裕,实现到2020年全面建成小康社会奋斗目标。

2014年2月,中办国办印发《关于创新机制扎实推进农村扶贫开发工作的意见》。该意见提出深化改革,创新扶贫开发工作机制;注重实效,扎实解决突出问题;加强领导,确保各项措施落到实处。

2014年3月，中国人民银行、财政部等7部门联合印发《关于全面做好扶贫开发金融服务工作的指导意见》，要求合理配置金融资源，创新金融产品和服务，完善金融基础设施，优化金融生态环境，积极发展农村普惠金融，着力支持贫困地区经济社会持续健康发展和贫困人口脱贫致富。

2015年11月29日，中共中央国务院关于打赢脱贫攻坚战的决定，提出到2020年，稳定实现农村贫困人口不愁吃、不愁穿，义务教育、基本医疗和住房安全有保障的总体目标。

2016年4月29日，中办国办印发《关于建立贫困退出机制的意见》。其以脱贫实效为依据，以群众认可为标准，建立严格、规范、透明的贫困退出机制，促进贫困人口、贫困村、贫困县在2020年以前有序退出。

八、说明

（1）本案例授权"全国公共管理案例中心案例库"及教育部学位与研究生发展中心的"中国专业学位教学案例中心案例库"收录。

（2）本案例只供课堂讨论之用。

案例六

"平安协会"——非营利组织参与社会善治的一个范本

案例主体

摘要：新泰市"平安协会"成立于2008年，随着时间推移，协会不断进行创新，衍化为基层一支及时化解矛盾纠纷、处理突发性群体事件、促一方和谐稳定的民间组织。作为非营利组织参与社会治理的范本，本案例描述了新泰市"平安协会"成长的历程，解析了其组织结构、筹资机制等方面的特点，重点阐述了其成立的背景、动因、衍化以及创新之处。本案例适合政治学、非营利组织管理等课程，尤其在治理理论、公众参与、民主协商以及非营利组织的筹款和项目管理、政府购买服务等内容的教学中适用。

关键词：非营利组织；社会善治；公众参与；政府购买服务

一、引言

社会纠纷一旦升级为群体性事件，便成了令各地政府头痛的大事，而出动警力又容易激化矛盾。在山东省新泰市，近几年虽发生多起社会纠纷，但都在基本没动用政法队伍的情况下悄然化解——广泛覆盖的群众组织"平安协会"出面打头阵，成为维护稳定的主力军。

案例一：

2008年12月26日，禹村镇沈北村的刘某在磁莱铁路一岔口处被驶来的火车刮死。死者家属情绪激烈，200余人围堵在事发地，尸体放置在铁轨中央，160余辆汽车被滞堵在与铁路交叉的公路上。

关键时刻，镇平安协会会长张鲁及徐宗广等赶到。先行劝说不成，今年54岁、当过20多年村干部的徐宗广就亲自动手，将死尸抬离铁轨。个别死者家属虽情绪激烈，但碍着徐的威望，也只能让他抬。随后，一列火车驶过。再以后，铁路方面人到。经协会调解，铁路做出赔偿，问题妥善解决。

案例二：

新泰市平安协会运行到达2009年，出了一件人们津津乐道的事。这就是"洪马斗法案"，这是新泰建立社会稳定机制的一面镜子。

农民洪某和马某因经济纠纷打了十二年官司，多次到最高人民法院和全国人大上访。四级法院盖了几十个公章，冤仇反而越积越深。

禹村镇党委、政府领导决定发挥平安协会调解优先、方法灵活的优势，法（律）外找（办）法，换一个思路来解决这一司法程序难以解决的难题。镇平安协会副会长徐宗广带领会员找到当事人双方详细了解各自的想法，通过喻法、喻理、喻情近一年的不懈调解，平安协会以真情感动了他们，也为他们找到了双方都能接受的利益平衡点，终于使两人握手言和，签字画押，表示永不再诉。

案例三：

2009年11月，该市禹村镇两名电工在楼德镇施工时，因麦苗受损与一当地村民发生争执，后者轻伤住院，电工设备则被村民强行扣留。随后双方聚集人马，冲突一触即发。紧急关头，两镇平安协会出面调解，最终阻止了一场大规模冲突，并劝解双方达成和解协议。

"这种棘手的事，如果像以前那样由政府强行介入，搞不好就会使矛盾升级。建立平安协会后，由其居中调解，问题一般都会妥善解决。"时任市委政法委书记刘玉感慨地说。据统计，在平安协会的调解下，2009年新泰60%的各类社会纠纷被一一化解，全市群体性事件和上访事件连续两年降幅在30%以上。

从看家护院组织到社会矛盾纠纷化解，再到群体突发事件处置，平安协会的功能一步步深入，犹如攀登泰山，渐入佳境，愈走愈是好看。

二、从"看家护院"到"社会善治"

山东省新泰市地处5个地级市交界处，人口139.2万，社情民意复杂，治安问题突出，而全市公安民警仅有686人，警力配置远不能满足地方治安需求。新泰市最早一家平安协会成立于2006年初。当时，出于"看家护院"目的，汶南镇党委、政府干部组队，晚间轮班去各村巡逻。当时，有数十家企业、行政村及民企老板成为协会会员，共筹集资金48.5万元。按照《协会章程》，协会把经费用到平安建设事业上，为各村巡逻队员每人每晚发放10元补贴。

专职治安队昼夜巡逻、电子监控设施全部"上岗"、镇里的特警中队更换了新车……自汶南镇平安协会建起来以后，短短的3个月，全镇可防性案件下降了80%。

尝到了平安协会带来的"甜头"，新泰市委在全市推行汶南镇的经验做法，经过新泰市委引导、协调、组织、扶持，这个新生的群众自治组织快速健康成长起来。2008年6月10日，全省第一家县级平安协会——新泰市平安协会成立。2008年市平安协会拨出100万元资金，帮助镇村建立专职人员、联户联防等5种模式的巡逻队伍，村级巡逻人员达到6 100多人。同年市平安协会单位会员供电公司投资927万元，为农村免费安装3万盏"平安灯"，既增强了夜间治安防范能力，又极大地方便了群众生产生活。2009年8月，又启动了投资5 700余万元的"天目工程"，其中市平安协会单位会员联通公司投资4 750万元，在农村安装电视监控探头1 200个，实现了重点控制部位全覆盖，治安情况实时监控。今年又实施了投资4 800万元的"智能天目"工程，在进出城区、县域边界所有道口和重要地段安装高清、智能监控设施100处，打造城区、辖区内外"两个圈"的智能监控网络。"天目工程""平安灯""平安互助网""智能天目"、农村五种巡防模式"五位一体"，构筑起了社会治安立体防控的"天罗地网"。

随着时间推移，平安协会衍化为关涉文化民生、参与社会治理的综合性社会组织。协会从游离于基层治理结构之外的回应式的半官方组织转型为深层参与村居事务，嵌入村居治理结构的农村新型社会组织，成为基层治理不可或缺的一环。随着"平安协会"治安维稳功效的深入人心和渐受重视，其会员规模也由之初的寥寥数十人发展到目前万余人，而刑事案件、越级访总量也分别下降了11.8%和59%。

2011年岁初，备受关注的首届"中国社会创新奖"隆重揭晓，山东省新泰市"依托平安协会建设社会稳定机制"项目，从全国161个社会创新申报项目中脱颖而出，受到提名嘉奖。

山东新泰市的做法引起了全国许多地方的效仿，2010年起，这一机制在泰安全市得到推广。2014年9月15日，东莞市市委常委、市政法委书记邓志广率队到新泰市考察平安协会工作。在随后召开的广东省东莞市政协十二届十三次常委会会议上，邓志广表示，东莞将在各镇街成立"平安协会"，以帮助化解各类社会矛盾,维持社会稳定,着力打造社会环境城乡合治、社会主体多元共治、社会服务政社联治、社会矛盾依法综治的新格局。

与此同时,有一些不同的声音围绕"平安协会"作用发挥的广度和效度、协会的筹资机制及可持续发展、协会的组织结构以及与政府的关系等问题产生了质疑。那么,作为一个非营利组织,"平安协会"将如何克服自身存在的不足,在社会治理方式和治理体系创新中更好地发挥作用,从而破解社会治理中"社会协同、公众参与"的难题,实现政府管理与社会组织服务的良性互动呢?

三、平安协会成立的动因

新泰市建立平安协会的主要动因有三个:一是农村平安公共品滞后与基层群众盼发展求平安的愿望不相适应。农村税费改革后,基层警力不足,治安经费短缺,成为制约农村可持续发展和稳定的"瓶颈"。新泰市通过协会这一平台募集资金,解决制约治安工作经费不足的问题,同时形成群众自治组织,不增加编制,又不增加群众负担,解决治安防范力量薄弱的问题,为群众的生产生活创造了良好的环境。二是社会稳定管理体制与群众日益增长的民主参与意识不相适应。随着经济社会的快速发展,群众的民主意识不断增强,要求参与基层事务决策和管理的呼声也越来越高,"积极参与者"也逐步增多。而现有的维稳体制下广大群众直接参与维稳欠缺。基层党委、政府引导发展平安协会,为热衷公益事业的"积极参与者"搭建活动舞台。协会的运作建立在自主自愿的基础上,不走强制摊派的路子,它强调由广大群众自己决定,以自己的意愿,利用自己的资源,依法办理自己的事务。三是社会矛盾聚焦于地方政府。由于我国政府组织、企业组织、民间组织还不能各司其职、功能互补,政府集裁判员和运动员、调节者和经营者的角色于一身,容易把矛盾集中到自己身上。在处置群体事件中,有些地方警民直接对立便是这种反映。新泰平安协会在一定意义上充当了政府与民间的桥梁。

四、平安协会的筹资机制和筹资困局

自创建伊始,平安协会就确立了一种协同分担成本的机制。汶南协会成立时,镇驻地55个企事业单位与个体户共捐款48.5万元。这种协同机制在协会后期发展中始终存在。各级协会在不同阶段分别实施了"平安灯""天目工程"等项目,都受到了地方主要企业的赞助。相较于其他地区的类似创新而言,新泰平安协会在成本分享方面的协同机制有效减轻了主创方的创新成本。

(一)会员筹集资金为主

新泰市平安协会采取自愿入会,会员交纳一定会费的方式筹集协会活动所需要的资金。会员既有个人会员,又有企业会员。富起来的老板对平安的要求更为强烈,也更为迫切。在一次聚会时,羊流镇平安协会副会长、泰山起重机厂的总经理朱法昌当场表示要拿出一万元用于园区公共治安管理,有人马上喊道:"你出一万,我不拿九千九。"当场就筹资20多万。通过缴纳会费、社会捐助、政府补助等形式筹集资金,每年筹集会费1 000多万元。东都镇羊蹄村的养羊大户杨衍玉提起平安协会的好处是赞不绝口:"原先在外打工也不放心,老是挂着家里的事。协会成立后,再也没发生过丢牛丢羊的事。现在,年轻人安心在外挣钱,经济条件也日渐好起来,这两年村里盖起来不少小康楼。"2009年,新泰市供电公司围绕构建和谐供电环境,主动拿出900万元的会费扶持"平安灯"工程,在全市917个行政村安装"平安灯"30 000盏,平均每个村30多盏,成为深受群众欢迎的民心工程。

(二)政府补助为必要补充

在任何国家,政府机构和公共部门都是非营利组织的主要资金来源。非营利组织涉足公共事业领域,减轻了政府的负担,成为政府潜在的伙伴和盟友,因此政府必须给予非营利组织必要的资助。新泰市人口136.8万,而公安民警只有600多人,警力不足,经费不足,社会稳定任务繁重。农村税费改革后,一些镇村财政紧张的问题十分突出,群防群治工作经费无法落实,农村治安防范空档很大。平安协会本着"取之于民、用之于民"的原则,通过缴纳会费、社会捐助、政府补助等形式筹集资金,改变了农村治安经费不足的问题。2008年6月,新泰市"平安协会"正式成立,包括市财政列支,集体、个人捐款经费达1 500万元。

(三)市场化运作

2009年8月,新泰市政府与泰安联通公司签订战略合作框架协议,"天目工程"作为战略合作首批启动的重大项目,总投资5 000余万元,其中泰安联通公司投入3 500万元,主要用于工程的光缆、管道及宽带城域网扩容建设;市乡财政和平安协会筹资1 500万元,主要做好规划布点、监控设施配制、协调服务和推进工作。通过与联通公司的合作,解决了平安协会在技术防范上的资金不足的问题,而联通公司通过布设光缆,为自身拓展农村互联网的市场奠定了基础,如此也就实现了政府、平安协会和联通公司的共赢。

（四）筹资困境

从整体来看，中国的非营利组织发展时间较短，各方面都需要不断探索完善，而制约中国非营利组织发展的最关键的问题就是资金不足。"平安协会"刚成立时，政府财政列支和集体、个人的捐助以及有限的市场化运作所筹集的资金足以保证协会的运行，但随着"平安协会"涉入社会治理的深度和广度的不断伸展，社会对其提供服务的需求也在不断增加，个人和组织捐助的热情不仅没有同步增长，相反随着经济形势和自身能力的降低，会员捐助的资金来源渠道增长空间有限。部分地方的"平安协会"组织的筹资面临困局。

此外，"平安协会"的自创收入明显不足。这是因为我国的非营利组织对政府的依附性较强，独立生存能力较差，加上政府购买服务相关制度不尽完善，导致这些组织自创收入的能力较弱。

五、平安协会的组织结构

平安协会是在党委、政府领导下，由社团登记管理部门审批、群众自愿参与的自治组织，依法进行自我管理、自我教育、自我监督、自我发展。会员职责主要是担当社会治安防范员、矛盾纠纷调解员、预防犯罪帮教员、政策法规宣传员、社情民意信息员、公共安全管理员。

平安协会为群众有序参与社会治安综合治理创造条件，规范平安协会的内部管理。市、镇平安协会制定规范的《章程》，明确协会的宗旨任务和会员的权利、义务。市、镇平安协会是独立的法人单位，会长是法定代表人，会员大会是最高权力机构，理事会是办事机构，秘书长主持日常工作。协会定期召开理事会，通报工作开展情况，决定重大事宜。会费主要来自会员缴纳、社会捐助和财政补助，支出由理事会研究决定，会长签字，接受审计部门审计、会员大会或会员代表大会审查，任何单位和个人都无权支配。

新泰市在规范运作平安协会的同时，依托平安协会积极探索社会管理创新，在原有维稳资源的基础上，引入了传统的社会资源，就是以平安协会为载体，老党员、老干部、老模范"三老"人员为代表组织的人民群众。这些在乡镇、社区德高望重的协会会员善于从矛盾的非对抗性上寻求共同点，扩大相通性，德法并举，综合调处，使当事人心服口服，许多消除了积怨、化解了矛盾的群众说，是平安协会使他们不打官司不花钱、不伤感情不积怨。市县两级依托涉法涉诉信访工作室，吸收经验丰富、威望较高的协会会员组成调处化解矛盾专家库，采取"一案一策一站式双联动"的办法，调处化解重大疑难纠纷和案件；

乡镇街道矛盾纠纷排查中心吸收平安协会"三老"会长、副会长为副主任，化解村级解决不了的矛盾纠纷；村居吸收平安协会会员为人民调解员，调处化解一般的矛盾纠纷。

在党的执政实践过程中，对民间组织的领导是从"以党建促管理"开始的，即把民间组织中建立基层支部作为领导和管理的手段。新泰市各级党委和基层党组织充分发挥主观能动性，创造性地改进党建工作思路和方法，把党支部建在平安协会上，在不足3名党员的民间组织中，采取了有针对性的属地化管理、行业化管理、挂靠管理等方式方法，取得了明显的成效，实现了对民间组织党建的基本覆盖。同时，根据民间组织特点，注重发挥民间组织中党员的作用。由于民间组织结构松散、独立性强、人员构成复杂、成员之间经济利益关系薄弱，民间组织在人事和业务方面对其成员的约束普遍较低，因而党的工作的开展在很大程度上要取决于党员个体的素质和作为。这意味着民间组织中的党组织要发挥好应有的作用，民间组织成员中的党员应该是主要依靠力量。

六、平安协会中的公众参与和协商民主

新泰市依托平安协会建设，在加强社会治安、维护社会稳定和平安建设方面开创了"党政领导、社会协同、公众参与"的新局面，开启了一个具有中国特色的党、政府、社会、民众通力齐管、共同参与的协商民主路径。平安协会调解处理矛盾纠纷的方式体现了协商民主的核心内容。

（一）平安协会中的公众参与

新泰市平安协会的宗旨是"按照构建和谐社会的要求，努力整合社会资源，坚持社会治安综合治理的方针，团结和教育会员参与维护社会治安秩序，推动综合治理工作社会化、市场化，为建设平安和谐新泰做出积极贡献"。同时，充分重视人民群众在促进社会稳定和经济社会发展中的主体作用，明确提出了社会平安"人人参与、人人建设、人人享有"的公众参与型工作机制。

新泰市平安协会是在党委政府领导下，公众参与平安建设，依法设立的非营利性群众自治组织，公众自愿报名入会。平安协会为公众参与社会综合治理，满足其个性化的正当的利益诉求提供了客观条件。比如，社会统筹、会员募集、政府扶持等多元化的资金渠道保证了公众参与的物质基础；信息化技术和必要的电子网络设备保障为公众提供了更多获取政府信息和公共服务的渠道；"平安灯"工程、"天目工程"等硬件配套设施使公众真正体会到了"平安是福"的快乐，极大地激发了公众参与社会治理的热情。

平安协会的公众参与思想借鉴中西文化中公共管理的理念,将以官员权力、个人意志为本的治理观念转化为以公众、社会为本的管理观念,坚持政府职能转变,积极探索基层治安管理体制创新,逐渐完成社会综合治理从"政府主导型"模式向"公众参与型"模式的转变,逐步实现公众自我管理、自我教育、自我服务、自我监督的常态化机制。

（二）平安协会中的协商民主

民主的核心是协商,而协商的前提是沟通,它需要聆听他人、了解他人、了解差异、交换意见、整合分歧、相互说服,在此基础上才有可能使分歧与矛盾双方达成和解与共识。从这个意义上说,协商民主就是化解矛盾和冲突、谋求协商与和解的一种机制。

首先,建立了多元化解决矛盾纠纷机制。这里的"多元"是指党、政府、司法机关和平安协会等在化解矛盾纠纷时往往以平安协会为载体,在党委政府的领导下,以政法力量为后盾,形成"人民调解、行政调解、司法调解、民间调解"四位一体的矛盾纠纷调处化解机制,实现了优势互补、共享共赢。在新泰市的许多镇街,信访办、综治办、司法所、平安协会都设在办公楼的同一层集中办公,这种公办场所的空间配置和办公方式便是联合调处化解矛盾机制的直观形象表现。

其次,建立了矛盾纠纷大排查大调处格局。新泰市在加强社会治安,维护社会稳定方面,重点抓住矛盾纠纷排查调处工作,建立了党委政府统一领导、综治部门牵头协调、调处中心具体负责、司法部门业务指导、平安协会积极参与、社会各方整体联动的社会矛盾纠纷大排查、大联动、大调解工作新格局。

从以上两个方面可以看出,平安协会通过与政府相关部门合作、协商、建立伙伴关系,确立共同目标等方式实施对公共安全和社会治安的管理,实现了政府与社会之间的良性耦合,形成了政府调控机制与社会协调机制互联,政府行政功能与群众自治功能互补,政治力量与平安协会力量互动的治理路径。

七、平安协会解决的新的社会问题

一是解决了农村公共安全品不足的问题。社会治安是最基本的公共物品。长期以来,由于受城乡二元结构的影响,乡村公共安全品供给不足。针对基层治安防控体系不健全的实际,平安协会积极筹集治安经费,支持治安防范,发动会员带动群众,群防群治;帮助基层建立专职人员、联户联防等5种模式的巡逻队伍,村级巡逻人员达到6 100多人。2008年市平安协会投资927万元,为农村安装3万盏"平安灯"。2009年启动了投资5 700余万元的"天目工程"，其中联通公司投资4 700万元，市乡财政和平安协会筹资1 000万元，在全市农村规划安装电视监控探头1 200个，前端信号先与当地派出所分控中心相联，再与市应急指挥中心联网，实现市乡重点控制部位全面覆盖，治安情况实时监控。"天目工程""平安灯""平安互助网""农村五种巡防模式""治安保险"兜底工程构筑起"五位一体"的社会治安立体防控体系。

二是缓解了当前社会转型期社会矛盾碰头叠加的状况。平安协会配合人民调解、司法调解、行政调解、德法并举、多方互动，形成了多元化解矛盾纠纷的新机制。协会会员坚持依法办事、依法调解，运用通俗的语言向当事人宣传法律知识，按照法律规定澄清是非、厘清责任、化解矛盾纠纷。特别是以老党员、老干部、老模范为主体的协会会员，他们具有威望、办事公道、知根知底，带着感情、信任和友谊去做工作，德法并举，努力从矛盾的非对抗性上寻找共同点、扩大相通性，用群众的语言、情理、方法去沟通协商，用法律的、政策的、道德的以及乡规民约等多种手段综合调处，使矛盾纠纷得到有效化解，有效地减少了矛盾纠纷进入信访和司法渠道的流量。

三是解决了处置突发事件中慎用或少用警力的难题。经过四年的实践，新泰市探索形成了党委政府领导坐镇指挥，平安协会打头阵、公安队伍压住阵、基层党群组织迅速跟进的"处突"立体"三角阵势"。在这种综合治理模式中，"平安协会"凸显出快速到位、控制事态、迅速降温、劝散群众、消化矛盾的作用，为事件的快速有效处置创造了条件，有利于慎用警力和少用警力，有效地发挥了避免群众与党委政府正面冲突的"防浪坝"作用、防止事件蔓延和矛盾激化的"减压阀"作用、增强党委政府与人民群众联系的"黏合剂"作用。

通过平安协会引导群众进入社会管理的体系框架，与政法综治队伍密切配合，真正走出了一条"人民治安人民办、社会稳定社会管"的社会管理创新之路。

一是坚持党的领导与实现群众民主权利相结合，推进党领导社会管理模式的创新。平安协会使党领导社会管理找到了新的抓手，各级党组织发挥"引导、协调、服务、控制"功能，加快推进平安协会发展，把多数群众有效地组织起来，这种相信群众、依靠群众、组织群众进行社会管理工作的能力，从根本上强化了党的执政力，扩大了党的执政基础。

二是坚持综治力量与自治力量相结合，推进社会管理体制的创新。政府社会治理的最大变化莫过于人民群众的广泛参与。新泰市在各乡镇成立综治工作中心，把综治、信访、司法、平安协会等单位集中办公，职能部门与民间组织依法履职、密切配合、协调联动，形成了一种新型管理体制。

三是坚持法治手段与德治手段相结合，推进社会管理方法的创新。平安协会在依法的前提下，广泛采用以协商调解、案结事了为主的方式参与社会矛盾纠纷的化解，与法治相辅相成、相得益彰，共同构筑起和谐社会。

四是坚持群众共建平安与共享平安相结合，推进群众参与社会治理的创新。通过平安协会，各种民间社会资本进入公共服务领域，各种社会政治资源进入公共管理领域，极大地调动了社会与群众参与社会治理的积极性，有效地解决了单纯靠政府管理成本过大、效率不高的问题，形成了社会和谐人人有责、和谐社会人人共享的生动局面。新泰市吸收"平安协会"参与社会协调与管理，把体制内和体制外力量有效地整合起来，形成了社会管理的大格局和新机制。

八、"平安协会"参与社会治理的局限性

平安协会建设引起理论界专家学者的广泛关注，对平安协会发展过程中存在的有关问题进行了深入思考，他们认为作为一种民间性的社会组织，平安协会在参与农村社会治理中有其自身的局限，尤其是在推广的过程中难免有所羁绊。

（一）"政社不分"的现实依然存在

在党的十八大的报告中，我党首次提出构建"政社分开"的现代社会组织体制和"动态管理"的社会管理体制，到中共十八届三中全会，又进一步提出创新社会治理必须着眼于维护最广大人民根本利益，最大限度增加和谐因素，增强社会发展活力，提高社会治理水平，维护国家安全，确保人民安居乐业、社会安定有序。要改进社会治理方式，激发社会组织活力，创新有效预防和化解社会矛盾体制，健全公共安全体系。

从新泰市政府、企业、社会参与平安共建的实践看，平安协会确实发挥着政府所不能发挥的作用，但政府提供社会治安公共物品的责任并没有消失，两者是一种职能的互补，而不是替代。平安协会类社会组织与政府间的合作型关系应该是基于两者间的良性互动。政府的治理需要通过社会参与加以改善，社会参与治理需要政府加以引导。从目前来看，新泰市各级政府至少还应该做好以下几方面的工作：一是为平安协会的进一步发展制定配套的规章制度，加强对协会的科学指导；二是提供部分的公共财政作为平安协会常态运作的保障；三是必须通过减免税收或者财政补贴进一步鼓励企业在社会治理领域承担起更多的社会责任。

（二）可持续性发展能力尚待发掘

"平安协会"发挥可持续性作用的前提是完善相关制度设计，使平安协会良好运作的合法性建立在以制度的正当性和组织的公共性基础之上，而不能仅寄希望于目前这种"三老"人员作用的发挥。

马克思·韦伯把权力的合法性基础归为理性、传统和克里斯玛三类，由此形成三种不同的权力统治类型：法理型统治、传统型统治和克里斯玛型统治。如果说现行平安协会合法性建立在"三老"人员克里斯玛类型基础上的话，那么未来平安协会合法性必须建立在法规制度的正当性以及组织的公共性为特征的法理型权威基础之上。从现实来看，平安协会通过德高望重的个人的作用发挥未必可以完全得到复制和推广，本文开篇提到的案例中的张鲁、徐宗广这样的人物的出现毕竟有很大的偶然性，因此一旦"平安协会"得以大范围推广，必须重视相关的制度设计，以保持自身对公共性的追求。

（三）几个需要进一步廓清的问题

一是平安协会与公安队伍的作用是否重复的问题。平安协会与政法部门正如民兵与军队的关系，平安协会弥补警力不足的矛盾，化解了大量的矛盾纠纷，对公安部门起着重要的补充作用，有利于公安部门集中警力解决影响社会治安的重大问题，两者是紧密联系的。

二是平安协会会不会脱离党的领导的问题。平安协会的产生本身就是基层党委组织引导发展起来的。各级党组织通过引导、组织、协调和扶持，保证平安协会的相对独立性和正确发展方向。从2010年7月开始，新泰市委大力推进党支部建在平安协会上的工作，平安协会党支部隶属于新社会组织党工委和乡镇街道党委，充分体现了党是群众社会组织的领导核心。这就从根本上防止了某些民间组织转化为消极力量甚至成为对立面的可能性。用新泰市平安协会负责人的话说，平安协会离开党的领导就失去了"魂"，离开政法部门的支持就失去了"力"，离开人民群众的参与就失去了"根"。

三是对平安协会群众组织有效控制的问题。平安协会会员的主体是老党员、老干部、老模范等"三老"人员，让他们在党组织的外围充分发挥作用，起着壮大党的统一阵线的作用。平安协会会长、副会长人选由党组织把关，群众选举产生。通过严格选举程序，将基层党组织的选举办法应用到平安协会选举中来，保证了平安协会人员的素质。平安协会健全和完善了各项规章制度，严格依法和依照《协会章程》开展活动，强化自身建设，加强对会员的约束和管理，形成了系统的管理体系。事实证明，这些由"三老"人员为骨干的乡村平安协会在社会稳定中不仅发挥了作用，还起着"村庄政协"的作用。

四是平安协会与基层调解组织的关系问题。新泰市镇村两级平安协会普遍是"一班人马，两块牌子"，调委会成员和平安协会会员大部分相互交叉。两者的根本区别在于履行的职能和工作方式方法不一样。基层人民调解委员会作为基层政权和村级组织的延伸，具有"政府办事""恪守法律条文"的特点。平安协会调处矛盾纠纷成功后，双方当事人达成的调解协议仍由人民调解委员会盖章、认可。平安协会包括了人民调解委员会工作的内容，主要是体制不一样，类似农村种植协会与政府农业管理部门的区别，政府部门是宏观管理层面，协会是具体操作层面。

目前，平安协会正在顺利推进，其职能正不断完善。下一步，依托平安协会努力促进社会管理体制改革，走出一条依靠人民群众共建平安、让人民群众共享平安的社会可持续发展道路，为在新形势下依靠人民群众化解社会矛盾、优化社会管理、促进平安发展做出积极贡献。

思考题：

1. 新泰市"平安协会"非营利性组织的特征？
2. "平安"是公共物品吗？非营利组织供给公共物品有哪些优势？
3. 如何评价新泰市"平安协会"的筹资机制？
4. 新泰市"平安协会"的做法，为非营利组织参与社会治理提供了什么样的启示与借鉴？
5. 如何促进非营利组织的可持续发展？政府应该发挥怎样的作用？

案例说明书

一、教学目的与用途

（1）适用课程：政治学、非营利组织管理。

（2）适用对象：本案例主要为 MPA 开发，适合有一定工作经验的学员和管理者学习。此外，也可以用于公共管理各本科专业相关课程。

（3）教学目的：本案例总结新泰市"平安协会"这一非营利组织参与社会善治的经验，围绕非营利组织在维护社会稳定中的优势与作用，以"平安协会"发展、衍化的历程为主线，对该组织的内部机构、管理、筹资机制等进行描述，对乡村治理结构变迁中农民的组织化参与的方式与路径进行分析。"平安协会"项目曾获得首届"中国社会创新奖",对政府购买社会服务、非营利组织内部管理以及参与社会治理等具有启示和借鉴意义。

具体目标分为以下三个方面:

(1)基于"社会善治理论"所提出的善治是一种政府与公民对公共生活进行合作管理的新型治理模式等理论,使学员理解善治的本质特征就在于它是政府与公民对公共生活的合作管理,是政治国家与公民社会的一种新颖关系,是两者的最佳状态。善治实际上是国家的权力向社会的回归,善治的过程就是一个还政于民的过程。

(2)基于公众参与理论所提出的公众参与公共治理的相关理论,分析新泰市"平安协会"的公众参与和民主协商的经验与存在的问题。

(3)基于非营利组织的筹款管理和志愿者管理理论,识别"平安协会"这一非营利组织的特性,了解非营利组织筹款方式,使学员能够进一步了解市场组织与非营利组织的共性与个性,加深对非营利组织的本质认识。

二、启发思考题

本案例的启发思考题主要对应的是案例教学目标的知识传递目标,启发思考题与案例同时布置,另外要让学生尽量在课前阅读熟悉相关知识点。因此,在案例讨论前需要布置学生阅读政治学教材中社会治理、公众参与或者非营利组织管理教材中非营利组织的定义和分类、志愿者管理、筹款管理等内容。

(1)新泰市"平安协会"非营利性组织的特征?

(2)"平安"是公共物品吗?非营利组织供给公共物品有哪些优势?

(3)如何评价新泰市"平安协会"的筹资机制?

(4)新泰市"平安协会"的做法,为非营利组织参与社会治理提供了什么样的启示与借鉴?

(5)如何促进非营利组织的可持续发展?政府应该发挥怎样的作用?

三、理论依据与分析

(一)理论依据

(1)社会善治理论与公众参与理论。

(2)非营利性组织管理的相关理论。

（二）具体分析

（1）"平安协会"是非营利组织，属于第三部门

非营利组织有三个基本属性：非营利性、非政府性、志愿公益性或互益性。

①非营利性。非营利性是非营利组织的根本属性。这一属性包含三个主要方面：第一，不以营利为目的。非营利组织的宗旨不是为了获取利润并在此基础上谋求组织自身的发展壮大，而是为了实现整个社会或者一定范围内的公共利益。第二，不能进行剩余收入(利润)的分配(分红)。对于非营利组织而言，无论开展何种形式的经营业务，其剩余收入都不能作为利润在成员之间进行分配(分红)，而只能用于组织所开展的各种社会活动及自身发展。第三，不得将组织的资产以任何形式转变为私人财产。

非政府性是非营利组织的基本属性之一，这一属性强调非营利组织有三个特征：第一，是独立自主的自治组织。非营利组织既不隶属于政府又不隶属于企业，是独立的社会组织，其中每一组织都有独立自主的判断、决策和行为的机制与能力，属于独立自主的自治组织。第二，是自下而上的民间组织。非营利组织由自主的公民以结社方式组成，扎根于社会，通过横向的网络联系与坚实的民众基础动员社会资源，形成自下而上的民间社会。第三，属于竞争性的公共部门。非营利组织不同于政府，不能利用行政权力和资源，只能采取各种竞争性的手段来获取各种必要的社会资源并提供竞争性的公共物品。

非营利组织的另一基本属性是志愿公益性或互益性。非营利组织的内在驱动力是以志愿精神为背景的利他主义和互助主义。非营利组织的主要社会资源是基于志愿精神的志愿者和社会捐赠。非营利组织提供两种类型的竞争性公共物品：一是提供给整个社会不特定多数成员的所谓"公益性公共物品"，二是提供给社会中某一部分特定成员的所谓"互益性公共物品"，其受益者尽管也是多数社会成员，但是能够通过某种方式界定受益者。

新泰市平安协会是群众自治组织，其章程第一条规定："新泰市平安协会是在党委、政府领导下，群众参与平安建设的自治组织；是新泰市辖区单位和个人自愿组成的，依法设立的非营利性群众社会团体。"可以看出，平安协会具有组织性、自治性、非营利性、民间性等非营利性组织的基本特征，属于第三部门。

②非政府性。"平安协会"是由群众自愿参加，经基层综治办推荐、民政部门审批登记的群众自治组织，有规范的章程、明确的任务和权利义务，依法实行自治。会长是法定代表人，会员大会是最高权力机构，理事会是办事机构，秘书长主持日常工作，会员由社会各界有较高政治觉悟、法律政策水平和较强

协调能力的人组成，尤其是"三老"人员（老党员、老干部、老模范）成为各级"平安协会"的主力军。各级"平安协会"依法开展活动，坚持走自我管理、自我教育、自我监督、自我发展的民主自治道路。

③公益性。"平安协会"之所以能够得到广大群众的衷心拥护，在人民群众的沃土中茁壮成长，一个根本原因就是其固有的公益性。"平安协会"是非营利组织，带有很强的公益色彩，它不仅参与对社会矛盾的化解和突发事件的处置，还面向广大群众开展社会互助、援助弱势群体、发展公益事业、促进社会公平，在一定程度上弥补了政府用于农村公共安全物品方面资金短缺所造成的不足，也缓解了发展市场经济过程中所难以完全避免的公平与效率的矛盾。经过"平安协会"的积极参与和运作，目前新泰农村已经形成了"平安灯""平安互助网""天目工程"等一系列安全设施，不但给人们带来了平安保障，而且给群众的生产生活带来了极大方便。实践证明，"平安协会"的公益性是其存在价值的最重要源泉。

（2）"平安"的公共物品属性

新泰市平安协会的名字寓意很明确，旨在谋求治安稳定，而社会治安本身就是公共物品。

根据萨缪尔森的定义，公共物品是具有非排他性和非竞争性的物品（包括劳务），其效用具有不可分割性。非排他性是指公共物品一旦被提供出来，不能排除他人不付费的消费，很显然，一个地区的社会治安对该辖区的居民来说是非排他性的。非竞争性是指多增加一个消费者的消费不会影响其他消费者的消费，在一个治安稳定的社区多出生一个婴儿和死去一个老人不会给其他成员在享受治安环境方面造成影响。

公共物品的供给有自愿供给和强制供给两种方式，供给主体有市场、政府和非营利组织三种类型。其中，非营利组织在供给农村公共物品过程中具有得天独厚的优势。第一，与社会公众关联紧密而具有的服务针对性优势。非营利组织是由民众自愿组织而形成的以实现社会公益为目的的公民社会组织。来自民间的非政府性质和社会公益取向使其和公众的联系更紧密，提供的公共服务更有针对性。非营利组织坚持自助、互助、助人的原则和自主解决社会问题的精神，可以减少市场机制的负面效果，超越政府机构的官僚作风，更能够得到公民的支持和认同。第二，组织形式灵活而具有的服务及时性优势。非营利组织组织的目标和结构体系具有很大的弹性，可以根据环境的变化灵活地调整自己的战略和行动计划，以更为扁平化的组织模式高效及时处理信息，从而快速应对各种挑战并及时做出回应。灵活性的组织结构形式使非营利组织更具有创新的优势，不断推进技术和制度方面的创新，使公共服务体系更具有适应性和回应性。第三，活动领域广泛而具有的服务多样性优势。非营利组织数量众多，而且活动领域广泛，可以在政府部门无法顾及的领域提供公共物品，增加社会公共服务的多样性，起到拾遗补缺的作用。

（3）对新泰市"平安协会"的筹资机制的评价

筹款是将分散的社会公益资源动员并集中起来的过程。筹款是一个需要艺术、策略、专业化知识和技巧的市场运作的系统化过程。

考虑到筹款的效率和不同筹款方式之间的差异，针对不同的市场，非营利组织宜采取不同的筹款方式。总体来看，非营利组织需要动用可以动用的组织资源，采用各种不同的方法，充分调动工作人员和志愿者的积极性，有计划地开展筹款活动。

新泰市"平安协会"以利益共同体为纽带，形成了会员筹集资金为主、政府补助为必要补充和市场化运作解决资金短缺的多元化的资金筹集机制，有效破解了非营利组织的资金困境，但仍存在一定的问题。一是未能充分利用各种重要的组织资源，筹款方式也不够灵活。非营利组织有各种重要的组织资源可用于筹款：理事会成员、主要赞助者、企业、基金会、国际组织、政府、联合劝募组织等。根据不同的潜在捐赠人，筹款方式应该灵活应用，并根据情况进行适当调整。具体方式有私人请求、俱乐部、电话劝募、直接信函或邮件、网上筹款、电视认捐、义演义卖、小型项目筹款、大型公益工程、"一对一"捐助活动、遗产捐赠、计划筹款等。而平安协会在资金渠道以及募集方式方面显然还有很大空间。二是自创收入少，且没有形成筹款的绩效评估机制。如前所述，平安协会的性质决定了其不能以向消费者提供产品和劳务的方式收取费用，其获得的筹集资金主要用于投入平安设施和平安队伍建设方面，无法进行投资以获利。同时，非营利组织对每一次筹款活动都应该进行绩效评估，以寻找缺点，总结经验，提高效率，而平安协会尚未形成相关机制。

（4）新泰市"平安协会"作为非营利组织参与社会治理的启迪意义

平安协会在参与社会管理中发挥了不可替代的作用，也为我们创新工作思路提供了有益启示。

第一，平安协会是维护社会稳定的一支重要力量。在当前全面建设小康社会的关键时期，在利益格局日益多元化、人民内部矛盾愈益成为影响社会全局的主要矛盾的新形势下，尤其要高度重视并切实发挥人民群众在化解社会矛盾、促进社会稳定中的主体作用，把平安建设和社会稳定真正建立在人民群众共同参与的基础上。

第二，平安协会是组织人民群众参与社会治理的重要平台。平安协会代表群众利益，广大人民群众通过这个平台来保障群众的基本利益、维护民生、民主监督、办好群众急切要办的事情、化解矛盾、参与社会治理。

第三，平安协会是密切党群关系的重要途径。由于平安协会会员来自民间，"三老"在群众中有较高威望，深受群众爱戴，有什么意愿向他们诉求，而会员也把这种群众对政府的意愿、对执法部门的要求及时传达化解群众与政府之间的张力，特别是在处置突发事件时，平安协会更是成为政府与群众沟通的和平使者，成为群众与政府之间的"过滤带""防浪堤"，这有利于群体之间的协调对话，从而减少矛盾，避免冲突，成为密切联系党群关系的重要途径。

第四，加强党的领导是平安协会健康发展的重要保障。各级党委和基层党组织充分发挥主观能动性，创造性地改进党建工作思路和方法，把党支部建在平安协会上，在不足3名党员的民间组织中，采取了有针对性属地化管理、行业化管理、挂靠管理等方式方法，取得了明显的成效，实现了对民间组织党建的基本覆盖。

四、课堂安排

本案例可以作为专门的案例讨论课，如下是按照时间进度提供的课堂计划建议，仅供参考。

整个案例课的课堂时间控制在80～90分钟。

课前计划：提出启发思考题，请学生在课前完成阅读和初步思考。

课中计划：

课堂前言（2～5分钟）简单扼要、明确主题。

分组讨论（30分钟）发言要求：准备发言大纲。

小组发言（每组5分钟）幻灯片辅助，控制在30分钟。

引导全班进一步讨论，并进行归纳总结（15～20分钟）。

课后计划：请学生上网搜索该组织的相关信息资料，尤其最新信息，采用。报告形式给出更加具体的解决方案，或写出案例分析报告（1 000～1 500字）；如果对此案例有兴趣跟踪，建议联系案例作者或企业负责人，进行深入研究。明确具体的职责分工，为后续章节内容做好铺垫。

五、参考文献

[1] 包心鉴，李锦，刘玉．平安之路[M]．北京：人民出版社，2010．

[2] 牛秋业. 破解非营利组织资金困境的成功范式——以山东省新泰市平安协会为例[J]. 湖北社会科学, 2010(11), 47–50.

[3] 赵挺. 社会组织参与农村社会治安管理的优势与限度——以新泰市平安协会为例[J]. 社团管理研究, 2010(10): 41–43.

六、说明

（1）本案例授权"全国公共管理案例中心案例库"及教育部学位与研究生发展中心的"中国专业学位教学案例中心案例库"收录。

（2）本案例只供课堂讨论之用。

案例七

这里的拆迁静悄悄
——村改社区治理中的乡贤理事会

案例主体

摘要：为解决村改社区过程中的各种矛盾和纠纷，青岛市李沧区世园街道办事处探索了在各社区设立乡贤理事会的新举措，构建了"村改居"社区党组织领导决策、居委会议事执行、乡贤理事会补位辅助的"三位一体"社会治理新模式。本案例解析了世园街道乡贤理事会的组织结构、运行规则、治理机制等方面的特点，重点阐述了其成立的背景、动因、衍化以及参与基层治理的创新之处。本案例适合《政治学》《社会组织管理》等课程，尤其在治理理论、公众参与、民主协商以及非营利组织的治理和决策、公信力建设等内容的教学中适用。

关键词：社会组织；乡贤理事会；基层治理；乡贤辅治

一、引言

时间：2017年6月17日。

地点：青岛市李沧区世园街道上臧社区。

事件：1 200余户居民喜气洋洋地开始安置房抓阄，将回迁到环境优美的安置房小区。

在翘首企盼了6年后，李沧世园街道上臧社区的千余户居民迎来了回迁的欢喜日子。17日一大早，在汉川路与广水路路口北侧的上臧社区安置房小区门口，众多居民等待抓阄选房。这是世园街道成立以来首个回迁的社区，新小区干净整洁、秀美大气，周边规划配套齐全，居民喜上眉梢。

上臧社区位于青岛市李沧区东北部，包括上臧、下臧、西庵子、东庵子四个自然村，由臧、陈、徐、张、尹、李、曲、王等十几个姓氏家族组成，有住户1 200余户，居民3 500余人。工作人员介绍，上臧社区拆迁工作正式启动后，得到了社区居民的积极响应与高度配合，从最初测绘拆迁面积、协商拆迁补偿到订立拆迁补偿安置协议等工作，都有条不紊地进行，平稳完成了全部拆迁工作（图案例7-1）。[①]

图案例7-1 居民等待抓阄选房

二、为什么这里的拆迁静悄悄（Why）——乡贤理事会辅治的实效

近年来，新型城镇化建设的深入推进，为区域发展带来了新的发展机遇，但也有一些房地产商错误地认为这又是新一轮"拆迁热""圈地热"的开始，因征地拆迁而引发的恶性和群体事件不断上演。每当我们提起拆迁、安置这两个词，似乎总伴随着各种各样的矛盾和纠纷。然而，李沧区世园街道上臧社区的拆迁安置却静悄悄，甚至是喜洋洋。这是怎么回事呢？

针对社区发展过程中出现的干群关系紧张、拆迁矛盾激化、社区事务监督

---

① 张晓帆.这里的拆迁静悄悄——乡贤理事会成李沧上臧社区好帮手[N].大众日报，2016-10-17(9).

缺位等问题，青岛市李沧区世园街道推行了乡贤理事会新举措，推行乡贤辅治，探索出一条契合"村改居"社区转型过程中社区治理新路子。①

上臧社区旧村改造拆迁涉及1 249户，如何动员群众同意拆迁成了社区面临的最大问题。为此，社区把群众认为"专业上有造诣、品德上能服众、街面上抗吵听"并且关心和热爱社区工作的老干部、老党员、老族长以及离退休的老专家等组织起来，成立了"乡贤理事会"。

上臧社区党支部书记臧绍寿说，拆迁是惠民项目，也是块难啃的硬骨头，由于老百姓仍然把身边声望高、品行好的老党员、老干部、老专家视为主心骨，这些乡贤在很多社区中仍然有很大的影响力。

78岁的村民臧老汉有一处小院建在了宅基地以外，投入了不少钱，但属于违章建筑，不符合补偿规定，臧老汉迟迟不肯在协议书上签字。乡贤理事会会长臧绍佰多次上门给刘老汉讲拆迁政策的好处。当臧绍佰第13次敲开门时，刘老汉看着他布满血丝的双眼，终于感动得紧紧握住臧绍佰的手。思想转变后的他还成了拆迁政策宣传员。

在拆迁中，乡贤理事会成员一家一户地劝说，跑了四天四夜，依靠自身在威信、人脉等方面的优势，耐心讲规划、听意见，促进社区拆迁工作取得了实效，形成了"签约一个带动一片"的良好效果，拆迁过程中，全村上下齐心协力，无一人上访，可以说，这里的拆迁"静悄悄"。②

拆迁后，乡贤理事会又主动挑起了"大梁"，参与到新社区建设的决策和监督中，让群众吃了"定心丸"。"我们上臧社区的退休干部自发成立乡贤理事会，每月一次去工地检查情况，监督安置房建设的质量。"70岁的张凤德是村里以前的村支书，退休后一直热心村里的各项事务（图案例7-2）。拆迁以来，老人成了乡贤理事会的12名成员之一，他介绍说，"社区还建立了微信公共平台，通过网络与居民互动，将居民提出的合理化建议及时反馈给代建和总包单位。保障安置房建设如期竣工"。

---

① 纪明涛."乡贤辅治"构建社区治理新模式[J].党员干部之友，2016（4）：31.
② 张晓帆.这里的拆迁静悄悄——乡贤理事会成李沧上臧社区好帮手[N].大众日报，2016-10-17(9).

图案例 7-2　张凤德老人参与监督安置房的进度和质量

如今，上臧社区已经完成了全部安置，因拆迁而成立的乡贤理事会却并未因此解散，而是在基层治理更广阔的舞台上发挥着作用。据了解，除了上臧社区，青岛市李沧区世园街道还在辖区内炉房、长涧、上流佳苑社区等社区的"村改居"拆迁过程中推行了乡贤理事会举措，而且进一步将乡贤理事会的功能延伸到新社区的治理，在新社区治理过程中实施乡贤辅治，积极探索社区转型过程中基层治理的新路。

三、谁是乡贤（Who）——乡贤理事会的组织结构

"乡贤"一词肇始于东汉，是国家对有所成就的官员或者为社会发展做出重大贡献、在社会上具有崇高威望的社会贤达去世之后赐予他们的荣誉称号。其品德、才学为乡人所推崇敬重。[①]

当然，在现代乡村治理中重拾"乡贤"概念，并不是简单复古，而是以古为鉴、辩证取舍，将现代新乡贤作为乡村治理的重要力量，构建兼具乡土性与现代性的乡村治理模式，最终推动中国特色乡村治理现代化。[②]

基于上臧社区乡贤理事会的成功经验，2015 年，李沧区世园街道计划在辖区十个社区成立乡贤理事会。理事会由社区里的老党员、老干部、老专家组成，将发挥他们在声望、品行、影响力等方面的优势，参与基层党建、社区治理等工作，架起干群"连心桥"。2015 年 11 月 2 日，世园街道党工委发布《关于在社区设立乡贤理事会的实施意见》(李世发〔2015〕17 号，以下简称《意见》)[③]，

---

① 吴晓燕，赵普兵. 回归与重塑：乡村振兴中的乡贤参与[J]. 理论探讨，2019（4）：158-164.

② 张世珍. 乡村治理期待乡贤文化[EB/OL].（2017-03-28）http://www.china.com.cn/cppcc/2017-03/28/content_40510108.htm.

③ 资料来源：案例作者在世园街道办事处调研时获取.

明确了乡贤的标准和乡贤理事会的组织构成。街道党工委要求各社区结合实际，在不增加社区负担的前提下，积极整合原有的社区事务监督小组、社区顾问小组等资源，成立党组织领导下的社区治理乡贤理事会。

（1）乡贤标准。《意见》要求，乡贤理事会的会员应是本社区品行好、声望高、有影响、有能力、热心社会工作的老党员、离退休老干部或群众公认的社会贤达人士。各社区可以结合实际来确定新乡贤的标准边界，但是必须有基本标准：能积极向上、热爱生活；能乐于助人，别人有困难主动伸出援手；比较熟悉当地情况；身体健康、精力充沛，有心有力解决居民大事小情。

可见，成为新乡贤应具备如下要素：其一，个人能力强，且有一定社会影响，如此才能发挥引领作用；其二，拥有资源或资本，具备回馈乡村的物质或经济基础，此乃新乡贤的主要特质；其三，有公益心，愿意为公众事务付出，具有一定的奉献精神；其四，有良好的个人行为和道德声誉，能起到行为示范作用。[①]

（2）组织构成。《意见》规定，乡贤理事会会员人数原则上控制在3至7人，入会前必须经社区党组织审核，乡贤理事会通过全体会员选举产生会长、副会长、秘书长，任期三年，改选可与居民委员会换届同步进行。秘书长原则上由社区党组织成员兼任。

（3）选拔审核。社区乡贤情况调查摸底工作的重点是以下几类人员：老党员、老干部；德高望重、群众认可的老同志；区级及以上人大代表、政协委员；在相关领域有影响的社会名人；民间人才及资深专业技术人员；其他符合乡贤标准的人员。然后，根据对社区乡贤调查摸底的情况，社区党组织通过"组织评、个人报、群众推"等方式在5个工作日内完成乡贤选拔和乡贤理事会组建。

（4）乡贤结构。《意见》提出，乡贤理事会成员由本社区品行好、声望高、有影响、有能力、热心社会工作的老党员、离退休老干部或群众公认的社会贤达人士组成。因此，乡贤理事会本质上是一种多元化精英组成的治理主体。目前，已建成的8个社区乡贤理事会会员人数基本控制在3至12人。乡贤理事会理事成员共计72人，其中老党员、老干部，以及德高望重、群众认可的60岁以上老同志占比70%以上（表案例7-1）。

总体来看，整个街道乡贤呈现出明显的老龄化特点。这与当初确定的乡贤标准有着密切的关联，在充分考虑乡贤的阅历、经验、威望的同时，导致整个乡贤队伍缺乏生机和活力。

[①] 吴晓燕，赵普兵. 回归与重塑：乡村振兴中的乡贤参与[J]. 理论探讨，2019（4）：158-164.

表案例 7-1　世园街道各社区乡贤理事会成员年龄结构[①]

年龄区间	人数	占比 /%
50 岁以下	8	11.1
51～60 岁	13	18.1
61～70 岁	38	52.8
70 岁以上	13	18.1
合计	72	100

四、所理何事（What）——乡贤理事会的职责、功能

世园街道在各社区成立乡贤理事会之初，就明确了理事会的功能定位：乡贤理事会是以参与社区经济社会建设、群众服务和社会治理，提供决策咨询、民情反馈、监督评议及开展帮扶互助服务为宗旨的公益性、服务性、互助性、地域性、非营利性的基层民主协商和居民自治组织。同时，明确了乡贤理事会维护信访稳定、参与社区公共事务管理、调解民事纠纷、弘扬优秀传统文化等 9 个方面的职责任务。

（一）参与社区经济社会建设、群众服务和社会治理

世园街道坚持以"共商、共建、共治、共享"为目标，发挥乡贤在基层治理中的参谋建议、示范引领、桥梁纽带等作用，激发群众自治活力，实现党组织领导下的"村事民议，村事民治"。上臧社区，让乡贤参与社区拆迁工作，帮助社区"两委"进行拆迁动员工作，通过大量细致的工作，群众从原来的不理解、不支持慢慢变成了理解和支持，有的甚至还主动帮助做其他群众的思想工作，形成了"签约一个带动一片"的良好效果。

依托乡贤理事会成员威望高、说话分量重、群众信服的优势，让他们在解决社区治理难题的过程中起到"润滑剂"作用，减少了新摩擦的产生，促进了信访等难题的化解。李家上流社区 5 名老党员每天在社区义务值班，为居民提供纠纷调解和法律援助服务，每年为居民解决各类问题 10 余起，在居民中树立了很高的威信，社区也成为多年来的"零上访社区"。据统计，2018 年 6～12

[①] 根据调查数据资料整理。

月份各社区乡贤主持或参与邻里关系、财产纠纷等各类矛盾147件，为群众宣传各种政策、法律400余次，参与化解各类不稳定因素23起，成功率90%。①

（二）提供决策咨询、民情反馈、监督评议

乡贤理事会为社区居民反映社情热点、参事议事提供了制度化渠道，架起了干部和群众无缝衔接的桥梁，通过全天候接受群众的意见，及时整理向社区"两委"反馈，群众意见和问题得到及时处理，彼此的误会和隔阂逐渐消融，既让社区干部有更多的精力放到社区发展上，又拉近了彼此之间的距离。

目前，各社区乡贤理事会有一项约定俗成的规定，在社区"两委"各项决议出台之前，一般先交由乡贤理事会商议评审，理事会结合社区现状、民情民意对决议的合理性、可操作性等方面进行"把关"，对决议中的不妥之处进行修正或补充。

村改居社区干群矛盾和紧张的主要因素是拆迁和建设过程中群众利益的保障问题，群众往往因为决策不公开、监督不透明等原因对社区干部产生猜疑和误解。而乡贤理事会中的老党员、老干部参与决策和监督，让群众吃了"定心丸"。比如，上臧、炉房等社区乡贤理事会的成员每周三到现场监督安置房建设质量和进展，将现场视频发布到社区网站民生平台上，受到居民一致好评。

（三）开展帮扶互助服务

在村改社区过程中，新建社区的工程质量事关全体居民的切身利益。为了维护大家的共同利益，乡贤事事会充分发挥自身所长，积极主动地参与工程建设监督。上臧社区乡贤理事会成员张玉环年轻时曾参与青岛大学崂山校区、青岛市中小学生劳动教育基地等项目的建设，他借鉴专业施工队伍的经验，每周三到现场监督安置房建设质量和进展，将现场视频发布到社区网站民生平台上；理事会成员徐仁善在闫山集团当过分包项目经理，建立了"上臧社区"微信公众号，用图文并茂的形式告诉街坊邻居回迁房最新项目进展。

（四）保护和传承乡土文化

旧村改造后，因为拆迁割裂了乡土文化，旧有的老宅、老屋、老路和方言等随着拆迁变成了记忆。如何将老村故事讲好和传承好，也成为乡贤辅治的重要工作。他们致力挖掘整理乡村历史典故，把"乡情、亲情、乡愁"的老村故事记录好，为留住乡愁、涵育乡风起到保护作用。

---

① 资料来源：青岛市李沧区政府官方微博，http://blog.sina.com.cn/s/blog_c4d5ac190102wede.html.

社区改造前的上臧村有600多年的历史,从明代开始建村,村里原有一座远近闻名的观音庙,经历"文革"破坏后,石碑下落不明,为了了解这段历史,乡贤理事会每个成员挨家挨户到村里老人中间询问,并动用挖掘机寻找石碑(图案例7-3)。在乡贤理事会的动员下,全村平均年龄在七十多岁的老干部、老党员、老居民都参与了村志编著,回忆和口述几百年来口口相传下来的老故事。目前,村史和村史室修葺已基本完成。毕家上流社区乡贤理事会同样组织全村平均年龄在七十多岁的老干部、老党员、老居民参与村志编著,为社区和后人留下了珍贵的史料。[1]

图案例7-3　乡贤参与村志编著

五、如何理事(How)——乡贤理事会的治理机制

为充分发挥乡贤理事会在基层治理中的作用,进一步提升村改居社区治理水平,世园街道办事处根据《关于在社区设立乡贤理事会的实施意见》(以下简称《意见》),制作了《世园街道××社区乡贤理事会章程》参考样本,对乡贤理事会的功能、职责、运行规则和治理机制进行了明确规定。

(一)活动依据

《意见》要求,乡贤理事会依据《乡贤理事会章程》开展工作,创设工作载体,健全工作机制,严格依法依规办事,自觉接受社区党员群众监督。

按照该《意见》,各社区均应当制定《乡贤理事会章程》,作为乡贤理事会开展各项活动的纲领性文件,乡贤理事会及其成员均必须遵守章程规定,在章程的框架内参与基层治理。

---

[1] 资料来源:青岛市李沧区政府官方微博,http://blog.sina.com.cn/s/blog_c4d5ac190102wede.html.

（二）工作制度

《意见》规定，乡贤理事会的工作推行落实"一三五"工作制度，即成立"一个组织"（乡贤理事会），启动"三个创建"（文明社区创建、法制社区创建、和谐社区创建），建立"五个机制"（辅政机制、对话机制、回馈机制、服务机制、监督机制）。乡贤理事会原则上每季度开展活动不少于1次。

（三）民主治理机制

调查发现，目前该街道办事处已成立的社区乡贤理事会均按照《意见》要求，在运作方式遵循一整套民主选举、民主决策、民主管理、民主监督等实质民主的相关程序和制度。首先，乡贤会员的选拔遵循民选的程序，由社区居民推荐和社区党组织审核，乡贤理事会会长、副会长、秘书长通过全体会员选举产生。其次，提高了社区"两委"决策民主程度，社区任何一项重大的决议须经过民主决策，先要经理事会成员集体民主商讨形成提议，然后交由社区居民委员会召集居民大会集体表决。乡贤理事会在处理与居民利益密切相关的社区重大事务时，通过集体讨论、公推公选、群策群力等方式处理集体事务、化解矛盾纠纷、确立集体决策，实现对现代基层民主资源的充分利用。[①]

（四）监督和激励机制

乡贤理事会以参与社区经济社会建设、群众服务和社会治理，提供决策咨询、民情反馈、监督评议及乡土文化整理等内容为主。为规范乡贤参与社区治理，将乡贤监督工作纳入基层党建考核目标体系，并建立辅政、对话、回馈、协调、监督等"五个机制"。通过评选先进、授予荣誉等形式，调动群众参与社会管理、社会建设的积极性和主动性。不定期加强乡贤理事会理事的轮训，提升理事履职素质和能力，提高群众共建共享的公众参与意识和水平。同时，加强对乡贤理事会的规范管理，健全工作机制，约束乡贤理事会及其成员严格依法依规办事，自觉接受社区党员群众监督。

六、乡贤理事会的边界（Where）？乡贤理事会的辅治定位

世园街道办事处在探索乡贤理事会参与基层治理模式之初，就准确定位乡贤理事会的辅治作用，即弥补基层政府和自治组织在公共决策、公共服务、公

---

① 孙敏. 乡贤理事会的组织特征及其治理机制——基于清远市农村乡贤理事会的考察[J]. 湖南农业大学学报，2016（12）：49-55.

共管理方面存在的不足，形成有益补充。明确要求乡贤理事会在街道党委、社区党组织的领导下培育发展、开展工作，并接受办事处的监督管理和居民委员会的业务指导。[1]

（一）乡贤理事会的活动必须坚持党的领导

世园街道乡贤理事会的产生本身就是基层党委组织引导发展起来的，各级党组织通过引导、组织、协调和扶持，保证乡贤理事会的相对独立性和正确发展方向，充分体现了党是群众社会组织的领导核心。这就从根本上防止了某些民间组织转化为消极力量甚至成为对立面的可能性。

乡贤理事会的主体是老党员、老干部、老模范等"三老"人员，让他们在党组织的外围充分发挥作用，起着壮大党的统一阵线的作用。乡贤理事会的会长、副会长人选由党组织把关，群众选举产生。通过严格选举程序，将基层党组织的选举办法应用到理事会选举中来，保证了理事会成员的素质。

（二）乡贤理事会不能替代社区居民委员会

咨询和决断是社区事务决策系统的核心环节，咨询是社区事务决策系统的基础。乡贤理事会与社区居委会要各司其职，各谋其位，严防由于两者角色混乱而导致的权责不清和矛盾冲突。[2]

在社区治理体系中乡贤理事会是咨询主体，起参谋作用，社区居委会是决策主体，乡贤可以参与公共议题设置和讨论，为社区公共事务建言献策，或监督村两委的工作，但不能越俎代庖或包办代替，不能左右村民的意见。社区重大事务必须由社区居中委会决断，实现村民自治与乡贤参与的有机衔接。比如，乡贤利用其声望和中立的身份，参与村民间纠纷的调解、资源的分配、村庄环境的整治以及监督村庄的财务等，但乡贤的行为要符合村民自治法律的规定和乡规民约的要求，要在村民自治的大框架下参与村庄事务治理。[3]

（三）乡贤理事会与基层调解组织的契合

乡贤理事会的重要功能之一就是参与民间调解，化解矛盾纠纷，这与基层调解组织的职能有重合之处。乡贤理事会包括了人民调解委员会工作的内容，主要是体制不一样，基层人民调解委员会作为基层政权和村级组织的延伸，具有"政府办事""恪守法律条文"的特点。

---

[1] 资料来源：青岛文明网，http://qd.wenming.cn/syjj/201609/t20160908_2814589.html.
[2] 张露露，任中平.基层治理中农村社会组织的机制创新研究——以广东云浮乡贤理事会为例[J].长春理工大学学报（社会科学版），2015（10）：22-31.
[3] 吴晓燕，赵普兵.回归与重塑：乡村振兴中的乡贤参与[J].理论探讨，2019（4）：158-164.

在世园街道，大部分乡贤理事会成员同时是基层调委会成员。乡贤理事会成员轮流定期在理事会工作室提供咨询服务，如遇村民确需上门调解的，由理事会安排人员及时上门调解。乡贤理事会调处矛盾纠纷成功后，双方当事人达成的调解协议往往还是由人民调解委员会盖章、认可。

（四）乡贤理事会的人治危险

目前，世园街道各乡贤理事会的主体是老党员、老干部、老模范等"三老"人员，这些老人自身品德高尚，有很高的威望，他们的阅历和经验都比较丰富。但是，相对固化的思维方式也会使他们在参与乡村治理时缺少创新的思维和行动。由于信息获取途径相对比较闭塞、对国家法律法规接触较少，因此在处理家庭、邻里关系和涉及村内事务时，他们对感情、道德的接受程度要比对国家法律法规的接受程度要高得多。在调处各种纠纷时，经常出现用道理、用感情解决问题的情况，很难做到用法治的思维解决这些问题。[1]

（五）乡贤理事会的宗族化风险

世园街道乡贤理事会的发展伴随着街道内各村庄"村改社区"的自然过程，必然会出现宗族中德高望重的"乡贤"，而且各社区宗族构成情况较为复杂，很容易形成"某个姓氏独大"的特点。前面提到的上臧社区由臧、陈、徐、张、尹、李、曲、王等十几个姓氏家族组成，现有住户1 200余户，居民3 500余人。由于该社区臧姓居民所占比例较大，在乡贤理事会成员当中，该宗族中的"长老型"乡贤的比例也相应较大。

尽管作为乡贤的要求基本是在处理各类事务时秉持公正、公平原则，但由于血亲关系的自然作用，难以避免在牵扯到家庭利益时会做出倾向性选择，导致社区事务出现被宗族控制的风险。

七、结语

党的十九大报告提出，要"健全自治、法治、德治相结合的乡村治理体系"。中共十九届四中全会通过的《中共中央关于坚持和完善中国特色社会主义制度 推进国家治理体系和治理能力现代化若干重大问题的决定》进一步明确指出："健全基层党组织领导的基层群众自治机制，在城乡社区治理、基层公共事务和公益事业中广泛实行群众自我管理、自我服务、自我教育、自我监督，拓宽

---

[1] 范景鹏. 乡村振兴战略中的新乡贤统战工作 [J]. 统一战线学研究, 2019（2）: 15-17.

人民群众反映意见和建议的渠道，着力推进基层直接民主制度化、规范化、程序化。"乡贤文化本身蕴含的道德教化、行为示范、崇德向善的精神力量和乡贤身上承载的文化道德力量，是重建乡村价值的重要支撑，为实现德治提供了深厚的文化土壤。为此，培育乡贤和传承乡贤文化，搭建乡贤参与的平台，吸纳乡贤参与基层治理，有助于让自治落到实处，使现代法治理念"入乡随俗"并落地生根，实现"三治"融合。

青岛市李沧区世园街道乡贤理事会辅治的模式是在村改社区过程中各种冲突加剧、矛盾交织的背景下，由于村（居）民自治陷入困境而进行的一次有力探索，是在党和政府领导下对基层群众创造性、自主性的激发。来自基层的创造具有蓬勃的生命力，相信在未来基层治理的实际中将发挥越来越重要和积极的作用，幻化出无穷的力量，在推进国家治理体系和治理能力现代化的伟大实践中留下浓墨重彩的一笔。

思考题：

1. 社会转型期社会组织参与基层治理的现实必要性、理论依据？
2. 社会组织参与基层社会治理的模式及机制？
3. 社会组织参与基层治理的过程中如何处理与政府、村居"两委"以及其他社会组织之间的关系？
4. 世园街道乡贤理事会作为非营利组织的特征？

参考文献：

[1] 纪明涛："乡贤辅治"构建社区治理新模式 [J]. 党员干部之友 , 2016(4): 31.
[2] 张俊：NGO 视角下的乡贤理事会初探 [J]. 重庆工商大学学报 (社会科学版), 2017(6): 90–95.
[3] 张明皓：新时代"三治融合"乡村治理体系的理论逻辑与实践机制 [J]. 西北农林科技大学学报 (社会科学版)), 2019(5): 17–24.
[4] 王振海：社会组织发展与国家治理现代化 [M]. 北京：人民出版社 , 2015.
[5] 范景鹏 . 乡村振兴战略中的新乡贤统战工作 [J]. 统一战线学研究 , 2019(2): 15–17.
[6] 张露露 , 任中平 . 基层治理中农村社会组织的机制创新研究——以广东云浮乡贤理事会为例 [J]. 长春理工大学学报（社会科学版）2015(10): 22–31.

[7] 吴晓燕等. 回归与重塑：乡村振兴中的乡贤参与 [J]. 理论探讨，2019(4): 15–164.

[8] 孙敏. 乡贤理事会的组织特征及其治理机制—基于清远市农村乡贤理事会的考察 [J]. 湖南农业大学学报, 2016(12): 49–55.

[9] 张晓帆. 这里的拆迁静悄悄——乡贤理事会成李沧上藏社区好帮手[N]. 大众日报，2016-10-17(9).

[10] 李友梅. 当代中国社会治理转型的经验逻辑 [J]. 中国社会科学，2018(11): 58–73.

附录

附录一：

世园街道党工委关于在社区设立乡贤理事会的实施意见

李世发〔2015〕17号

为进一步提升村改居社区治理水平，夯实基层基础，促进社区和谐，充分调动社区声望高、品行好、有影响、有能力、热心社区工作的老党员、老干部、老专家等乡贤人士的积极性，奉献社区，发挥余热，为社区各项工作事业"把脉问诊"，经街道党工委、办事处研究，决定在各社区设立乡贤理事会，提出如下实施意见。

一、指导思想

以党的十八大和中共十八届三中、四中、五中全会精神为指导，深入学习贯彻习近平系列重要讲话精神，主动适应全面从严治党新常态，推动社区治理工作再上新台阶，将社区内热心社会工作的老党员、老干部、老专家等乡贤人士组织起来，凝聚乡贤力量，弘扬乡贤文化，充分利用他们声望、品行、影响、能力等方面的优势，在基层党建、辅政监督、道德示范、社区治理等方面发挥积极作用，切实加强基层自治能力，促进社区健康发展。

二、基本原则和目标要求

（一）基本原则

一是坚持党的领导。强化社区党组织的领导核心地位，发挥社区党员的先锋模范作用，在社区健全完善社区党组织领导决策、社区居民委员会议事执行、乡贤理事会补位辅助的"三位一体"工作模式，各司其职，协作互动。乡贤理事会在社区党组织的领导下组织建设和开展工作，并接受社区居民委员会的业务指导。

二是坚持民事民治。坚持以群众为主体、以需求为导向，以"共商、共建、共治、共享"为目标，全面提高乡贤理事会在社区治理中建言献策、公共治理、信访稳定、民事调解等方面的参与度，起到"减压器"和"稳定器"的作用。

三是坚持补位辅助。明确定位区分乡贤理事会与社区党组织、居民委员会的关系，发挥其补位和辅助作用，弥补基层组织在事务决策、便民服务、社会治理等方面存在的不足，形成有益补充。

（二）目标要求

一是功能定位。乡贤理事会是以参与社区经济社会建设、群众服务和社会治理，提供决策咨询、民情反馈、监督评议及开展帮扶互助服务为宗旨的公益性、服务性、互助性、地域性、非营利性的基层民主协商和居民自治组织。

二是规范管理。乡贤理事会依据《乡贤理事会章程》开展工作，创设工作载体，健全工作机制，严格依法依规办事，自觉接受社区党员群众监督。

三是工作制度。推行落实"一三五"工作制度，即成立"一个组织"（乡贤理事会），启动"三个创建"（文明社区创建、法制社区创建、和谐社区创建），建立"五个机制"（辅政机制、对话机制、回馈机制、服务机制、监督机制）。乡贤理事会原则上每季度开展活动不少于1次。

三、乡贤理事会的构成和职责

（1）乡贤标准。乡贤理事会的会员应是本社区品行好、声望高、有影响、有能力、热心社会工作的老党员、离退休老干部或群众公认的老人。

（2）组织构成。乡贤理事会会员人数原则上控制在3至7人，入会前须经社区党组织审核考查，乡贤理事会通过全体会员选举产生会长、副会长、秘书长，任期三年，改选可与居民委员会换届同步进行。秘书长原则上由社区党组织成员兼任。

（3）硬件配套。社区负责协助乡贤理事会完善办公条件，提供办公场所，置办办公用品。乡贤理事会正式成立之前必须制定章程，明确职责，做到"四个有"，即"有场所、有标牌、有章程、有职责"。

（4）职责任务。①落实党建工作责任制，协助社区党组织抓好党风廉政建设、党员管理、考核督察等内容；②加强对落后党员的帮扶教育，主动与落后党员结对，采用"一对一"的方式进行政治辅导，树立良好党风，带动政风民风。③积极参与引智引才引资，帮助社区党组织、居民委员会发现、挖掘、推荐优秀人才、后备干部；④维护信访稳定，缓和干群关系，及时发现信访隐患，帮助上访群众安抚情绪，诊断问题，解读政策，化解积案；⑤列席社区"两委"干部述职述廉会议，监督社区干部廉洁自律情况；⑥协助社区组织、宣传、开展各类慈善公益活动；⑦参与社区公共事务管理，听取、收集并反馈社区群众的意见和建议，为社区"两委"提供决策咨询；⑧发挥模范引领作用，弘扬优秀传统文化，推动建立社区道德文明，维护社会公序良俗；⑨调解民事纠纷，维护社区团结，促进邻里关系和谐发展。

四、工作措施

（1）调查摸底。试点社区居民委员会在启动仪式后10个工作日内完成本社区乡贤基本情况调查摸底工作，重点是以下几类人员：老党员、老干部；德高望重、群众认可的老同志；区级及以上人大代表、政协委员；在相关领域有影响的社会名人；民间人才及资深专业技术人员；其他符合乡贤标准的人员。

（2）选拔审核。试点社区根据对社区乡贤调查摸底的情况，社区党组织通过"组织评、个人报、群众推"等方式在5个工作日内完成乡贤选拔，完成首届乡贤理事会组建，理事会成员人数原则上控制在3至7人为宜。

（3）召开会议。试点社区组织召开乡贤理事会成立大会，审议通过《乡贤理事会章程》和工作制度，经乡贤理事会全体会员选举产生理事会会长、副会长、秘书长等，由社区进行授牌并颁发聘书。

五、工作要求

（1）健全组织领导。街道成立乡贤理事会工作领导小组，由街道办事处副调研员张进峰任组长，王锡全、董全胜、颜滨、孙建皓、鲁佳为成员，领导小组下设办公室，办公室设在街政科，负责具体指导协调社区乡贤理事会建设的各项工作。各社区要高度重视并切实抓好乡贤理事会建设工作，深入摸底，广泛宣传，积极动员符合条件的居民加入乡贤理事会。理事会成立后，社区配合理顺前期各项工作，协助完善办公条件。

（2）加强示范指导。街道根据各社区工作推进情况确定试点社区，试点社区要统一思想，精心部署，在做好试点工作的基础上，尽快完善制度，规范运作，打造建设示范乡贤理事会，并及时总结经验，为下一步其他社区乡贤理事会建设工作全面推广打好基础。

（3）完善工作机制。各社区乡贤理事会通过观摩调研、活动评比、集中培训、乡贤论坛等方式加强沟通交流，积极学习和借鉴其他地区社区治理方面的优秀做法，注意提炼总结经验，不断提升乡贤履职的能力素质，逐步完善乡贤理事会的各项工作机制。街道通过定期考评，对优秀的乡贤理事会和乡贤个人进行表彰。

（4）强化舆论宣传。充分利用报纸、期刊、广播、电视和网站等媒体，及时宣传报道乡贤理事会工作进展和乡贤先进典型，为乡贤理事会组织建设和工作开展营造良好的社会氛围。

（5）注重文化引领。乡贤理事会对于推进社区治理、促进社区和谐、引领道德风尚、涵育社会主义核心价值观具有重要作用。乡贤文化是一个地区的文化标志，是联系故土、维系乡情的精神纽带，各社区要对历代乡贤积淀流传下来的思想、传统、事迹、书籍等进行挖掘整理，延续乡贤文脉，建设富于社区特色和时代精神的乡贤文化。

附录二：

世园街道XX社区乡贤理事会章程（参考样本）

第一章　总则

第一条 协会名称：世园街道XX社区乡贤理事会（以下简称"理事会"）。

第二条 理事会是由热心服务社区经济社会建设的乡贤自愿组成的，具有公益性、服务性、互助性、地域性、非营利性的基层民主协商和社区居民自治组织。

第三条 本章程所称乡贤是指本社区品行好、声望高、有影响、有能力、热心社区社会工作的人。

第四条 理事会的宗旨："××××××××××××"，协助推动群众参与基层社会治理，服务社区经济社会建设，"共商、共建、共治、共享"美好幸福家园。

第五条 理事会接受××社区党组织的领导，接受××社区居民委员会的业务指导。

第六条 理事会住所：青岛市李沧区世园街道××社区××号（或××路××号）。

第二章　职责任务

第七条 理事会的主要职责：

（1）落实党建工作责任制，协助社区党组织抓好党风廉政建设、党员管理、考核督察等内容。

（2）加强对落后党员的帮扶教育，主动与落后党员结对，采用"一对一"的方式进行政治辅导，树立良好党风，带动政风民风。

（3）帮助社区党组织、居民委员会发现、挖掘、推荐优秀人才、后备干部。

（4）维护信访稳定，缓和干群关系，及时发现信访隐患，帮助上访群众安抚情绪，诊断问题，解读政策，化解积案。

（5）列席社区"两委"干部述职述廉会议，监督社区干部廉洁自律情况；

（6）协助社区组织、宣传、开展各类慈善公益活动。

（7）积极参与引智引才引资，助推社区经济社会发展。

（8）参与公共事务管理，听取、收集并反馈社区群众的意见和建议，为社区"两委"提供决策咨询。

（9）发挥模范引领作用，弘扬优秀传统文化，推动建立乡风文明，维护社会公序良俗。

（10）调解民事纠纷，维护社区团结，促进邻里关系和谐发展。

第三章　会员

第八条 理事会会员包括本社区的老党员、老干部；德高望重、群众认可的老同志；区级及以上人大代表、政协委员；在相关领域有影响的社会名人；民间人才及资深专业技术人员；其他符合乡贤标准的人员。

第九条 申请加入理事会的会员必须具备下列条件：

（1）自愿申请加入理事会。

（2）拥护理事会的章程。

（3）热心为社区经济社会建设服务。

第十条 会员入会的程序：

（1）提交入会申请。

（2）经理事会大会推选并经社区党组织审核通过。

第十一条 会员享有下列权利：

（1）参加理事会的活动。

（2）对理事会工作的批评建议权和监督权。

（3）入会自愿，退会自由。

（4）推荐会员的权利。

（5）法律、法规规定的其他权利。

第十二条 会员履行下列义务：
（1）遵守理事会的章程。
（2）执行理事会的决议。
（3）维护理事会合法权益。
（4）完成理事会交办的工作。
（5）积极参加理事会组织的活动。
第十三条 会员如有违反本章程的行为的，视其严重程度，经会员大会表决通过，予以警告、严重警告、除名等处分。

第四章　理事会及其负责人的权利和义务

第十四条 理事会的最高权力机构是会员大会，会员大会职权如下：
（1）制定和修改章程。
（2）推选和罢免会长、副会长、秘书长。
（3）审议会长工作报告。
（4）决定会员的吸收或除名。
（5）决定终止事宜。
（6）决定其他重大事宜。
第十五条 会员大会须有 2/3 以上的会员出席方能召开，其决议须经到会会员半数以上表决通过方能生效。
第十六条 会员大会每届 3 年。因特殊情况需提前或延期换届的，报社区党组织审查同意。但延期换届最长不超过 1 年。
第十七条 理事会会长、副会长、秘书长必须具备下列条件：
（1）坚持党的路线、方针、政策，具有较高的政治思想素质，善于团结协作，热心公益事业，社会信用良好。
（2）籍贯或居住在本社区，品行好、声望高、有影响、有能力、热心社区社会工作。
（3）最高任职年龄原则上不超过 65 周岁。
（4）身体健康，具备正常履职的身体条件。
（5）未受过刑事处罚的。
（6）具有完全民事行为能力。
第十八条 理事会会长、副会长、秘书长每届任期 3 年，连任不得超过两届。因特殊情况需延长任期的，须经会员大会 2/3 以上会员表决通过，报社区党组织审查同意后方可任职。

第十九条 理事会会长行使下列职权：
（1）召集和主持会员大会。
（2）代表理事会签署重要文件。
（3）听取会员大会的汇报和建议并作出指导性意见。
（4）检查会员大会决议的落实情况。
（5）向社区党组织汇报请示重要工作。

第二十条 理事会秘书长行使下列职权：
（1）主持开展日常工作。
（2）组织实施年度工作计划。
（3）处理其他日常事务。

第五章　章程的修改程序

第二十一条 对理事会章程的修改，须经会员大会审议表决。

第二十二条 理事会修改的章程，须在会员大会通过后 15 日内，报社区党组织审查核准后生效。

第六章　附则

第二十三条 本章程经 20×× 年 ×× 月 ×× 日会员大会表决通过生效。

第二十四条 本章程的解释权归理事会。

案例说明书

一、课前准备

（1）布置学生进行案例准备和理论准备。提前将案例主体发给学生，让学生先熟悉案例以及自主查阅相关资料及理论，初步了解案例内容以及社区治理、民主政治与公民政治参与、协商民主、社会组织管理（可根据教师的授课内容选择，下同）等方面的相关理论。

（2）布置学生收集整理关于青岛市李沧区世园街道村改居过程中乡贤理事会参与社区治理的有关新闻报道和相关史料，重点整理乡贤理事会的成立背景、生成机理、组织特征、治理机制等资料。

（3）安排学生利用网络、报纸、期刊等文献，综合收集、跟踪关于全国各地近年来乡贤理事会、乡贤协会、乡贤工作室等各类社会组织参与基层治理的相关案例，从深层次分析非营利组织参与基层治理的模式、机制以及存在的问题，研究探索乡村振兴背景下实现"三治融合"，提升基层治理体系和治理能力现代化的中国方案。

（4）教师准备 PPT，简要介绍案例的内容、需要启发学生思考的问题以及想要通过本案例阐释的相关理论。

（5）如果案例教学活动选择案例讨论的方式，应当将学生提前分组，并布置讨论问题；如果选择模拟乡贤理事会咨询及议事现场的方式，应当对参与的学生进行角色分配。同时，应根据不同活动方式的具体要求安排教学场所。

二、适用对象

本案例主要为 MPA 学员学习开发，适合有一定工作经验的学员和管理者学习。适合在《政治学》《社会组织管理》等课程的教学中选择需要的角度使用。

三、教学目标

（1）让学生了解乡贤理事会等社会组织参与基层治理的模式、机制及边界等，加深对民主政治与公民政治参与理论、社会管理规律理论、社会治理转型理论、马克思主义人民民主和社会共同体理论的理解与把握。

（2）培养学生发现、分析和解决实际政策问题的能力，教给学生一种政治、社会、法律的多元分析视角。增强学生的公共政策理论素养和实践技能，训练学生的自学、吸取知识、口头表达和独立思考等方面的能力，并培养学生的团队合作精神。

（3）培养学生的理性思维、辩证思维和批判反思的思维方式，追求公共价值、公共利益的公共精神，以及在特定社会背景下，面对社会转型时期基层群众诸多诉求，平衡各方面利益的决策能力。

（4）让学生理解和掌握当前社会组织参与基层治理的必要性、复杂性，探讨公众参与的起点和参与路径。深度探讨公共权力与公民权利间的良性互动模式。

四、要点分析

本案例让学生掌握的重点问题是社会组织参与基层治理的问题。案例中的线索指引学生重点思考的问题是社会转型期社会组织参与基层治理的现实必要性、理论依据；社会组织参与的模式及机制；社会组织参与基层治理与政府、村居"两委"以及其他社会组织之间如何协同；等等。

（一）多元主体协同治理理论

实现国家治理现代化需要具备一系列条件，其中治理主体的发育与构建是不可或缺的基础和前提。现代治理理论与实践表明，多元主体的有效协作配合是推进国家治理现代化的有效路径。在一定意义上说，社会组织发展与治理现代化之间的关系是检验国家治理现代化深度、广度、力度和效力的重要标志。

以市场经济发展为主导的经济社会深度转型，在政治领域主要体现为公民权利意识的觉醒和社会组织的发展。社会组织作为重要的主体力量参与社会多元治理大格局，这是实现社会有效治理的基本依托；均衡配置各社会组织的功能与权力是实现社会有效治理主题中应有之义；公民权利意识觉醒、社会组织发展、社会自组织能力提升是理解我国政治发展的钥匙；我国社会真正和谐的基础在于实现从社会管理国家化到国家治理社会化的实质性转变。社会多元治理主体的有效衔接和良性互动是实现社会动态稳定和谐的根本基础。社会组织是沟通国家与社会、政府与民众的重要桥梁，是社会治理活动逐步实现现代化的重要增长极。

青岛市李沧区世园街道推行的"乡贤辅治"是一条契合"村改居"社区转型过程中社区治理的新路子。在这一制度创新实践中，以乡贤理事会这一社会组织为创新点，开创了以党组织为核心，村民自治组织为基础，农村社会组织为补充，村民广泛参与，协同共治的农村治理新格局。

（二）社会治理转型理论

马克思在面对英国工业革命引发的阶级冲突、社会极化与底层赤贫时，提出以社会主义革命来解决当下问题；涂尔干在面对道德堕落、自杀增加、社会失序的难题时，主张通过发展职业团体和社会团体来重建社会团结。可以看出，他们的共同思考都指向了通过何种方式来应对社会变迁给生活世界带来的新问题。而从波兰尼对社会自我保护的阐述、葛兰西对市民社会的洞察中可以发现，不同国家皆通过社会治理模式转型来应对其自身问题。

中国社会治理转型实践并未完全按照现代化理论预设的路径前行。现代化理论源于19世纪的梅因、涂尔干、马克思、滕尼斯和韦伯等欧洲社会理论家。他们创立了身份/契约、机械团结/有机团结、共同社区/法理社区、魅力型/官僚—理性型权威等一系列概念，以描述人类社会从农耕到工业生产转变所产生的社会规范和社会关系的变化。该理论倾向于将人类社会的发展视为一个从传统到现代、从落后到先进的进化过程。然而，中国社会治理转型的经验不仅证伪了现代化的历史趋同论，还证伪了将"现代化"作为国家根本目标的理论假设。在中国，国家治理体系现代化是实现人民幸福安康、社会和谐稳定的方式，社会治理现代化的目的亦是回应人民的需求。

（三）以"三治融合"推进基层社会治理

新时代治理环境发生重要变化，乡村自治、法治和德治已具备融合的条件。党的十九大报告提出："加强农村基层基础工作，健全自治、法治、德治相结合的乡村治理体系。"这指明了新时期基层社会治理创新的发展方向。

"三治融合"的乡村治理体系是国家和社会关系变革外部驱动、乡村治理结构内源优化和围绕着新时代"以人民为中心"价值立场生成的新逻辑结构，其实践机制总体包括促进国家治理和社会治理深度融合、推动乡村治理结构整体优化和实现乡村治理目标系统转化三个维度，具体路径是推动政府联合社会力量在建构制度供给与内生秩序的联通机制、形成振兴乡村的现代化治理体系和设计治理民生化为导向的政策方面深入推进"三治融合"的基层建制。

青岛市李沧区世园街道推行的"乡贤辅治"，也是实现"三治融合"的大胆尝试。"村改居"社区利益格局面临深刻调整，基层群众愿望诉求趋于多元化，社区发展过程中出现了干群关系紧张、拆迁矛盾激化、社区事务监督缺位等问题。这些都说明传统的管理模式已经越来越不适应新时代城乡基层治理的现实需求。首先就是回归自治，村民自己的事自己来决策、自己来管理、自己来做。依托乡贤理事会会成员威望高、说话分量重、群众信服的优势，让他们在解决社区治理难题的过程中起到"润滑剂"作用，减少新摩擦的产生，促进信访等难题的化解。其次，在世园街道乡贤队伍中，特别强调理事会成员的品行，因此他们的言传身教也成为所在社区文明教化的"催化剂"、移风易俗的"助推剂"。他们鼓励村民立家谱、树家训，积极弘扬敬长辈、孝父母、尊师长、崇俭朴、戒奢侈、禁赌博等伦理规范。组织开展好媳妇、好婆婆、好儿女、最美家庭等道德模范的评选。最后，按照法治的要求，基层治理必须严格依据法律治理国家，实现政府依法行政、公民依法行事、社会依法运行。乡贤理事会的章程、规则都必须遵守国家法律法规，其一切行动都必须在法律的框架内，使乡贤理事会的辅治成为社区法治的重要组成部分。

（四）公共政策中的公众参与和利益表达

从政策制定的角度看，利益表达是公共政策制定的基础。众所周知，现实社会中的公共问题是层出不穷、比比皆是的，但并不是所有问题都会进入决策者视野中。在这些形形色色、纷繁杂呈的问题中，只有一小部分经过一定渠道或方式，才能引起决策者的注意和重视，并进入政策或立法议程。

美国政策学者安德森认为，政策制定（或称政策规划、政策形成）涉及三个方面的问题：公共问题是怎样引起决策者注意的；解决特定问题的政策意见是怎样形成的；某一建议是怎样从相互匹敌的可供选择的政策方案中被选中的。阿尔蒙德认为，虽然利益表达同把它们成功地转换为权威性政策是完全不同的两码事，但如果没有基于利益分化基础上充分的利益表达，就不可能有在广泛的利益综合基础上而形成的政策。因为"每个利益集团都面临着来自其他利益方面的竞争，包括新的或旧的，现行的或潜在的利益。这个利益集团的要求成功与否，取决于利益综合、政策制定和政策执行的整个过程。"只有不同党派、社会团体、新闻媒介等利益集团和普通群众根据自己的观察、观点和利益，提出认为应该通过政策来解决的若干重要问题，在此基础上通过利益综合和相应的政策过程，才能使公共问题真正进入政策程序，最终形成公共政策。

在社会转型期，随着公民政治权利意识的觉醒，参与意识不断提高，公众的参与需求和社会的参与渠道供给之间经常会构成矛盾。解决这一矛盾的基本出路，不是阻挠公众的参与，而是开辟新的参与途径。乡贤理事会等基层公众参与社会治理实践的创新从结果上反映出公众对拓展参与渠道的需要。

（五）"乡贤理事会"的非营利组织属性

非营利组织有三个基本属性：非营利性、非政府性、志愿公益性或互益性。

非营利性是非营利组织的根本属性。非营利组织的宗旨不是为了获取利润并在此基础上谋求组织自身的发展壮大，而是为了实现整个社会或者一定范围内的公共利益。

非政府性是非营利组织的基本属性之一。非营利组织既不隶属于政府又不隶属于企业，是独立的社会组织，其中每一组织都有独立自主的判断、决策和行为的机制与能力，属于独立自主的自治组织。非营利组织由自主的公民以结社方式组成，扎根于社会，通过横向的网络联系与坚实的民众基础动员社会资源而形成自下而上的民间社会。

非营利组织的另一基本属性是志愿公益性或互益性。非营利组织的内在驱动力是以志愿精神为背景的利他主义和互助主义。非营利组织的主要社会资源是基于志愿精神的志愿者和社会捐赠。

世园街道乡贤理事会是群众自治组织。其章程第二条规定："乡贤理事会是由热心服务社区经济社会建设的乡贤自愿组成的，具有公益性、服务性、互助性、地域性、非营利性的基层民主协商和社区居民自治组织。"可以看出，乡贤理事会具有组织性、自治性、非营利性、民间性等非营利性组织的基本特征。

乡贤理事会是由群众自愿参加、社区党组织选拔、民政部门审批登记的群众自治组织，有规范的章程、明确的任务和权利义务，依法实行自治。乡贤理事会通过全体会员选举产生会长、副会长、秘书长，任期三年。乡贤理事会依法开展活动，坚持走自我管理、自我教育、自我监督、自我发展的民主自治道路。因此，乡贤理事会本质上是一种多元化精英组成的自治型的治理主体。

乡贤理事会之所以能够得到广大群众的衷心拥护，在人民群众的沃土中茁壮成长，一个根本原因就是其固有的公益性。乡贤理事会是非营利组织，带有很强的公益色彩，其活动宗旨是协助推动群众参与基层社会治理，服务社区经济社会建设，"共商、共建、共治、共享"美好幸福家园。它面向广大群众开展社会互助、援助弱势群体、发展公益事业、促进社会公平，在一定程度上弥补了政府用于农村公共安全品方面资金短缺所造成的不足，也缓解了发展市场经济过程中所难以完全避免的公平与效率的矛盾。实践有力证明，乡贤理事会的公益性是其存在价值的最重要源泉。

（六）"乡贤理事会"的治理机制

乡贤理事会内部的有效治理是防止和克服官僚化与形式化、预防腐败、提高运行效率的重要手段。乡贤理事会要制定完善科学的理事会章程，建立健全的组织结构和民主科学的管理机制。要根据乡贤理事会成员的擅长领域进行合理分工，设立不同的职能部门，明确各部门与岗位的权责关系，将决策权、执行权和监督权分开，使不同的部门与个人各司其职，各自发挥专长，既提高乡贤理事会的运行效率，又避免"一言堂"和权力寻租。有了健全的组织和规范的管理制度，乡贤理事会内部决策科学，分工明确，风气清正，才可以长期持续发展，其外部能力——服务社会能力和社会公信力才具有良好的基础并得以不断提升。

在乡贤工作的外部监督方面，要将乡贤监督工作纳入基层党建考核目标体系，加强对乡贤理事会的规范管理，健全工作机制，约束乡贤事会及其成员严格依法依规办事，自觉接受社区党员群众监督。

五、课堂安排

本课程可以采用讨论式、场景模拟式教学方式,教学时间为2课时。

案例讨论时间:课堂时间控制在80~90分钟。以下是按照时间进度提供的课堂计划建议,仅供参考。

案例概述:带领学生回顾案例内容,明确主题。5~10分钟

案例讨论:由学生自主主持完成。50~60分钟

评价与总结:对知识点进行梳理与案例总结。5~10分钟

问答与机动:回答学生的一些额外问题等。5~10分钟

课后计划:请学生上网搜索青岛市李沧区世园街道乡贤理事会的相关信息资料,尤其是最新信息,采用报告形式给出更加具体的分析方案,写出案例分析报告(1 000~1 500字);如果对此案例有兴趣跟踪,建议联系案例作者或世园街道党工委工作人员,进行深入研究。明确具体的职责分工,为后续章节内容做好铺垫。

六、其他教学支持

(1)需要将多媒体教室(或专门的MPA案例分析室)按照举行讨论会的要求进行布置,学生提前准备桌牌、发言席等。

(2)为了使学生全面了解青岛市李沧区世园街道乡贤理事会的成立、衍化过程,便于学生深度挖掘该组织的结构、活动准则及治理机制,提前将世园街道办事处关于成立乡贤理事会的相关文件电子版发到班级邮箱,供学生分析使用。

(3)网络对李沧区世园街道乡贤理事会报道的相关网页链接:青岛文明网,http://qd.wenming.cn/syjj/201609/t20160908_2814589.html. 大众网,http://paper.dzwww.com/dzrb/content/20161017/Articel09003MT.htm;李沧区政府官方微博,http://blog.sina.com.cn/s/blog_c4d5ac190102wede.html.

附录

附录一：
中国专业学位案例中心公共管理案例库公共管理教学案例基本结构及相关要求

一、案例撰写要求

一个完整的教学案例应由两个部分组成：案例正文和案例说明书。

（一）案例正文的基本结构及相关要求

案例正文一般应包括标题、引言、案例摘要、正文、结束语、思考题、附录、脚注和图表等部分。案例正文以 10 000 字左右为宜，附录不超过 5 000 字为宜。

（1）标题：标题是案例的题目。

（2）引言：案例事件的引子。

（3）案例摘要和关键词：简要介绍案例事件的主旨大意或梗概，便于使用者快速了解和把握案例的主题，建议 400 字以内。关键词 3～5 个。

（4）正文：案例一定要有比较完整的事件，有核心人物或决策者，有起、承、转、合，要能够把事件延伸下去。起是事件的开始，推出由时间、地点、起因等要素构成的场景，介绍核心人物或决策者、主要角色和其他角色；承是推出关键事件，引出争端、问题和兴奋点；转是事件的进一步展开，罗列存在的种种困惑，描述进退两难的抉择困境；要不断深入拓展令核心人物或决策者感到迷惑或难以决断的事情，或展开当事人也无法把握和预料事件结局的事件；合是事件的高潮，突出决策点的机会与制约因素，核心人物或决策者到了不得不进行选择的时刻。

（5）结束语：可以是对正文的精辟总结，也可以是提出决策问题的几种可能性，引发读者思考，为案例分析留出空间。

（6）思考题：结合教学目标一般安排 3～5 个思考题供读者在阅读时进行同步思考。

（7）附录：提供进行案例分析所需要的额外信息，主要包括一些不宜放在案例正文，但又有助于读者全面了解或理解正文的资料、信息。

（8）脚注和图表：脚注以小号字附于有关内容同页的下端，以横线与正文断开；图表可插置到正文相关位置，也可以布置在专页或篇尾，所有的图表都应编号，设标题，并有必要的说明。

（二）案例说明书的写作

案例说明书一般应包括课前准备、适用对象、教学目标、要点分析、课堂安排、其他教学支持6个部分。案例说明书以5 000字左右为宜。

（1）课前准备：程序性地提醒课前需安排的事项。

（2）适用对象：说明案例读者的定位或作者希望的读者群体。

（3）教学目标：详细介绍案例教学目的，要明确到具体课程的知识点，提出本案例需要解决的关键问题。

（4）教学内容及要点分析：这部分是案例说明书的核心部分，也是案例说明书的难点，需要精心构思和安排。要将精心设计、埋藏在案例正文中的问题逐一挖出并展开深入分析。这部分很大程度上决定了使用该案例进行教学是否有理论深度、是否有思考分析的空间、是否能引起争论、是否能达到良好的教学效果。

（5）教学安排：这部分同样是案例说明书的核心部分，与上一部分共同构成案例说明书的难点。这部分需要对案例课堂教学的内容和每部分所用的时间以及教学节奏进行全程详细的安排，安排得是否合理得当、是否具有可操作性决定了案例课堂讨论的效果和质量。

（6）补充材料及其他：包括一些辅助的信息资料、计算机支持和视听辅助手段支持等。

附录二：

中国专业学位案例中心《中国专业学位案例中心公共管理案例库入库评选表》

公共管理案例库入库评选表（部分满分120分）

指标序号	评分等级 评价内容	权重	优秀 （9.0≤X≤10.0）	良好 （7.0≤X<9.0）	合格 （6.0≤X<7.0）	不合格 （0≤X<6.0）
	第一部分 案例正文（满分50分）					
1	案例来源	10	案例材料以作者本人实地访谈、调研获得的一手资料为主内容充实	案例材料以他人的新闻报道和有关文献等二手材料为主；材料来源广泛，内容充实 或：案例材料以作者本人实地访谈、调研获得的一手资料为主，但内容不够充实	案例材料以他人的新闻报道和有关文献等二手材料为主材料来源不够广泛，内容不够充实	案例材料均为他人的新闻报道和有关文献等二手材料材料来源单一，内容单薄
2	选题	10	选题本土化，紧密联系我国公共管理实践中的重大问题具有很强的典型性和代表性，案例在将来很长一段时间里（5年以上）都有使用价值	选题得当，紧密联系国内外公共管理实践中的重大问题具有较强的典型性和代表性，案例在将来相当一段时间里（3年以上）都有使用价值	选题为国内外公共管理实践中的问题；具有典型性和代表性，案例有使用价值	选题不具有典型性和代表性案例没有使用价值
3	摘要	5	摘要精练准确，能反映案例的核心内容 篇幅得当	摘要比较精练准确，能反映案例的核心内容 篇幅得当	摘要比较准确，基本能反映案例的核心内容	摘要不能反映案例的核心内容
4	案例主体	20	谋篇布局非常合理起承转合分明内容丰富，能还原案例的真实情境能充分支持教学目标的实现	谋篇布局合理起承转合比较分明内容比较丰富，基本能还原案例的真实情境能支持教学目标的实现	谋篇布局不够合理起承转合不够分明内容比较单薄，基本能还原案例的真实情境基本能支持教学目标实现	谋篇布局不合理起承转合不分明内容比较单薄，不能还原案例的真实情境无法支持教学目标实现

续表

5	思考题	5	问题具有很强的启发性、争议性和复杂性 能很好地引导学生进入案例情境，激发学生的探讨兴趣 能支撑教学目标的实现	问题具有较强的启发性、争议性和复杂性； 能较好地引导学生进入案例情境，激发学生的探讨兴趣 能支撑教学目标的实现	问题具有一定的启发性、争议性和复杂性 能引导学生进入案例情境 基本能支撑教学目标的实现	问题无启发性、争议性和复杂性 不能引导学生进入案例情境 不能支撑教学目标的实现
第二部分 教学使用说明（满分50分）							
指标序号	评分等级 评价内容	权重	优秀 （9.0≤X≤10.0）	良好 （7.0≤X<9.0）	合格 （6.0≤X<7.0）	不合格 （0≤X<6.0）
6	适用对象	5	案例适用的教学对象非常明确且合理	案例适用的教学对象比较明确且合理	案例适用的教学对象基本明确且合理	案例适用的教学对象不明确不合理
7	教学目标	5	教学目标明确到具体课程和知识点 教学主旨明确、教学目标清晰、合理	教学目标明确到具体课程和知识点 教学主旨比较明确，教学目标比较清晰、合理	教学目标基本明确到具体课程和知识点 教学主旨不够合理	教学目标含糊不清、教学主旨不明确
8	教学内容及要点分析	25	案例焦点问题的基础理论知识和教学的重点、难点非常明确 引导、推理的逻辑链非常清晰，讨论问题与教学目标结合紧密 分析深刻且准确，总结要点非常契合案例内容且有延伸性	案例焦点问题的基础理论知识和教学的重点、难点明确 引导、推理的逻辑链清晰，讨论问题较好地结合教学目标 分析比较深刻且准确，总结要点案例内容，有一定延伸性	列出了案例焦点问题的基础理论知识和教学的重点、难点 有引导、推理的过程，讨论问题基本能支持教学目标 分析比较深刻，总结要点与案例内容基本相关	案例焦点问题的基础理论知识和教学的重点、难点不明确 没有引导、推理的过程
9	教学安排	10	有完善的教学方案和流程 时间规划合理 教学形式丰富 能够合理整合多媒体工具	有完整的教学方案和流程 时间规划比较合理 教学形式比较丰富 能够整合多媒体工具	有教学方案和流程 时间规划基本合理	教学方案和流程不科学 时间规划不合理

续 表

10	补充材料及其他	5	提供了适量的、有价值的辅助信息资料 罗列出了优质的课前、课后阅读推荐的文章或书目 提供了与案例密切相关的音视频材料或链接	提供了有价值的辅助信息资料 罗列出了比较优质的课前、课后阅读推荐的文章或书目 提供了与案例关系比较密切的音视频材料或链接	提供了有关的辅助信息资料 罗列出了有关的课前、课后阅读推荐的文章或书目 提供了与案例有关的音视频材料或链接	没有任何补充材料
	第三部分 文稿质量（满分20分）					
指标序号	评分等级 评价内容	权重	优秀 （9.0 ≤ X ≤ 10.0）	良好 （7.0 ≤ X < 9.0）	合格 （6.0 ≤ X < 7.0）	不合格 （0 ≤ X < 6.0）
11	文本可读性	10	语言生动、概念准确、条理清晰、行文流畅、详略得当、结构完整	概念准确、条理性好、行文通顺、详略有别、结构基本完整	部分概念模糊、条理不清、行文基本通顺、详略无明显区分，结构不够完整	概念模糊、无条理、文法不通、无主次，结构存在缺失
12	文本规范性	10	引注规范、图表格式一致、清晰 不存在知识产权争议	少量引注不规范，部分图表格式不一致 不存在知识产权争议	引注不规范，图表格式不一致 可能存在知识产权争议	引注不全面、图表格式凌乱 存在严重的知识产权争议

参考文献

[1] 风笑天.现代社会调查方法（第三版）[M].武汉：华中科技大学出版社，2005.

[2] 段鑫星，刘蕾.公共管理案例教学的理论与实践[M].徐州：中国矿业大学出版社，2015.

[3] 朱方伟，孙秀霞，宋昊阳.管理案例采编[M].北京：科学出版社，2014.

[4] 李燕凌，贺林波，吴松江.案例教学论[M].长沙：湖南人民出版社，2015.

[5] 樊亚利，刘红主.公共管理案例教学理论与实践[M].成都：西南财经大学出版社，2013.

[6] 陈振明.公共管理学原理[M].北京：中国人民大学出版社，2013.

[7] 夏书章.行政管理学[M]广州：中山大学出版社，2008.

[8] 沈亚平，王骚.公共管理案例分析[M]天津：天津大学出版社，2006.

[9] 梁周敏，章立民，杨宝成.案例编写与案例教学[M]郑州：河南人民出版社，2007.

[10] 徐经泽.社会调查理论与方法[M]北京：高等教育出版社，2000.

[11] 江立华，水延凯.社会调查教程[M]北京：中国人民大学出版社，2015.

[12] 付永刚，王淑娟.管理教育中的案例教学法[M]大连：大连理工大学出版社，2014.

[13] 袁方.社会研究方法教程[M]北京：北京大学出版社，2012.

[14] 水延凯.怎样搞好社会调查[M]北京：中国人民大学出版社，2009.

[15] 张民杰.案例教学法——理论与实务[M].北京：九州出版社，2006.

[16] 李学勤.字源[M].天津：天津古籍出版社，2013.

[17] 宁骚.公共管理类学科的案例研究、案例教学与案例写作[J].新视野，2006(1)：36-38，63.

[18]（美）小劳伦斯·E．林恩.公共管理案例教学指南[M].郄少健，译.北京：中国人民大学出版社，2016.

[19] （加）迈克尔·R.林德斯,詹姆斯·A.厄斯金著.管理案例编写指南[M].张吉平,译.大连：大连出版社,1991.

[20] 刘田.征地问题沉思录[J].中国土地,2002(8): 13–16.

[21] 马融.地方政府行为与社会冲突关联性研究[D].长春：吉林大学,2011.

[22] 胡茂.我国现行土地征用制度安排下的政府行为分析[J].农村经济,2006(10): 19–21.

[23] 廖魁星.土地征收中政府行为失当的原因分析[J].成都行政学院学报,2010(1): 82–85.

[24] 鲍海君,叶群英,徐诗梦.集体土地上征收拆迁冲突及其治理：一个跨学科文献述评[J].中国土地科学,2014,28(9): 84–90.

[25] 达伦多夫.林荣远译.现代社会冲突[M].北京：中国社会科学出版社,2000.

[26] 寒竹."邻避运动"的起源与化解之道[J].社会观察,2014(5):32–34.

[27] 李佩菊.1990年代以来邻避运动研究现状述评[J].江苏社会科学,2016(1): 40–46.

[28] （法）埃米尔·涂尔干.社会分工论[M].渠东,译.上海：生活·读书·新知三联书店,2000.

[29] 汪栋.宪法程序考论［M］.北京：法律出版社，2016.

[30] 秦鹏,唐道鸿.环境协商治理的理论逻辑与制度反思——以《环境保护公众参与办法》为例[J].深圳大学学报,2016(1): 109–114.

[31] 包心鉴,李锦,刘玉.平安之路[M].北京：人民出版社,2010.

[32] 牛秋业.破解非营利组织资金困境成功的范式——以山东省新泰市平安协会为例[J].湖北社会科学,2010(11):47–50.

[33] 赵挺.社会组织参与农村社会治安管理的优势与限度[J].社团管理研究,2010(10):41–43.

[34] 纪明涛."乡贤辅治"构建社区治理新模式[J].党员干部之友，2016(4): 31.

[35] 张俊.NGO视角下的乡贤理事会初探[J].重庆工商大学学报(社会科学版),2017(6):90–95.

[36] 张明皓.新时代"三治融合"乡村治理体系的理论逻辑与实践机制[J].西北农林科技大学学报(社会科学版),2019(5): 17–24.

[37] 王振海.社会组织发展与国家治理现代化[M].北京：人民出版社,2015.

[38] 李友梅.当代中国社会治理转型的经验逻辑[J].中国社会科学,2018(11): 58–73.

公共管理案例编写的几点体会

(代后记)

案例教学能否取得成功，案例的选择至关重要。案例是支撑案例教学的基础性资源，是案例教学的前提和保障，是所传授知识和技能的载体，没有案例，案例教学就无从谈起。

近年来，全国公共管理专业学位研究生教育指导委员会大力推进 MPA 案例建设，成功举办了首届全国优秀公共管理教学案例评选活动，并建设了全国公共管理案例中心案例库，清华大学等高校也建设了本校的管理案例库。但从全国范围来看，案例建设仍是 MPA 案例教学中最薄弱的环节之一，无论是数量还是质量都远远不能满足 MPA 案例教学的需求，大多数的高校在 MPA 案例建设方面还存在着高质量的案例匮乏、案例库建设滞后、案例内容过于陈旧等问题，这些都成为提高 MPA 培养质量的制约因素。

因此，当前我国的 MPA 教育迫切需要开发一批反映中国公共管理现实、具有较强本土色彩的高质量的教学案例，需要建设覆盖面广、适应性强、特色鲜明、专业和开放的公共管理案例库。下面结合自己案例创作的经历，仅就案例开发中素材采集和编写谈几点粗浅认识，向各位同人求教。

一、问渠哪得清如许，为有源头活水来

"问渠哪得清如许，为有源头活水来。"朱熹用这两句诗来说明生活是写作的源头活水。案例的写作固然可以适度的虚拟，但来源于公共管理现实生活的实例更具感染力，也更加鲜活。

现实社会中每天都会涌现大量的行政案例素材，特别是当前重大变革时代社会转型中出现的种种问题和突发性事件应成为案例教学素材来源中不可或缺的组成部分。从事 MPA 教育的广大教师应充分利用这一优势，自觉、自主地

进行案例开发建设，实现由被动等待案例教材向主动收集、整理案例资料的转变。可通过互联网、报纸等手段，每天实时跟踪有影响力的社会热点新闻事件，按主题分门别类记录案例素材，然后围绕事件的来龙去脉精心整理，编写高质量的教学案例。

分析参加首届全国优秀公共管理教学案例评选并入选全国公共管理案例中心案例库的345个案例，素材大多来自公共管理实践，其中很多是近年来发生的具有较大影响的公共危机事件和重大决策实例，这些案例内容鲜活、时效性强，具有很强的时代特色，能够激发学员参与案例讨论的积极性，取得较好的案例教学效果。

二、纸上得来终觉浅，绝知此事要躬行

从书本上得到的知识终归是浅薄的，只有经过亲身实践，才能变成自己的东西。案例的素材来源于公共管理实践，资料的搜集固然可以通过互联网、报刊等方式获得，但为了能够创作高质量的案例，更需要躬身实践，直接调查，取得第一手的资料。

尽管通过文献调查获取的资料很丰富、很真实，但由于是间接得来的材料，案例作者既不在事情发生的现场，又没有亲自实地调查，对调查者来说，材料缺乏一定的生动性和具体性。要想真正了解案例事件的实际情况，还必须深入实际直接调查，那样得来的资料才生动、可靠和全面。首届全国优秀公共管理教学案例评选中许多优秀案例的写作，作者都进行了长期、细致甚至艰苦的调查。比如，为了编写《兰州市出租车行业发展与政策变迁（1982—2013）》案例，采编者在查阅相关文献的基础上，进行了长达两年多的案例采写收集工作，先后到市政府办公厅、交通局、档案馆、市志办、城市运输管理处等采集数据，与政府官员、相关学者、出租车行、从业二十多年的出租车司机进行访谈，摸清了兰州市1982年至2013年的出租车政策变迁的详细情形，较为真实全面地还原了案例的公共管理现场情景。

近年来，一个十分可喜的现象是大量具有公共管理经验的MPA学员主动参与MPA教学案例的开发创作中，将他们亲身经历的管理实例创作成教学案例，极大地丰富了我国MPA教学案例资源，改善了案例作者群体的结构。清华大学MPA学员，曾担任过福建省建瓯市市委书记的卓立筑就将自己公共管理实践中亲自参与的重大决策以及处理的重大公共危机事件编写成十几篇公共管理教学案例。由于作者是事件的亲历者，且具有较强的案例编写能力，他创

作的案例既趣味盎然，引人入胜，又内涵深刻，让人深思，大多数成为案例中的精品。

三、删繁就简三秋树，标新立异二月花

"删繁就简三秋树，标新立异二月花。"郑板桥的这副楹联主要是指写文章应该做到主干突出，轮廓鲜明，还要标新立异，与众不同。案例的编写也是如此，作者应该对所收集的案例素材按照案例主旨的需要进行合理的取舍和巧妙的安排，设计一个好的叙述框架，讲述好公共管理案例的故事情景，必要时可以加强戏剧性，设置冲突，设置悬念，激发兴趣。

近年来，全国公共管理专业学位研究生教育指导委员会一直致力制定一个案例评选的标准，已经数易其稿。尽管目前对什么样的案例才算是一个好的、有价值的案例还缺乏一个统一标准，但还是形成了一些宝贵的共识。比如，一个优秀的案例应该具有鲜明的时代特征和本土特色；应该把一个复杂的管理情景解剖分析、巧妙复原、引发争论和思考；应该突出一个主题，承载、解释一个或多个知识点和理论要素；应该有完整而生动的情节，最好包含有一些戏剧性的冲突；等等。

在强调案例的基本要素和结构规范的基础上，应当鼓励作者大胆创新，案例的叙事方式、语言风格等应倡导不拘一格、个性张扬，避免案例库建设中千案一面、生涩无味等现象，以增强案例的可读性、趣味性，提高案例教学的效果。

四、衣带渐宽终不悔，为伊消得人憔悴

王国维在谈到做学问的境界时指出，应当执着地在既定的道路上追求，为了实现目标理应孜孜不倦，坚韧不拔。由于我国 MPA 教育起步较晚，案例教学也还处在探索和发展阶段，各培养单位对案例教学的重视程度很不平衡，大部分院校缺乏案例制作的激励机制，影响了案例撰写的积极性。目前，很多案例的作者进行案例的创作某种程度上是基于对 MPA 教育事业的奉献精神和对案例写作的热爱。

有人说，案例的创作需要创作小说的灵感、清晰的理论分析思想和连续的逻辑演绎能力。一个精彩的案例不亚于一项教学理论的研究，案例的选题、素材的采集、资料的整理、主体和使用手册的撰写等环节都会花费作者诸多的精力。其中，部分案例的写作还需要创作团队进行大量、长期、艰苦的实地调研，需要细致、缜密、科学的资料分析，需要精心设计案例结构、巧妙安排案例内容，

等等，除了花费一定的时间、精力以外，还需要一定的经费支持。但目前大部分高校对案例的写作没有专门的立项资助，缺乏经费支持。相较于一些教学研究课题，既能获得项目资助，又可以作为职称评定等方面的成果计分，案例创作的投入与产出实在不成比例。尽管如此，仍有大量不计得失、默默奉献的案例写者笔耕不辍，令人尊敬。但长此以往，案例作者的创作积极性终会严重挫伤，相关部门辛苦推动的创作热潮也难免渐趋冷淡，整个中国 MPA 教育的质量都会深受影响。因此，为充分调动相关人员的创作积极性，建立案例创作的激励机制势在必行。

总体来看，目前我国 MPA 案例教学面临诸多困难：MPA 案例究竟怎么撰写，案例教学究竟怎么组织，尚待探索；MPA 研究生有实践经历，有强烈的参与意识，如何通过案例教学给他们提供参与平台，还需要深入研究；案例教学的步骤如何设计、过程如何驾驭等，仍应不断创新。这些问题是 MPA 案例教学面临的共同性难题，需要我们进一步研究。

编　者

2020 年 5 月 18 日